U0720020

清　張廷玉等撰

第八册

卷八九至卷九九（志）

中華書局

明史卷八十九

志第六十五

兵一

明以武功定天下，革元舊制，自京師達於郡縣，皆立衞所。外統之都司，內統於五軍都督府，而上十二衞爲天子親軍者不與焉。征伐則命將充總兵官，調衞所軍領之；旣旋則將上所佩印，官軍各回衞所。蓋得唐府兵遺意。文皇北遷，一遵太祖之制，然內臣觀兵，履霜伊始。洪、宣以後，狃於治平，故未久而遂有土木之難。于謙創立團營，簡精銳，一號令，兵將相習，其法頗善。憲、孝、武、世四朝，營制屢更，而威益不振。衞所之兵疲於番上，京師之旅困於占役。馴至末造，尺籍久虛，行伍衰耗，流盜蜂起，海內土崩。宦豎降於關門，禁軍潰於城下，而國遂以亡矣。今取其一代規制之詳，及有關於軍政者，著於篇。

京營　侍衞上直軍皇城守衞　京城巡捕　四衞營

京軍三大營，一曰五軍，一曰三千，一曰神機。其制皆備於永樂時。

初，太祖建統軍元帥府，統諸路武勇，尋改大都督府。以兄子文正爲大都督，節制中外諸軍。京城內外置大小二場，分教四十八衞卒。已，又分前、後、中、左、右五軍都督府。洪武四年，士卒之數，二十萬七千八百有奇。

成祖增京衞爲七十二。又分步騎軍爲中軍，左、右掖，左、右哨，亦謂之五軍。歲調中都、山東、河南、大寧兵番上京師隸之。設提督內臣一，武臣二，掌號頭官二；大營坐營官一，把總二；中營坐營官一，馬步隊把總各一。左右掖、哨官如之。又有十二營，掌隨駕馬隊官軍，設把總二。又有圍子手營，掌操練上直叉刀手及京衞步隊官軍，設坐營官一，統四司，以一、二、三、四爲號，把總各二。又有幼官舍人營，掌操練京衞幼官及應襲舍人，坐營官一，四司把總各一。此五軍營之部分也。已，得邊外降丁三千，立營分五司。一，掌執大駕龍旗、寶纛、勇字旗、負御寶及兵仗局什物上直官軍。一，掌執左右二十隊勇字旗、大駕旗纛金鼓上直官軍。一，掌傳令營旗牌，御用監盔甲、尙冠、尙衣、尙履什物上直官軍。一，掌執大駕勇字旗、五軍紅盔貼直軍上直官軍。一，掌殺虎手、馬轎及前哨馬營上直明甲官軍、隨侍營隨侍東宮官舍、遼東備禦回還官軍。提督內臣二，武臣二，掌號頭官二，坐司官五，見操把總三十四，上直把總十六，明甲把總四。此三千營之部分也。已，征交阯，得火器法，立營肄習。提督內臣、武臣，掌號頭官，皆視三千營，亦分爲五軍。中軍，坐營內臣一，武臣一。其下四司，各監鎗內臣一，把司官一，把總官二。左右掖、哨皆如之。又因得都督譚廣馬五千匹，置營名五千下，掌操演火器及隨駕護衞馬隊官軍。坐營內臣、武臣各一，其下四司，各把司官二。此神機營之部分也。居常，五軍肄營陣，三千肄巡哨，神機肄火器。大駕征行，則大營居中，五軍分駐，步內騎外，騎外爲神機，神機外爲長圍，周二十里，樵採其中。三大營之制如此。

洪熙時，始命武臣一人總理營政。宣德五年，以成國公朱勇言，選京衞卒隸五軍訓練。明年命科道及錦衣官覈諸衞軍數。帝之征高煦及破兀良哈，皆以京營取勝焉。正統二年，復因勇言，令錦衣等衞、守陵衞卒存其半，其上直旗校隸錦衣督操，餘悉歸三大營。土木之難，京軍沒幾盡。

景帝用于謙爲兵部尚書。謙以三大營各爲教令，臨期調撥，兵將不相習，乃請於諸營選勝兵十萬，分十營團練。每營都督一，號頭官一，都指揮二，把總十，領隊一百，管隊二百。於三營都督中推一人充總兵官，〔二〕監以內臣，兵部尚書或都御史一人爲提督。其餘軍歸本營，曰老家。京軍之制一變。英宗復辟，謙死，團營罷。

憲宗立，復之，增爲十二。成化二年復罷。命分一等、次等訓練。尋選得一等軍十四萬有奇。帝以數多，令仍分十二營團練，而區其名，有奮、耀、練、顯四武營，敢、果、効、鼓四勇營，立、伸、揚、振四威營。命侯十二人掌之，各佐以都指揮，監以內臣，提督以勳臣，名其軍曰選鋒。不任者仍爲老家以供役，而團營之法又稍變。二十年立殫忠、効義二營，練京衞舍人、餘丁。二營，永樂間設，後廢，至是復設。未幾，以無益罷。帝在位久，京營特注意，然缺伍至七萬五千有奇，大率爲權貴所隱占。又用汪直總督團營，禁旅專掌於內臣，自帝始也。

孝宗卽位，乃命都御史馬文升爲提督。是時營軍久苦工役。成化末，余子俊嘗言之，文升復力陳不可。又請於每營選馬步銳卒二千，遇警徵調。且遵洪、永故事，五日一操，以二日走陣下營，以三日演武。從之。時尚書劉大夏陳弊端十事，復奏減修乾淸宮卒。內臣謂其不恤大工，大學士劉健曰：「愛惜軍士，司馬職也。」帝納之。會戶部主事李夢陽極論役軍之害，〔三〕並及內臣主兵者。以語侵壽寧侯，下詔獄，遂格不行。

武宗卽位，十二營銳卒僅六萬五百餘人，稍弱者二萬五千而已。給事中葛嵩請選五軍、三千營精銳歸團練，而存八萬餘人於營以供役。惠安伯張偉謬引舊制以爭，事遂已，隱占如故。寘鐇反，太監張永將京軍往討，中官權益重。及流寇起，邊將江彬等得幸，請調邊軍入衞。於是集九邊突騎家丁數萬人於京師，名曰外四家。立兩官廳，選團營及勇士、四衞軍於西官廳操練，正德元年所選官軍操於東官廳。自是兩官廳軍爲選鋒，而十二團營且爲老家矣。武宗崩，大臣用遺命罷之。當是時，工作浩繁，邊將用事，京營戎政益大壞。給事中王良佐奉敕選軍，按籍三十八萬有奇，而存者不及十四萬，中選者僅二萬餘。

世宗立，久之，從廷臣言，設文臣知兵者一人領京營。是時額兵十萬七千餘人，而存者僅半。專理京營兵部尚書李承勛請足十二萬之數。部議遵弘治中例，老者補以壯丁，逃故者清軍官依期解補。從之。十五年，都御史王廷相提督團營，條上三弊。一，軍士多雜派，工作終歲，不得入操。雖名團營聽征，實與田夫無異。二，軍士替代，吏胥需索重賄。貧軍不能辦，老羸苟且應役，而精壯子弟不得收練。三，富軍憚營操征調，率賄將弁置老家數中。貧者雖老疲，亦常操練。語頗切中。既而兩郊九廟諸宮殿之工起，役軍益多。兵部請分番爲二，半團操，半放歸，而收其月廩雇役。詔行一年。自後邊警急，團營見兵少，僅選騎卒三萬，仍號東西官廳。餘者悉老弱，仍爲營帥、中官私役。

二十九年，俺答入寇，兵部尚書丁汝夔覈營伍不及五六萬人。驅出城門，皆流涕不敢前，諸將領亦相顧變色。汝夔坐誅。大學士嚴嵩，乃請振刷以圖善後。吏部侍郎王邦瑞攝兵部，因言：「國初，京營勁旅不減七八十萬，元戎宿將常不乏人。自三大營變爲十二團營，又變爲兩官廳，雖浸不如初，然額軍尙三十八萬有奇。今武備積弛，見籍止十四萬餘，而操練者不過五六萬。支糧則有，調遣則無。比敵騎深入，戰守俱稱無軍。卽見在兵，率老弱疲憊、市井遊販之徒，衣甲器械取給臨時。此其弊不在逃亡，而在占役；不在軍士，而在將領。蓋提督、坐營、號頭、把總諸官多世冑紈袴，平時占役營軍，以空名支餉，臨操則肆集市人，呼舞博笑而已。先年，尙書王瓊、毛伯溫、劉天和常有意振飭。然將領惡其害己，陰謀阻撓，軍士又習於驕惰，競倡流言，事復中止，釀害至今。乞大振乾綱，遣官精核。」帝是其言，命兵部議興革。

於是悉罷團營、兩官廳，復三大營舊制。更三千曰神樞。罷提督、監鎗等內臣。設武臣一，曰總督京營戎政，以咸寧侯仇鸞爲之；文臣一，曰協理京營戎政，卽以邦瑞充之。其下設副參等官二十六員。已，又從部議，以四武營歸五軍營中軍，四勇營歸左右哨，四威營歸左右掖。各設坐營官一員，爲正兵，備城守；參將二員，備征討。帝以營制新定，告於太廟行之。又遣四御史募兵畿輔、山東、山西、河南，得四萬人，分隸神樞、神機。各設副將一，而增能戰將六員，分領操練。大將所統三營之兵，居常名曰練勇，有事更定職名。五軍營：大將一員，統軍一萬，總主三營副、參、遊擊、佐擊及坐營等官；副將二員，各統軍七千；左右前後參將四員，各六千；遊擊四員，各三千。外備兵六萬六千六百六十人。神樞營：副將二員，各統軍六千；佐擊六員，各三千。外備兵四萬人。神機營亦如之。已，又定三大營官數：五軍營一百九十六員，神樞營二百八員，神機營一百八十二員，共五百八十六員。在京各衞軍，俱分隸三營。分之爲三十營，〔三〕合之爲三大營。終帝世，其制屢更，最後中軍哨掖之名亦罷，但稱戰守兵兼立車營。

故事，五軍府皆開府給印，主兵籍而不與營操，營操官不給印。戎政之有府與印，自仇鸞始。鸞方貴幸，言於帝，選各邊兵六萬八千人，分番入衞，與京軍雜練，復令京營將領分練邊兵，於是邊軍盡隸京師。塞上有警，邊將不得徵集，邊事益壞。鸞死，乃罷其所置戎政廳首領官之屬，而入衞軍則惟罷甘肅者。

隆慶四年，大學士趙貞吉請收將權，更營制。極言戎政之設府鑄印，以數十萬衆統於一人，非太祖、成祖分府分營本意。請以官軍九萬分五營，營擇一將，分統訓練。詔下廷臣議。尚書霍冀言：「營制，世宗熟慮而後定，不宜更。惟大將不當專設，戎政不宜有印，請如貞吉言。」制曰「可」。於是三大營各設總兵一，副將二。其參佐等官，互有增損，各均爲十人。而五軍營兵，均配二營，營十枝，屬二副將分統。以侯伯充總兵，尋改曰提督。又用三文臣，亦稱提督。自設六提督後，各持意見，遇事旬月不決。給事中溫純言其弊，乃罷，仍設總督、協理二臣。

萬曆二年從給事中歐陽柏請，復給戎政印，汰坐營官二員。五年，巡視京營科臣林景暘請廣召募，立選鋒。是時，張居正當國，綜覈名實，羣臣多條上兵事，大旨在足兵、選將，營務頗飭。久之，帝厭政，廷臣漸爭門戶，習於偸惰，遂日廢弛。三十六年，尙書李化龍理戎政，條上京營積弊。敕下部議，卒無所振作。及兵事起，總督京營趙世新請改設敎場城內，便演習。太常少卿胡來朝請調京軍戍邊，可變弱爲强。皆無濟於用。

天啓三年，協理侍郎朱光祚奏革老家軍，補以少壯。老家怨，以瓦礫投光祚，遂不果革。是時，魏忠賢用事，立內操，又增內臣爲監視及把牌諸小內監，益募健丁，諸營軍多附之。莊烈帝卽位，撤內臣，已而復用。戎政侍郎李邦華憤京營弊壞，請汰老弱虛冒，而擇材力者爲天子親軍。營卒素驕，有疑其爲變者。勳戚中官亦惡邦華害己，蜚語日聞。帝爲罷邦華，代以陸完學，盡更其法。京營自監督外，總理捕務者二員，提督禁門、巡視點軍者三員，帝皆以御馬監、司禮、文書房內臣爲之，於是營務盡領於中官矣。十年八月，車駕閱城，鎧甲旌旗甚盛，羣臣悉鸞帶策馬從。六軍望見乘輿，皆呼萬歲。帝大悅，召完學入御幄奬勞，酌以金卮，然徒爲容觀而已。

時兵事益亟。帝命京軍出防剿，皆監以中官。廩給優渥，挾勢而驕，多奪人俘獲以爲功，輕折辱諸將士，將士益解體。周延儒再入閣，勸罷內操，撤諸監軍。京兵班師還。時營將率內臣私人，不知兵。兵惟注名支糧，買替紛紜，朝甲暮乙，雖有尺籍，莫得而識也。帝屢旨訓練，然日不過二三百人，未昏遂散。營兵十萬倖抽驗不及，玩愒佚罰者無算。帝嘗問戎政侍郞王家彥，家彥曰：「今日惟嚴買替之禁，改操練之法，庶可救萬一，然勢已晚。」帝不懌而罷。十六年，襄城伯李國禎總戎政，內臣王承恩監督京營。明年，流賊入居庸關，至沙河。京軍出禦，聞礮聲潰而歸。賊長驅犯闕，守陴者僅內操之三千人，京師遂陷。

大率京軍積弱，由於占役買閑。其弊實起於紈袴之營帥，監視之中官，竟以亡國云。

京營之在南者，永樂北遷，始命中府掌府事官守備南京，節制在南諸衞所。洪熙初，以內臣同守備。宣德末，設參贊機務官。景泰間，增協同守備官。成化末，命南京兵部尚書參贊機務，視五部特重。先是，京師立神機營，南京亦增設，與大小二教場同練。軍士常操不息，風雨方免。有逃籍者，憲宗命南給事御史時至二場點閱。成國公朱儀及太監安寧不便，詭言軍機密務，御史詰問名數非宜。帝爲罪御史，仍令守備參贊官閱視，著爲令。

嘉靖中，言者數奏南營耗亡之弊。二十四年冬詔立振武營，簡諸營銳卒充之，益以淮、揚趫捷者。江北舊有池河營，專城守，護陵寢。二營兵各三千，領以勳臣，別設場訓練。然振武營卒多無賴子。督儲侍郞黃懋官抑削之，遂譁，毆懋官至死。詔誅首惡，以戶部尙書江東爲參贊。東多所寬假，衆益驕，無復法紀。給事中魏元吉以爲言，因舉浙、直副總兵劉顯往提督。未至，池河兵再變，毆千戶吳欽。詔顯亟往，許以川兵五百自隨，事始定。隆慶改元，罷振武營，以其卒千餘仍隸二場及神機營。

萬曆十一年，參贊尚書潘季馴言：「操軍原額十有二萬，今僅二萬餘。祖軍與選充參半，選充例不補，營伍由是虛。請如祖軍收補。」已而王遴代季馴，〔四〕言：「大小二場，新舊官軍二萬三千有餘。請如北京各邊，三千一百二十人爲一枝，每枝分中、左、右哨，得兵七枝。餘置旗鼓下，備各營缺。」從之。巡視科臣阮子孝極論南營耗弊，言頗切中，然卒無振飭之者。已，從尚書吳文華請，增參贊旗牌，得以軍法從事，兼聽便宜調遣。三十一年添設南中軍標營，選大教場卒千餘，設中軍參將統練。規制雖具，而時狃苟安，闒茸一如北京。及崇禎中，流寇陷廬、鳳，踞上流，有窺留都意。南中將士日夜惴惴，以護陵寢、守京城爲名，倖賊不東下而已。最後，史可法爲參贊尚書，思振積弊，未久而失，蓋無可言焉。

侍衞上直軍之制。太祖卽吳王位，其年十二月設拱衞司，領校尉，隸都督府。洪武二年改親軍都尉府，統中、左、右、前、後五衞軍，而儀鑾司隸焉。六年造守衞金牌，〔五〕銅塗金爲之。長一尺，闊三寸。以仁、義、禮、智、信爲號。二面俱篆文：一曰「守衞」，〔六〕一曰「隨駕」。掌於尚寶司，衞士佩以上直，下直納之。

十五年罷府及司，置錦衣衞。所屬有南北鎭撫司十四所，所隸有將軍、力士、校尉，掌直駕侍衞、巡察緝捕。已又擇公、侯、伯、都督、指揮之嫡次子，置勳衞散騎舍人，而府軍前衞及旗手等十二衞，各有帶刀官。錦衣所隸將軍，初名天武，後改稱大漢將軍，凡千五百人。設千、百戶，總旗七員。其衆自爲一軍，下直操練如制，缺至五十人方補。月糈二石，積勞試補千、百戶，亡者許以親子弟魁梧材勇者代，無則選民戶充之。

永樂中，置五軍、三千營。增紅盔、明甲二將軍及叉刀圍子手之屬，備宿衞。校尉、力士僉民間丁壯無惡疾、過犯者。力士先隸旗手衞，後改隸錦衣及騰驤四衞，專領隨駕金鼓、旗幟及守衞四門。校尉原隸儀鑾司，司改錦衣衞，仍隸焉。掌擎執鹵簿儀仗，曰鑾輿，曰擎蓋，曰扇手，曰旌節，曰旛幢，曰班劍，曰斧鉞，曰戈戟，曰弓矢，曰馴馬，凡十司，及駕前宣召差遣，三日一更直。設總旗、小旗，而領以勳戚官。官凡六：管大漢將軍及散騎舍人、府軍前衞帶刀官者一，管五軍營叉刀圍子手者一，管神樞營紅盔將軍者四。聖節、正旦、冬至及大祀、誓戒、册封、遣祭、傳制用全直，直三千人，餘則更番，器仗衣服位列亦稍殊焉。凡郊祀、經筵、巡幸侍從各有定制，詳禮志中。居常，當直將軍朝夕分候午門外，夜則司更，共百人。而五軍叉刀官軍，悉於皇城直宿。掌侍衞官輪直，日一員。惟掌錦衣衞將軍及叉刀手者，每日侍。尤嚴收捕之令，及諸脫更離直者。共計錦衣衞大漢將軍一千五百七人，府軍前衞帶刀官四十，神樞營紅盔將軍二千五百，把總指揮十六，明甲將軍五百二，把總指揮二，大漢將軍八，五軍營叉刀圍子手三千，把總指揮八，勳衞散騎舍人無定員，旗手等衞帶刀官一百八十，此侍衞親軍大較也。

正統後，妃、主、公、侯、中貴子弟授官者，多寄祿錦衣中。正德時，奏帶傳陞冒銜者，又不下數百人。武宗好養勇士，嘗以千、把總四十七人，注錦衣衞帶俸舍、餘千一百人充御馬監家將勇士，食糧騎操。又令大漢將軍試百戶，五年實授，著爲令。倖竇開而恩澤濫，宿衞稍輕矣。至萬曆間，衞士多占役、買閒，其弊亦與三大營等。雖定離直者奪月糈之例，然不能革。

太祖之設錦衣也，專司鹵簿。是時，方用重刑，有罪者往往下錦衣衞鞫實，本衞參刑獄自此始。文皇入立，倚錦衣爲心腹。所屬南北兩鎭撫司，南理本衞刑名及軍匠，而北專治詔獄。凡問刑、奏請皆自達，不關白衞帥。用法深刻，爲禍甚烈，詳刑法志。又錦衣緝民間情僞，以印官奉敕領官校。東廠太監緝事，別領官校，亦從本衞撥給，因是恒與中官相表裏。皇城守衞，用二十二衞卒，不獨錦衣軍，而門禁亦上直中事。京城巡捕有專官，然每令錦衣官協同。地親權要，遂終明之世云。

初，太祖取婺州，選富民子弟充宿衞，曰御中軍。已，置帳前總制親兵都指揮使。後復省，置都鎭撫司，隸都督府，總牙兵巡徼。而金吾前後、羽林左右、虎賁左右、府軍左右前後十衞，以時番上，號親軍。有請，得自行部，不關都督府。及定天下，改都鎭撫司爲留守，設左右前後中五衞，關領內府銅符，日遣二人點閱，夜亦如之，所謂皇城守衞官軍也。

二十七年申定皇城門禁約。凡朝參，門始啓，直日都督、將軍及帶刀、指揮、千百戶、鎭撫、舍人入後，百官始以次入。上直軍三日一更番，內臣出入必合符嚴索，以金幣出者驗視勘合，以兵器雜藥入門者擒治，失察者重罪之。民有事陳奏，不許固遏。帝念衞士勞苦，令家有婚喪、疾病、產子諸不得已事，得自言情；家無餘丁，父母俱病者，許假侍養，愈乃復。先是，新宮成，詔中書省曰：「軍士戰鬬傷殘，難備行伍，可於宮牆外造舍以居之，晝則治生，夜則巡警。」其後，定十二衞隨駕軍上直者，人給錢三百。二十八年復於四門置舍，使恩軍爲衞士執爨。恩軍者，得罪免死及諸降卒也。

永樂中，定制，諸衞各有分地。自午門達承天門左右，逮長安左右門，至皇城東西，屬旗手、濟陽、濟川、府軍及虎賁右、金吾前、燕山前、羽林前八衞。東華門左右至東安門左右，屬金吾、羽林、府軍、燕山四左衞。西華門左右至西安門左右，屬四右衞。玄武門左右至北安門左右，屬金吾、府軍後及通州、大興四衞。衞有銅符，頒自太祖。曰承，曰東，曰西，曰北，各以其門名也。巡者左半，守者右半。守官遇巡官至，合契而從事。各門守衞官，夜各領銅令申字牌巡警，自一至十六。內皇城衞舍四十，外皇城衞舍七十二，俱設銅鐸，次第循環。內皇城左右坐更將軍百，每更二十人，四門走更官八，〔七〕交互往來，鈐印于籍以爲驗。都督及帶刀、千百戶日各一人，領申字牌直宿，及點各門軍士。後更定都督府，改命侯、伯僉書焉。

洪熙初，更造衞士懸牌。時親軍缺伍，衞士不獲代。帝命選他衞軍守端、直諸門，尚書李慶謂不可。帝曰：「人主在布德以屬人心，苟心相屬，雖非親幸，何患焉。」宣德三年命御史點閱衞卒。天順中，復增給事中一人。成化十年，尚書馬文升言：「太祖置親軍指揮使司，不隸五府。文皇帝復設親軍十二衞，又增勇士數千員，屬御馬監，上直，而以腹心臣領之。比者日廢弛，勇士與諸營無異，皇城之內，兵衞無幾，諸監門卒尤疲羸，至不任受甲。宜敕御馬監官，卽見軍選練。仍敕守衞官常嚴步伍，譏察出入，以防微銷萌。」帝然其言，亦未能有所整飭。

正德初，嚴皇城紅舖巡徼，日令留守衞指揮五員，督內外夜巡軍。而兵部郎中、主事各一人，同御史、錦衣衞稽閱，毋攝他務。嘉靖七年增直宿官軍衣糧，五年一給。萬曆十一年，於皇城內外設把總二員，分東西管理。時門禁益弛，衞軍役於中官，每至空伍，賃市兒行丐應點閱。叉刀、紅盔日出始一入直，直廬虛無人。坐更將軍皆納月鏹於所轄。凡提號、巡城、印簿、走更諸事悉廢。十五年再申門禁。久之，給事中吳文煒乞盡復舊制。不報。末年，有失金牌久之始覺者。梃擊之事，張差一妄男子，得闌入殿廷，其積弛可知。是後中外多事，啓、禎兩朝雖屢申飭，竟莫能挽，侵尋以至於亡。

京城巡捕之職，洪武初，置兵馬司，譏察奸僞。夜發巡牌，旗士領之，覈城門扃鐍及夜行者。已改命衞所鎭撫官，而掌於中軍都督府。永樂中，增置五城兵馬司。宣德初，京師多盜，增官軍百人，協五城逐捕。已，復增夜巡候卒五百。成化中，始命錦衣官同御史督之。末年，撥給團營軍二百。弘治元年令三千營選指揮以下四員，領精騎巡京城外，又令錦衣官五，旗手等衞官各一，分地巡警，巡軍給牌。五年設把總都指揮，專職巡捕。正德中，添設把總，分晝京城外地，南抵海子，北抵居庸關，西抵盧溝橋，東抵通州。復增城內二員，而益以團營軍，定官卒賞罰例。末年，邏卒增至四千人，特置參將。

嘉靖元年復增城外把總一員，并舊爲五，分轄城內東西二路，城外西南、東南、東北三路，增營兵爲五千。又十選一，立尖哨五百騎，厚其月糈。命參將督操，而監以兵部郎。是時，京軍弊壞積久，捕營亦然。三十四年，軍士僅三百餘。以給事中丘岳等言，削指揮樊經職，而禁以軍馬私役騎乘。萬曆十二年從兵部議，京城內外盜發，自卯至申責兵馬司，自酉至寅責巡捕官，賊衆則協力捕剿。是後，軍額倍增，駕出及朝審、錄囚皆結隊駐巷口。籍伍雖具，而士馬實凋弊不足用。捕營提督一，參將二，把總十八，巡軍萬一千，馬五千匹。盜賊縱橫，至竊內中器物。獲其樁索，竟不能得也。莊烈帝時，又以兵部左侍郞專督。然營軍半虛廩，馬多雇人騎，失盜嚴限止五日，玩法卒如故。

四衞營者，永樂時，以迤北逃回軍卒供養馬役，給糧授室，號曰勇士。後多以進馬者充，而聽御馬監官提調，名隸羽林，身不隸也。軍卒相冒，支糧不可稽。宣德六年乃專設羽林三千戶所統之，凡三千一百餘人。尋改武驤、騰驤左右衞，稱四衞軍。選本衞官四員，爲坐營指揮，督以太監，別營開操，稱禁兵。器械、衣甲異他軍，橫於輦下，往往爲中官占匿。弘治末，勇士萬一千七百八十人，旗軍三萬一百七十人，歲支廩粟五十萬。孝宗納廷臣言，覈之。又令內臣所進勇士，必由兵部驗送乃給廩，五年籍其人數，著爲令。省度支金錢歲數十萬。武宗卽位，中官甯瑾乞留所汰人數。言官及尙書劉大夏持不可，不聽。後兩官廳設，遂選四衞勇士隸西官廳，掌以邊將江彬、太監張永等。

世宗入立，詔自弘治十八年存額外，悉裁之，替補必兵部查覈。而御馬監馬牛羊，令巡視科道覈數。既而中旨免覈，馬多虛增。後數年，御馬太監閔洪復矯旨選四衞官。給事中鄭自璧劾其欺蔽，不報。久之，兵部尙書李承勛請以選覈仍隸本部，中官謂非便。帝從承勳言。十六年又命收復登極詔書所裁者，凡四千人。後五年，內臣言，勇士僅存五千餘，請令子姪充選，以備邊警。部臣言：「故額定五千三百三十人。八年清稽，已浮其數，且此營本非爲備邊設者。」帝從部議。然隱射、占役、冒糧諸弊率如故。萬曆二年減坐營官二員。已，復定營官缺由兵部擇用。其後，復爲中官所撓，仍屬御馬監。廷臣多以爲言，不能從。四十二年，給事中姚宗文點閱本營，言：「官勇三千六百四十七，僅及其半。馬一千四十三，則無至者。官旗七千二百四十，止四千六百餘。馬亦如之。乞下法司究治。」帝不能問。天啓末，巡視御史高弘圖請視三大營例，分弓弩、短兵、火器，加以訓練。至莊烈帝時，提督內臣曹化淳奏改爲勇衞營，以周遇吉、黃得功爲帥，遂成勁旅，出擊賊，輒有功。得功軍士畫虎頭於皂布以衣甲。賊望見黑虎頭軍，多走避，其得力出京營上云。

校勘記

〔一〕於三營都督中推一人充總兵官　都督，原作「提督」，據上文及英宗實錄卷一八六正統十四年十二月己未條改。

〔二〕會戶部主事李夢陽極論役軍之害　李，原作「劉」，據本書卷九〇兵志、又卷二八六李夢陽傳，明史稿志六五兵志，國榷卷四五頁二八二七改。

〔三〕分之爲三十營　三十，原作「三十三」。明會典卷一三四：五軍營分戰兵四營，車兵四營，城守二營，共十營。神樞營分戰兵三營，車兵三營，城守三營，執事一營，共十營。神機營分戰兵三營，車兵三營，城守四營，共十營。合爲三十營。據改。

〔四〕已而王遴代季馴　王遴，原作「王璘」，據本書卷二二〇王遴傳、明史稿志六五兵志改。

〔五〕六年造守衞金牌　六年，原作「五年」，據太祖實錄卷八二洪武六年五月乙丑條改。

〔六〕一曰守衞　衞，原作「備」，據明史稿志六五兵志、太祖實錄卷八二洪武六年五月乙丑條改。本志上文亦稱「守衞金牌」。

〔七〕四門走更官八　走更，原作「支更」，據嵇璜續文獻通考卷一二六改。本志下文亦稱「走更」。

明史卷九十

志第六十六

兵二

衛所　班軍

太祖下集慶路爲吳王，罷諸翼統軍元帥，置武德、龍驤、豹韜、飛熊、威武、廣武、興武、英武、鷹揚、驍騎、神武、雄武、鳳翔、天策、振武、宣武、羽林十七衛親軍指揮使司。革諸將襲元舊制樞密、平章、元帥、總管、萬戶諸官號，而覈其所部兵五千人爲指揮，千人爲千戶，百人爲百戶，五十人爲總旗，十人爲小旗。天下既定，度要害地，係一郡者設所，連郡者設衛。大率五千六百人爲衛，千一百二十人爲千戶所，百十有二人爲百戶所。所設總旗二，小旗十，大小聯比以成軍。其取兵，有從征，有歸附，有謫發。從征者，諸將所部兵，既定其地，因以留戍。歸附，則勝國及僭僞諸降卒。謫發，以罪遷隸爲兵者。其軍皆世籍。此其大略也。

洪武三年陞杭州、江西、燕山、青州四衞爲都衞，復置河南、西安、太原、武昌四都衞。四年造用寶金符及調發走馬符牌。用寶符爲小金牌二，中書省、大都督府各藏其一。有詔發兵，省府以牌入，內府出寶用之。走馬符牌，鐵爲之，共四十，金字、銀字者各半，藏之內府。有急務調發，使者佩以行。尋改爲金符。凡軍機文書，自都督府、中書省長官外，不許擅奏。有詔調軍，省、府同覆奏，然後納符請寶。五年置親王護衞指揮使司，每府三護衞，衞設左、右、中、前、後五所，所，千戶二，百戶十。圍子手所二，所，千戶一。七年申定兵衞之政，征調則統於諸將，事平則散歸各衞。

八年改在京留守都衞爲留守衞指揮使司，在外都衞爲都指揮使司，凡十三：北平、陝西、山西、浙江、江西、山東、四川、福建、湖廣、廣東、廣西、遼東、河南。又行都指揮使司二：甘州、大同。俱隸大都督府。九年選公、侯、都督、各衞指揮嫡長次子爲散騎、參侍舍人，隸都督府，充宿衞，或署各衞所事。十三年，丞相胡惟庸謀反誅，革中書省，因改大都督府爲五，分統諸軍司衞所。明年復置中都留守司及貴州、雲南都指揮使司。十五年三月頒軍法定律。十六年詔各都司上衞所城池水陸地里圖。二十年置大寧都指揮使司。是年，命兵部置軍籍勘合，載從軍履歷、調補衞所年月、在營丁口之數，給內外衞所軍士，而藏其副於內府。三十年定武官役軍之制：指揮、同知、僉事四，千戶三，百戶、鎭撫二，皆取正軍，三日一番上，下直歸伍操練。衞所直廳六，守門二，守監四，守庫一，皆任老軍，月一更。〔一〕

建文帝嗣位，置河北都司、湖廣行都司。文皇入立，皆罷之，而陞燕山三護衞爲親軍，並建文時所立孝陵衞，皆不隸五府。後諸陵設衞皆如之。移山西行都司所屬諸衞軍於北平，設衞屯種。永樂元年罷北平都司，設留守行後軍都督府，遷大寧都司於保定。明年更定衞所屯守軍士。臨邊險要者，守多於屯。在內平僻，或地雖險要而運輸難至者，皆屯多於守。七年置調軍勘合，以勇、敢、鋒、銳、神、奇、精、壯、强、毅、克、勝、英、雄、威、猛十六字，編百號。制敕調軍及遣將，比號同，方准行。十八年，北京建，在南諸衞多北調。宣德五年從平江伯陳瑄言，以衞官職漕運，東南之卒由是困。八年減衞軍餘丁，正軍外每軍留一，餘悉遣歸。已，復以幼軍備操者不足，三丁至七八丁者選一，餘聽治生，給軍裝。正軍有故，卽令補伍，毋再勾攝。

當是時，都指揮使與布、按並稱三司，爲封疆大吏。而專閫重臣，文武亦無定職，世猶以武爲重，軍政修飭。正德以來，軍職冒濫，爲世所輕。內之部科，外之監軍、督撫，疊相彈壓，五軍府如贅疣，弁帥如走卒。總兵官領敕於兵部，皆跽，間爲長揖，卽謂非體。至於末季，衞所軍士，雖一諸生可役使之。積輕積弱，重以隱占、虛冒諸弊，至舉天下之兵，不足以任戰守，而明遂亡矣。

崇禎三年，范景文以兵部侍郎守通州，上言：「祖制，邊腹內外，衞所棊置，以軍隸衞，以屯養軍。後失其制，軍外募民爲兵，屯外賦民出餉，使如鱗尺籍，不能爲衝鋒之事，并不知帶甲之人。陛下百度振刷，豈可令有定之軍數付之不可問，有用之軍糈投之不可知？」因條上清覈數事，不果行。

初，洪武二十六年定天下都司衞所，共計都司十有七，留守司一，內外衞三百二十九，守禦千戶所六十五。及成祖在位二十餘年，多所增改。其後措置不一，今區別其名於左，以資考鏡。

上十二衞

金吾前衞　金吾後衞　羽林左衞　羽林右衞　府軍衞　府軍左衞　府軍右衞　府軍前衞　府軍後衞　虎賁左衞　錦衣衞　旂手衞

五軍都督府所屬衞所

左軍都督府

在京凡本府在京屬衞，曾經永樂十八年調守北京者，各註其下曰「調北京」，其年月不重出。後四府同。

留守左衞調北京　鎭南衞調北京　水軍左衞　驍騎右衞調北京　龍虎衞調北京　英武衞　瀋陽左衞調北京　瀋陽右衞調北京

在外

浙江都司

杭州前衞　杭州右衞　台州衞　寧波衞　處州衞　紹興衞　海寧衞　昌國衞　溫州衞　臨山衞　松門衞　金鄉衞　定海衞　海門衞　盤石衞　觀海衞　海寧千戶所　衢州千戶所　嚴州千戶所　湖州千戶所

遼東都司

定遼左衞　定遼右衞　定遼中衞　定遼前衞　定遼後衞　鐵嶺衞　東寧衞　瀋陽中衞　海州衞　蓋州衞　金州衞　復州衞　義州衞　遼海衞　三萬衞　廣寧左屯衞　廣寧右屯衞　廣寧前屯衞　廣寧後屯衞　廣寧中護衞後改爲屯衞

山東都司

青州左護衞後爲天津右衞　青州護衞革　兗州護衞革　兗州左護衞後爲臨淸衞　登州衞　青州左衞　萊州衞　寧海衞　濟南衞　平山衞　德州衞後改屬後府　樂安千戶所後

改名武定，屬後府　膠州千戶所　諸城千戶所　滕縣千戶所

右軍都督府

在京

虎賁右衞調北京　留守右衞調北京　水軍右衞　武德衞調北京　廣武衞

在外

雲南都司

雲南左衞　雲南右衞　雲南前衞　大理衞　楚雄衞　臨安衞　景東衞　曲靖衞

金齒衞　洱海衞　蒙化衞　馬隆衞改雲南右護衞，革　平夷衞　越州衞　六涼衞　鶴

慶千戶所革

貴州都司

貴州衞　永寧衞　普定衞　平越衞　烏撒衞　普安衞　層臺衞革　赤水衞　威清

衞　興隆衞　新添衞　淸平衞　平壩衞　安莊衞　龍里衞　安南衞　都勻衞　畢

節衞　黃平千戶所

四川都司

成都左護衞　成都右護衞後爲龍虎左衞，隸南京左府　成都中護衞後爲豹韜左衞，隸南京前府

成都左衛革　成都右衛　成都前衛　成都後衛　成都中衛　寧川衛　茂州衛　建昌衛後屬行都司　重慶衛　敍南衛　蘇州衛後爲寧番衛，屬行都司，革　瀘州衛　松潘軍民指揮使司　巖州衛革　青川千戶所〔二〕　威州千戶所　大渡河千戶所

陝西都司

西安左護衛後爲神武右衛　西安右護衛　西安中護衛後爲神武前衛　西安左衛　西安右衛改西安中護衛　西安前衛　西安後衛　華山衛改西安左護衛，又改神武右衛　泰山衛改西安右護衛　延安衛　綏德衛　平涼衛　慶陽衛　寧夏衛　臨洮衛　鞏昌衛　西寧衛後屬行都司　漢中衛　涼州衛後屬行都司　莊浪衛後屬行都司　蘭州衛　秦州衛　岷州軍民指揮使司　洮州衛　河州軍民指揮使司　甘肅衛後爲甘州後衛　山丹衛後屬行都司　永昌衛後屬行都司　鳳翔千戶所　金州千戶所　寧夏中護衛　西河中護衛後改雲南中護衛，革

廣西都司

桂林左衛後爲廣西護衛　桂林右衛　桂林中衛　南寧衛　柳州衛　馴象衛　梧州千戶所

中軍都督府

在京

留守中衞調北京　神策衞調北京　廣洋衞　應天衞調北京　和陽衞調北京　牧馬千戶所調北京

在外

直隸

揚州衞　和州衞後改爲寧夏中屯衞，革　高郵衞　淮安衞　鎭海衞　滁州衞　太倉衞

泗州衞　壽州衞　邳州衞　大河衞　沂州衞　金山衞　新安衞　蘇州衞　儀眞衞

徐州衞　安慶衞　宿州千戶所

中都留守司

鳳陽右衞　鳳陽中衞　皇陵衞　鳳陽衞　留守左衞　留守中衞　長淮衞　懷遠衞

洪塘千戶所

河南都司

歸德衞後屬中府　陳州衞　弘農衞　汝寧衞後改千戶所，屬中府　潼關衞後屬中府　河南衞　睢陽衞　宣武衞　信陽衞　彰德衞　武平衞後屬中府　南陽衞　寧國衞後爲涿鹿衞，〔三〕後屬後府　懷慶衞　寧山衞後屬後府　潁州衞　安吉衞後爲通州衞親軍　潁上千戶

所　河南左護衞　河南中護衞　河南右護衞三護衞後幷彭城衞

前軍都督府

在京

天策衞後分爲保安衞及保安右衞　龍驤衞調北京　豹韜衞調北京　龍江衞後改爲龍江左衞　飛熊衞調北京

在外

直隸

九江衞

湖廣都司

武昌衞　武昌左衞　黃州衞　永州衞　岳州衞　蘄州衞　施州衞　長沙護衞革

辰州衞　安陸衞後屬行都司，改承天衞　襄陽衞　襄陽護衞後俱屬行都司　常德衞　沅州衞　寶慶衞　沔陽衞後屬興都留守司　長沙衞　茶陵衞　衡州衞　瞿塘衞後屬行都司

鎮遠衞　平溪衞　清浪衞　偏橋衞　五開衞　九溪衞　荊州左護衞後爲荊州左衞，屬行都司，改顯陵衞　荊州中護衞革　靖州衞　永定衞　郴州千戶所　夷陵千戶所後屬行都司　桂陽千戶所　德安千戶所後改屬興都留守司　忠州千戶所後屬行都司　安福千戶

所　道州千戶所革　大庸千戶所　西平千戶所革　麻寮千戶所　枝江千戶所後屬行都司　武岡千戶所　崇山千戶所革　長寧千戶所後屬行都司　武昌左、右、中三護衞左改東昌衞，右改徐州左衞，中改武昌護衞。

福建都司

福州中衞　福州左衞　福州右衞　興化衞　泉州衞　漳州衞　福寧衞　鎭東衞　平海衞　永寧衞　鎭海衞

福建行都司

建寧左衞　建寧右衞　建陽衞革　延平衞　邵武衞　汀州衞　將樂千戶所

江西都司

南昌左衞　南昌前衞　袁州衞　贛州衞　吉安衞後爲千戶所　饒州千戶所　安福千戶所　會昌千戶所　永新千戶所　南安千戶所　建昌千戶所　撫州千戶所　鉛山千戶所　廣信千戶所

廣東都司

廣州前衞　廣州左衞　廣州右衞　南海衞　潮州衞　雷州衞　海南衞　清遠衞　惠州衞　肇慶衞　廣州後衞　程鄉千戶所　高州千戶所　廉州千戶所後爲廉州衞

萬州千戶所　儋州千戶所　崖州千戶所　南雄千戶所　韶州千戶所　德慶千戶所

新興千戶所　陽江千戶所　新會千戶所　龍川千戶所

後軍都督府

在京

橫海衞　鷹揚衞　興武衞調北京　江陰衞　蒙古左衞革　蒙古右衞革

在外

北平都司

燕山左衞　燕山右衞　燕山前衞　大興左衞　永清左衞　永清右衞　濟州衞〔四〕

濟陽衞　彭城衞　通州衞已上俱改爲親軍　薊州衞　密雲衞後爲密雲後衞，屬後府　眞定衞　永平衞　山海衞　遵化衞　居庸關千戶所後爲隆慶衞　已上俱屬後府

北平行都司後爲大寧都司

大寧左衞　大寧右衞　二衞後爲營州左、右護衞，改延慶左、右衞　大寧中衞　大寧前衞

大寧後衞後爲營州中護衞，改寬河衞　會州衞〔五〕俱改調京衞　已上俱屬後府　營州中護衞

興州中護衞革

山西都司

太原左衞　太原右衞　太原前衞　振武衞　平陽衞　鎭西衞　潞州衞　蒲州千戶所　廣昌千戶所　沁州千戶所　寧化千戶所　鴈門千戶所

山西行都司

大同左衞　大同右衞　大同前衞　蔚州衞　朔州衞

北平三護衞

燕山左護衞　燕山右護衞　燕山中護衞　俱爲親軍

山西三護衞

太原左護衞　太原右護衞　太原中護衞　俱革

後定天下都司衞所，共計都司二十一，留守司二，內外衞四百九十三，守禦屯田羣牧千戶所三百五十九，儀衞司三十三，自儀衞司以下，舊無，後以次漸添設。宣慰使司二，招討使司二，宣撫司六，安撫司十六，長官司七十，原五十九。番邊都司衞所等四百七。後作四百六十三。

親軍上二十二衞，舊制止十二衞，後增設金吾左以下十衞，俱稱親軍指揮使司，不屬五府。又設騰驤等四衞，亦係親軍，幷武功、永淸、彭城及長陵等十五衞，俱不屬府。

金吾前衞　金吾後衞　羽林左衞　羽林右衞　府軍衞　府軍左衞　府軍右衞　府

軍前衞　府軍後衞　虎賁左衞　錦衣衞　旗手衞已上舊爲上十二衞　金吾左衞　金吾右衞　羽林前衞已上北平三護衞，洪武三十五年陞　燕山左衞　燕山右衞　燕山前衞　大興左衞　濟陽衞　濟州衞〔六〕　通州衞舊爲安吉衞已上北平都司七衞，永樂四年陞，俱爲親軍　騰驤左衞　騰驤右衞舊爲神武前衞　武驤左衞　武驤右衞已上四衞，宣德八年以各衞養馬軍士及神武前衞官軍開設　武功中衞洪武年間設　武功左衞宣德二年設　武功右衞宣德六年設　永淸左衞　永淸右衞　彭城衞已上北平三衞，改常山三護衞，宣德初復爲本衞，又併河南三護衞多餘官軍於彭城衞　長陵衞舊爲南京羽林右衞，永樂二十二年改　獻陵衞舊武成左衞，宣德元年改　景陵衞舊武成右衞，宣德十年改　裕陵衞舊武成前衞，天順八年改　茂陵衞舊武成後衞，成化二十三年改　泰陵衞舊忠義左衞，弘治十八年改　康陵衞舊義勇中衞，正德十六年改　永陵衞舊義勇左衞，嘉靖二十七年改　昭陵衞舊神武後衞，隆慶六年改　定陵衞　慶陵衞　德陵衞　奠靖千戶所嘉靖二十一年設　犧牲千戶所屬太常寺轄已上俱不屬五府

五軍都督府所屬衞所

左軍都督府

在京

留守左衞　鎭南衞　驍騎右衞　龍虎衞　瀋陽左衞　瀋陽右衞俱南京舊制，永樂十

八年分調

在外

浙江都司

杭州前衞　杭州後衞　台州衞　寧波衞　處州衞　紹興衞　海寧衞　昌國衞　溫州衞　臨山衞　松門衞　金鄉衞　海門衞　定海衞　盤石衞　觀海衞　海寧千戶所　衢州千戶所　嚴州千戶所　湖州千戶所　金華千戶所　澉浦千戶所已下各所，舊無，後添設　乍浦千戶所　三江千戶所　定海後千戶所　定海中左千戶所　定海中中千戶所　瀝海千戶所　三山千戶所　大嵩千戶所　霩衢千戶所　龍山千戶所　石浦前千戶所　石浦後千戶所　爵谿千戶所　錢倉千戶所　水軍千戶所　新河千戶所　桃渚千戶所　健跳千戶所　隘頑千戶所　楚門千戶所　平陽千戶所　瑞安千戶所　海安千戶所　蒲門千戶所　壯士千戶所　沙園千戶所　蒲岐千戶所　寧村千戶所　新城千戶所舊有，後革

遼東都司

定遼左衞　定遼右衞　定遼中衞　定遼前衞　定遼後衞　鐵嶺衞　東寧衞　瀋陽中衞　海州衞　蓋州衞　金州衞　復州衞　義州衞　遼海衞　三萬衞　廣寧左屯

衞　廣寧右屯衞　廣寧中屯衞　廣寧前屯衞　廣寧後屯衞　廣寧衞已下添設　廣寧左衞　廣寧右衞　廣寧中衞　寧遠衞　撫順千戶所　蒲河千戶所　寧遠中左千戶所　寧遠中右千戶所　廣寧中前千戶所　廣寧中後千戶所　廣寧中左千戶所　金州中左千戶所　鐵嶺左右千戶所　鐵嶺中左千戶所　三萬前前千戶所　三萬後後千戶所　三萬中中千戶所　遼海中中千戶所　遼海右右千戶所　遼海前前千戶所　遼海後後千戶所　東寧中左千戶所

山東都司舊有青州左護衞，後改天津右衞。舊有貴州護衞，革。

登州衞　青州左衞　萊州衞　寧海衞　濟南衞　平山衞　安東衞已下添設　靈山衞　鰲山衞　大嵩衞　威海衞　成山衞　靖海衞　東昌衞　臨淸衞舊兗州左護衞，後改　任城衞〔七〕　濟寧衞舊武昌左護衞，後改　兗州護衞　膠州千戶所　諸城千戶所　滕縣千戶所　肥城千戶所已下添設　海陽千戶所　東平千戶所　寧津千戶所　雄崖千戶所　浮山前千戶所　福山中前千戶所　奇山千戶所　濮州千戶所　金山左千戶所　尋山後千戶所　百尺崖後千戶所　王徐寨前千戶所　夏河寨前千戶所　魯府儀衞司　德府儀衞司　涇府儀衞司　衡府儀衞司　德府羣牧所　涇府羣牧所　衡府羣牧所

右軍都督府

在京

留守右衞　虎賁右衞　武德衞　俱南京舊衞，永樂十八年分調

在外

直隸

宣州衞舊無，後設

陝西都司舊有階州衞、沙州衞、靈山千戶所，後俱革。

西安右護衞舊泰山衞改　西安左衞　西安前衞　西安後衞　延安衞　漢中衞　平涼衞　綏德衞　寧夏衞　慶陽衞　鞏昌衞　臨洮衞　蘭州衞　秦州衞　岷州衞舊軍民指揮使司，嘉靖二十四年添設岷州，四十年革，後存衞　河州衞舊軍民指揮使司　洮州衞　寧夏中護衞　甘州中護衞　安東中護衞　寧夏前衞已下各衞舊無，後設　寧夏中衞　寧夏中屯衞舊和州衞　寧夏左屯衞　寧夏右屯衞　寧羌衞　靖虜衞　固原衞　楡林衞　寧夏後衞以花馬池千戶所改　興安千戶所舊金州千戶所，萬曆十年改　鳳翔千戶所　禮店前千戶所已下各所舊設　沔縣千戶所　環縣千戶所　文縣千戶所　階州千戶所舊屬秦州衞，嘉靖二十二年改屬都司　靈州千戶所　西安千戶所　西固城千戶所〔八〕　歸德千戶

所　鎭羌千戶所　安邊千戶所　平虜千戶所　興武營千戶所　鎭戎千戶所　寧夏平虜千戶所　秦府儀衞司　慶府儀衞司　肅府儀衞司　韓府儀衞司　寧夏羣牧所　安東羣牧所　甘州羣牧所

陝西行都司洪武十二年添設

甘州左衞　甘州右衞　甘州中衞　甘州前衞　甘州後衞　已上陝西甘肅衞分設　永昌衞　涼州衞　莊浪衞　西寧衞　山丹衞　已上舊屬陝西都司　肅州衞　鎭番衞　鎭夷千戶所　古浪千戶所　高臺千戶所

四川都司舊有浦江關軍民千戶所，後革

成都左護衞　成都右衞　成都中衞　成都前衞　成都後衞　寧川衞　茂州衞　重慶衞　敍南衞　瀘州衞　利州衞舊無，後設　松潘衞舊爲軍民指揮使司，後改　靑川千戶所　保寧千戶所　威州千戶所　雅州千戶所　大渡河千戶所　廣安千戶所　灌縣千戶所已下各所後設　黔江千戶所　疊溪千戶所　建武千戶所　小河千戶所　蜀府儀衞司　壽府儀衞司革　壽府羣牧所革

土官

天全六番招討使司屬都司　隴木頭長官司　靜州長官司　岳希蓬長官司　已上屬茂州

衞　石砫宣撫司　酉陽宣撫司　已上屬重慶衞　石耶洞長官司　邑梅洞長官司　已上屬酉陽宣撫司　占藏先結簇長官司　蠟匝簇長官司　白馬路簇長官司　山洞簇長官司　阿昔洞簇長官司　北定簇長官司　麥匝簇長官司　者多簇長官司　牟力簇長官司〔九〕　班班簇長官司　祈命簇長官司　勒都簇長官司　包藏簇長官司〔一〇〕　阿思簇長官司　思曩兒簇長官司　阿用簇長官司　潘斡寨長官司〔一一〕　八郎安撫司　阿角寨安撫司　麻兒匝安撫司　芒兒者安撫司　已上俱屬松潘衞　疊溪長官司　鬱卽長官司　已上屬疊溪千戶所

四川行都司舊無，後設。舊有建昌前衞，後革　建昌衞舊屬四川都司〔一二〕　寧番衞舊爲蘇州衞，屬四川都司〔一三〕　已下添設　會川衞〔一四〕　鹽井衞　越嶲衞　禮州後千戶所　禮州中中千戶所　建昌打沖河中前千戶所　德昌千戶所　迷易千戶所　鹽井打沖河中左千戶所　冕山橋後千戶所　鎭西後千戶所

土官

昌州長官司　威龍長官司　普濟長官司　俱屬建昌衞　馬喇長官司　屬鹽井衞　邛部長官司屬越嶲衞

廣西都司

桂林右衛　桂林中衛　南寧衛　柳州衛　馴象衛　南丹衛已下添設　慶遠衛　潯州衛　奉議衛　廣西護衛　梧州千戶所　懷集千戶所　武緣千戶所　古田千戶所　貴縣千戶所　賀縣千戶所　全州千戶所　太平千戶所　象州千戶所　平樂千戶所　鬱林千戶所　賓州千戶所　來賓千戶所　富川千戶所　容縣千戶所　融縣千戶所　灌陽千戶所　河池千戶所　武宣千戶所　向武千戶所　五屯屯田千戶所　遷江屯田千戶所　靖江府儀衛司

雲南都司舊有鶴慶、通海二千戶所，革

雲南左衛　雲南右衛　雲南前衛　大理衛　楚雄衛　臨安衛　景東衛　曲靖衛　洱海衛　永昌衛舊爲金齒軍民指揮使司　蒙化衛　平夷衛　越州衛　六涼衛　雲南中衛　雲南後衛已下後設　廣南衛　大羅衛　瀾滄衛以瀾滄軍民指揮使司改　騰衝衛以騰衝軍民指揮使司改　安寧千戶所　宜良千戶所　易門千戶所　楊林堡千戶所　十八寨千戶所　通海前前千戶所　通海右右千戶所　定遠千戶所　馬隆千戶所　姚安千戶所　姚安中屯千戶所　武定千戶所　木密關千戶所　鎮安千戶所舊爲金齒千戶所，萬曆十三年改，駐守猛淋　鎮姚千戶所舊爲永昌千戶所，萬曆十三年改，駐守老姚關　永平前前千戶所　永平後後千戶所　騰衝千戶所　新安千戶所　鳳梧千戶所

土官

茶山長官司　潞江安撫司　鳳溪長官司　施甸長官司　鎭道安撫司　楊塘安撫司

俱屬永昌衞

蠻莫安撫司　猛臉長官司〔一五〕　猛養長官司　俱萬曆十三年改設

貴州都司舊有層臺、重安二千戶所，俱革。舊有平伐長官司，後隸貴陽府。舊有平浪、九名九姓獨山州二長官司，後隸都勻府。

貴州衞　永寧衞　普定衞　平越衞　烏撒衞　普安衞　赤水衞　威淸衞　興隆衞

新添衞　淸平衞　平壩衞　安莊衞　龍里衞　安南衞　都勻衞　畢節衞　貴州前衞舊無，後設

黃平千戶所　普市千戶所　重安千戶所　安龍千戶所　白撒千戶所

摩泥千戶所　關索嶺千戶所　阿落密千戶所　平夷千戶所　安南千戶所　樂民千戶所　七星關千戶所

土官

新添長官司　小平伐長官司　把平寨長官司　丹平長官司　丹行長官司　已上屬新添衞

楊義長官司屬平越衞　大平伐長官司屬龍里衞

中軍都督府

在京

留守中衛　神策衛　應天衛　和陽衛俱南京舊衛，永樂十八年調　牧馬千戶所南京舊所調　蕃牧千戶所添設

在外

直隸

揚州衛　高郵衛　儀眞衛　淮安衛　鎭海衛　滁州衛　徐州衛　蘇州衛　太倉衛　金山衛　新安衛　泗州衛　壽州衛　邳州衛　大河衛　沂州衛　安慶衛　宿州衛舊爲千戶所　潼關衛已下舊屬河南都司　歸德衛　武平衛　鎭江衛已下添設　廬州衛　六安衛　徐州左衛　建陽衛　汝寧千戶所　松江中千戶所　青村中前千戶所　南匯嘴中後千戶所　嘉興中左千戶所在府　吳淞江千戶所　寶山千戶所　劉河堡中千戶所　崇明沙千戶所　興化千戶所　通州千戶所　泰州千戶所　鹽城千戶所　東海中千戶所　海州中前千戶所　莒州千戶所

中都留守司

鳳陽衛　鳳陽中衛　鳳陽右衛　皇陵衛　留守左衛　留守中衛　長淮衛　懷遠衛　洪塘千戶所

河南都司舊有洛陽中護衛，後併汝州衛。

河南衞　弘農衞　陳州衞　睢陽衞　宣武衞　信陽衞　彰德衞　南陽衞　懷慶衞　潁川衞　南陽中護衞　已下添設　汝州衞　潁上千戶所　禹州千戶所舊名鈞州，後改　嵩縣千戶所　衞輝前千戶所　林縣千戶所　鄧州前千戶所　唐縣右千戶所　周府儀衞司　唐府儀衞司　伊府儀衞司　趙府儀衞司　鄭府儀衞司　崇府儀衞司　徽府儀衞司　趙府羣牧所　鄭府羣牧所　崇府羣牧所　徽府羣牧所

前軍都督府

在京

留守前衞　龍驤衞　豹韜衞　俱南京舊衞，永樂十八年分調

在外

直隸

九江衞

湖廣都司舊有武昌右千戶所，革。

武昌衞　武昌左衞　黃州衞　永州衞　岳州衞　蘄州衞　施州衞　辰州衞　常德衞　沅州衞　寶慶衞　沔陽衞　長沙衞　衡州衞　茶陵衞　鎭遠衞　偏橋衞　淸浪衞　已上三衞在貴州境　平溪衞　五開衞　九溪衞　靖州衞　永定衞　寧遠衞已下

添設〔一六〕　銅鼓衞　武昌護衞　襄陽護衞　郴州千戶所　麻寮千戶所　添平千戶所　安福千戶所　忠州千戶所在四川境　大庸千戶所　桂陽千戶所　武岡千戶所　澧州千戶所　寧溪千戶所　常寧千戶所　鎮溪千戶所　桃川千戶所　枇杷千戶所　錦田千戶所　寧遠千戶所　江華千戶所　城步千戶所　天柱千戶所　汶溪千戶所　宜章千戶所　廣安千戶所　大田千戶所　黎平千戶所　中潮千戶所　新化千戶所　新化亮寨千戶所　隆里千戶所　已上五所在貴州境　平茶千戶所　平茶屯千戶所　銅鼓千戶所　楚府儀衞司　荊府儀衞司　雍府儀衞司　榮府儀衞司　岷府儀衞司　吉府儀衞司　荊府羣牧所　雍府羣牧所　榮府羣牧所　吉府羣牧所

土官

永順軍民宣慰使司屬都司　臘惹洞長官司〔一七〕　麥著黃洞長官司　驢遲洞長官司　施溶溪長官司　白崖洞長官司　田家洞長官司　已上屬永順宣慰司　保靖州軍民宣慰使司屬都司　五寨長官司　筸子坪長官司　俱屬保靖宣慰司　施南宣撫司屬施州衞　東鄉五路安撫司屬施南宣撫司　搖把洞長官司〔一八〕　上愛茶峒長官司　下愛茶峒長官司　鎮遠蠻夷長官司　隆奉蠻夷長官司　俱屬東鄉五路安撫司　忠孝安撫司屬施南　忠路安撫司屬施南　金峒安撫司屬施南　劍南長官司屬忠路　西坪蠻夷長官司屬金峒　散毛宣

撫司屬施州衞　龍潭安撫司　大旺安撫司俱屬散毛　東流蠻夷長官司　臘壁峒蠻夷長官司俱屬大旺　忠建宣撫司屬施州衞　忠峒安撫司　高羅安撫司屬忠建　木册長官司屬高羅　鎮南長官司　唐崖長官司　容美宣撫司俱屬施州衞　椒山瑪瑙長官司　五峯石寶長官司　水盡源通塔平長官司　石梁下峒長官司俱屬容美　桑植安撫司屬九溪　臻剖六洞横波等處長官司屬鎮遠衞

湖廣行都司以湖廣都司衞所改設

荆州衞　荆州左衞　荆州右衞　瞿塘衞　襄陽衞　襄陽護衞　安陸衞　鄖陽衞　夷陵千戶所　德安千戶所　枝江千戶所　長寧千戶所　遠安千戶所　竹山千戶所　均州千戶所　房縣千戶所　忠州千戶所　遼府儀衞司　襄府儀衞司　興府儀衞司

興都留守司

承天衞舊安陸衞，嘉靖十八年改　沔陽衞舊屬都司，嘉靖二十一年改　顯陵衞舊爲荆州左衞，嘉靖十八年改　德安千戶所舊屬行都司，嘉靖二十一年改

福建都司

福州中衞　福州左衞　福州右衞　興化衞　泉州衞　漳州衞　福寧衞　鎮東衞　平海衞　永寧衞　鎮海衞　大金千戶所已下添設　定海千戶所　梅花千戶所　萬

安千戶所　莆禧千戶所　福全千戶所　金門千戶所　中左千戶所　高浦千戶所　浦城千戶所　六鰲千戶所　銅山千戶所　玄鍾千戶所　崇武千戶所　南詔千戶所　龍巖千戶所

福建行都司

建寧左衞　建寧右衞　延平衞　邵武衞　汀州衞　將樂千戶所　武平千戶所　已下添設　永安千戶所　上杭千戶所　浦城千戶所

江西都司

南昌衞正德十六年，以左、前二衞幷改　袁州衞　贛州衞　吉安千戶所舊爲衞　饒州千戶所　安福千戶所　會昌千戶所　永新千戶所　南安千戶所　建昌千戶所　撫州千戶所　鉛山千戶所　廣信千戶所　信豐千戶所　寧府儀衞司　淮府儀衞司　益府儀衞司　淮府羣牧所　益府羣牧所

廣東都司

廣州前衞　廣州後衞　廣州左衞　廣州右衞　南海衞　潮州衞　雷州衞　海南衞　清遠衞　惠州衞　肇慶衞　廣海衞　已下添設　碣石衞　神電衞　廉州衞舊千戶所　新會千戶所　韶州千戶所　南雄千戶所　龍川千戶所　程鄉千戶所　德慶千戶所

新興千戶所　陽江千戶所　高州千戶所　儋州千戶所　新寧千戶所　萬州千戶所　崖州千戶所　增城千戶所　東莞千戶所已下添設　大鵬千戶所　香山千戶所　連州千戶所　河源千戶所　長樂千戶所　平海千戶所　海豐千戶所　捷勝千戶所　甲子門千戶所　大城千戶所　海門千戶所　靖海千戶所　蓬州千戶所　澄海千戶所　廣寧千戶所　四會千戶所　陽春千戶所　海朗千戶所　雙魚千戶所　寧川千戶所　信宜千戶所　石城千戶所　永安千戶所　欽州千戶所　靈山千戶所　海康千戶所　樂民千戶所　海安千戶所　錦囊千戶所　清瀾千戶所　昌化千戶所　南山千戶所　瀧水千戶所　從化千戶所　封門千戶所　函口千戶所　富霖千戶所

後軍都督府

在京

留守後衞　鷹揚衞　興武衞俱南京舊衞，永樂十八年分調　大寧中衞　大寧前衞　會州衞俱北平行都司舊衞　富峪衞已下添設，幷北平、山西等衞改調　寬河衞舊大寧後衞　神武左衞　神武後衞改昭陵衞　忠義左衞　忠義右衞　忠義前衞　忠義後衞　義勇中衞　義勇左衞　義勇右衞　義勇前衞　義勇後衞　武成中衞　蔚州左衞

在外

直隸舊爲北平都司，有北平三護衞，後俱爲親軍。其不係北平舊衞者，俱永樂以後添設。

薊州衞　眞定衞　永平衞　山海衞　遵化衞　已上北平舊衞　密雲中衞　密雲後衞以舊密雲分　開平中屯衞　興州左屯衞　興州右屯衞　興州中屯衞　興州前屯衞　興州後屯衞　延慶衞舊爲北平都司居庸關千戶所，後改隆慶衞，後又改此　東勝左衞　東勝右衞　鎭朔衞　涿鹿衞舊爲河南寧國衞，屬中府　定邊衞　神武右衞　神武中衞　忠義中衞　盧龍衞　武淸衞　撫寧衞　德州衞　寧山衞舊屬河南都司，屬中府　大同中屯衞永樂初改調　瀋陽中屯衞　定州衞　已上舊爲北平、山東、山西、河南等處衞所，永樂初改調　天津衞　已下添設　天津左衞　天津右衞舊靑州左護衞　通州左衞　通州右衞　涿鹿左衞　涿鹿中衞　河間衞　潼關衞舊屬河南都司　德州左衞　梁城千戶所　滄州千戶所已下添設　倒馬關千戶所　潮河千戶所　白洋口千戶所　渤海千戶所　寬河千戶所　鎭邊城千戶所　順德千戶所　武定千戶所舊樂安千戶所，改屬　平定千戶所　蒲州千戶所　俱屬山西都司，後改

大寧都司

保定左衞　保定右衞　保定中衞　保定前衞　保定後衞　俱永樂元年設　營州左屯衞　營州右屯衞　營州中屯衞　營州前屯衞　營州後屯衞　俱洪武舊衞，永樂改屬

茂山衞　紫荆關千戶所

萬全都司宣德五年，分直隸及山西等處衞所添設。

萬全左衞　萬全右衞　宣府前衞　宣府左衞　宣府右衞　懷安衞　開平衞　延慶左衞舊屬北平行都司，後改　延慶右衞舊屬北平都司，後改　龍門衞　保安衞舊屬前府，後改　保安右衞舊屬前府，後改　蔚州衞　永寧衞　懷來衞　興和千戶所　美峪千戶所　廣昌千戶所舊屬山西都司，後改　四海冶千戶所　長安千戶所　雲川千戶所　龍門千戶所

山西都司舊有太原三護衞，後革。蒲州千戶所，改屬直隸，廣昌千戶所，改屬萬全都司。

太原左衞　太原右衞　太原前衞　振武衞　平陽衞　鎮西衞　潞州衞　瀋陽中護衞後設　汾州衞後設　沁州千戶所　寧化千戶所　雁門千戶所　保德州千戶所　巳下添設　偏頭關千戶所　磁州千戶所　寧武千戶所　八角千戶所　老營堡千戶所嘉靖十七年添設　晉府儀衞司　瀋府儀衞司　代府儀衞司　晉府羣牧所　瀋府羣牧所　代府羣牧所

山西行都司舊有蔚州衞，後改屬萬全都司。

大同左衞　大同右衞　大同前衞　大同後衞　朔州衞　巳下俱山西大同等處衞所調改及添設　鎮虜衞　安東中屯衞　陽和衞　玉林衞　高山衞　雲川衞　天城衞　威遠

衞　平虜衞　山陰千戶所　馬邑千戶所　井坪千戶所

南京衞所親軍衞

金吾前衞　金吾後衞　羽林左衞　羽林右衞　羽林前衞　府軍衞　府軍左衞　府軍右衞　府軍前衞　府軍後衞　虎賁左衞　錦衣衞　旂手衞　金吾左衞　金吾右衞　江淮衞　濟川衞　孝陵衞　犧牲千戶所

五軍都督府屬

左軍都督府本府所屬衞，仍隸北京左府。

留守左衞　鎭南衞　水軍左衞　驍騎右衞　龍虎衞　龍虎左衞舊爲成都右護衞，宣德六年改　英武衞　瀋陽左衞　瀋陽右衞　龍江右衞

右軍都督府本府所屬衞，仍隸北京右府。

虎賁右衞　留守右衞　水軍右衞　武德衞　廣武衞

中軍都督府本府所屬衞，仍隸北京中府。

留守中衞　神策衞　廣洋衞　應天衞　和陽衞　牧馬千戶所

前軍都督府本府所屬衞，仍隸北京前府。

留守前衞　龍江左衞　龍驤衞　飛熊衞　天策衞　豹韜衞　豹韜左衞舊爲成都中護衞，

宣德六年改調

後軍都督府本府所屬衞，仍隸北京後府。

留守後衞　橫海衞　鷹揚衞　興武衞　江陰衞

羈縻衞所，洪武、永樂間邊外歸附者，官其長，爲都督、都指揮、指揮、千百戶、鎭撫等官，賜以敕書印記，設都司衞所。

都司一奴兒干都司

衞三百八十四

朶顏衞　泰寧衞　建州衞　必里衞舊會典作兀里　福餘衞　已上洪武間置　兀者衞　兀者左衞　兀者右衞　兀者後衞　赤不罕衞　屯河衞　安河衞　已上永樂二年置　毛憐衞　虎兒文衞　失里綿衞　奴兒干衞　堅河衞舊會典有溫河　撒力衞　已上永樂三年置

古賁河衞　右城衞　塔魯木衞　蘇溫河衞　斡灘河衞〔一九〕舊會典有灘納河　兀者前衞

卜顏衞　亦罕河衞　納憐河衞　麥蘭河衞　兀列河衞　雙城衞　撒剌兒衞〔二〇〕

亦馬剌衞　斡蘭衞　亦兒古里衞　脫木河衞　卜剌罕衞　密陳衞　脫倫衞　嘉河衞　塔山衞　阿速江衞　速平江衞　木魯罕山衞　馬英山衞　土魯亭山衞〔二一〕

木塔里山衞　朶林山衞　兀也吾衞　吉河衞　劄竹哈衞舊會典有撒竹藍　福山衞舊

會典作福三肥河衞　哈溫河衞舊會典作哈里河　木束河衞　撒兒忽衞　罕答河衞舊會典作忽答河　劄童衞　已上永樂四年置　阿古河衞　喜樂溫河衞　木陽河衞　哈蘭城衞　可令河衞　兀的河衞　哥吉河衞　野木河衞　納剌吉河衞　亦里察河衞　野兒定河衞　卜魯丹河衞　好屯河衞　喜剌烏河衞舊會典作喜速烏　考郎兀衞　亦速里河衞　阿剌山衞　隨滿河衞　撒禿河衞　忽蘭山衞　古魯渾山衞　阿資河衞　甫里河衞　答剌河衞舊會典作納剌河　撒只剌河衞　阿里河衞舊會典作阿吉河　依木河衞　亦文山衞　木蘭河衞　朵兒必河衞　甫門河衞　已上永樂五年置　納木河衞　童寬山衞　兀魯罕河衞　塔罕山衞　者帖列山衞　木興衞　友帖衞　牙魯衞　益實衞　剌魯衞　乞忽衞　兀里溪山衞　希灘河衞　弗朵禿河衞　阿者迷河衞　撒察河衞　斡蘭河衞　阿眞河衞　木忽剌河衞[三]　欽眞河衞　克默河衞　察剌禿山衞　嘔罕河衞　阮里河衞　列門河衞　禿都河衞　實山衞　忽里急山衞　莫溫河衞　薛列河衞　已上永樂六年置　卜魯兀衞　葛林衞　把城衞　劄肥河衞　忽石門衞　劄嶺上衞　木里吉衞　忽兒海衞　伏里其衞　乞勒尼衞　愛河衞　把河衞　和屯吉衞　失里木衞　阿倫衞　古里河衞　塔麻速衞　已上永樂七年置　木興河衞　木剌河衞舊會典作木束河衞　喜申衞　使防河衞舊會典作使方河　甫兒河衞　亦麻河衞　兀應河

衞　法因河衞　阿答赤河衞舊會典作阿答　古木山衞　葛稱哥衞　已上永樂八年置　督罕河衞　建州左衞　只兒蠻衞　兀剌衞　順民衞　囊哈兒衞　古魯衞舊會典作古魯山　滿徑衞　哈兒蠻衞　塔亭衞　也孫倫衞　可木河衞　弗思木衞　弗提衞　已上永樂十年置　斡朵倫衞永樂十一年置　哈兒分衞　阿兒溫河衞　速塔兒河衞　兀屯河衞　玄城衞　和卜羅衞〔二三〕　老哈河衞　失兒兀赤衞　卜魯禿河衞　可河衞〔二四〕　乞塔河衞　兀剌忽衞　已上永樂十二年置　渚冬河衞　劄眞衞　兀思哈里衞　忽魯愛衞　已上永樂十三年置　吉灘河衞　亦馬忽山衞　已上永樂十四年置　阿眞同眞衞　亦東河衞　亦迷河衞　已上永樂十五年置　建州右衞　益實左衞　阿答赤衞　塔山左衞舊會典作塔山前　城討溫衞舊會典作「成」　已上俱正統間置　寄住毛憐衞　此下正統已後續置　可木衞　失里衞　失木魯河衞　忽魯木衞　塔馬速衞　失烈木衞　吉灘衞　和屯衞　禾屯吉河衞　亦失衞　亦力克衞　納木衞　弗納河衞　忽失木衞　兀也衞　也速倫衞　巴忽魯衞　兀牙山衞　塔木衞　忽里山衞　罕麻衞　木里吉河衞　引門河衞　亦里察衞　只卜得衞　塔兒河衞　木忽魯衞　木答山衞　立山衞　可吉河衞　忽失河衞　脫倫兀衞　阿的納河衞　兀力衞　阿速衞　速溫河衞　納剌吉衞　撒剌衞　亦實衞　弗朵脫河衞　亦屯河衞　兀討溫河衞〔二五〕　甫河衞　剌山

衞　阿者衞　童山寬衞　替里衞　亦里察河衞　哈黑分衞　禿河衞　好屯衞　乞列尼衞　撒里河衞　忽思木衞　兀里河衞　忽魯山衞　弗兒秀河衞　沒脫倫衞　阿魯必河衞　咬里山衞　亦文衞　寫豬洛衞　答里山衞　古木河衞　剌兒衞　兀同河衞　出萬山衞　者屯衞　喜辰衞　海河衞　蘭河衞　朶州山衞　者亦河衞　納速吉河衞　把忽兒衞　鎮眞河衞　也速河衞　者剌禿衞　也魯河衞　亦里河衞　失里兀衞　斡朶里衞　禿屯河衞　者林山衞　波羅河衞　朶兒平河衞　散力衞　密剌禿山衞　甫門衞　細木河衞　沒倫河衞　弗禿都河衞　者列帖衞　察札禿河衞　出萬河衞　者帖列衞　兀失衞　忽里河衞　失里綿河衞　兀剌河衞　愛河衞　洽剌察衞　卜忽禿河衞　沒倫衞　卜魯衞　以哈阿哈衞　速江平衞　兀山衞　弗力衞　失郞山衞　亦屯衞　木河衞　竹墩衞　河木衞　哈郞衞　歲班衞　失山衞　考郞衞　築屯衞　黑里河衞　右城衞　弗河衞　文東河衞　阿古衞　弗山衞　兀答里衞　納速河衞　失列河衞　朶兒玉衞　兀魯河衞　弗郞罕河衞　赤卜罕山衞　老河衞　竹里河衞　吉答納河衞　者不登衞　也速脫衞　阿木河衞　顏亦衞　已下添設　山答衞　塔哈衞　弗魯納河衞　行子衞　兀勒阿城衞　阿失衞　吉眞納河衞　法衞　薄羅衞　塔麻所衞　布兒哈衞　亦思察河衞　失剌衞　卜忽禿衞　撒

里衞　你實衞　平河衞　忽里吉山衞〔二六〕　阿乞衞　台郎衞　塞克衞　拜苦衞　所力衞　巴里衞　塔納衞　木郎衞　額克衞　勒伏衞　式木衞　樹哈衞　肥哈答衞　蓋千衞　英禿衞　乞忽衞　阿林衞　哈兒速衞　巴答衞　脫木衞　忽把衞　速哈兒衞　馬失衞　塔賽衞　劄里衞　者哈衞　恨克衞　哈失衞　交枝衞　葛衞　艾答衞　亦鑾衞　哈察衞　革出衞　卜答衞　蜀河衞　禿里赤山衞　賽因衞　忙哈衞

所二十四

兀者托溫千戶所　哈魯門山千戶所　兀者撒野木千戶所〔二七〕　兀的罕千戶所　兀者穩免赤千戶所　得的河千戶所　魚失千戶所　五年千戶所　兀者已河千戶所　眞河千戶所　兀的千戶所　屯河千戶所　哈三千戶所　兀者屯河千戶所　古賁河千戶所　五音千戶所　鎖郎塔眞河千戶所　兀者撒野人千戶所　敷答河千戶所　兀禿河千戶所　可里踢千戶所　哈魯門千戶所　兀討溫河千戶所　兀者撒野人千戶所

站七

別兒眞站　黑龍江地方莽亦帖站　弗朵河站　亦罕河衞忽把希站　忽把希站　弗

答林站　古代替站

地面七

弗孫河地面　木溫河地面　埇坎河地面　撒哈地面　亦馬河咬東地面　可木地面

黑龍江地面

寨一

黑龍江忽里平寨。

西北諸部，在明初服屬，授以指揮等官，設衞給誥印。

衞六

赤斤蒙古衞　罕東衞　安定衞　阿端衞　曲先衞　哈密衞

西番卽古吐番。洪武初，遣人招諭，又令各族舉舊有官職者至京，授以國師及都指揮、宣慰使、元帥、招討等官，俾因俗以治。自是番僧有封灌頂國師及贊善、闡化等王，大乘大寶法王者，俱給印誥，傳以爲信，所設有都指揮使司、指揮司。

都指揮使司二

烏思藏都指揮使司　朶甘衞都指揮使司

指揮使司一

隴答衞指揮使司

宣慰使司三

朶甘宣慰使司　董卜韓胡宣慰使司　長河西魚通寧遠宣慰使司

招討司六

朶甘思招討司　朶甘隴答招討司　朶甘丹招討司　朶甘倉溏招討司　朶甘川招討司　磨兒勘招討司

萬戶府四

沙兒可萬戶府　乃竹萬戶府　羅思端萬戶府　別思麻萬戶府

千戶所十七

朶甘思千戶所　剌宗千戶所　孛里加千戶所　長河西千戶所　多八三孫千戶所　加八千戶所　兆日千戶所　納竹千戶所　倫答千戶所　果由千戶所　沙里可哈忽的千戶所　孛里加思千戶所　撒里土兒千戶所　參卜郎千戶所　剌錯牙千戶所　泄里壩千戶所　潤則魯孫千戶所

班軍者衞所之軍番上京師，總爲三大營者也。初，永樂十三年詔邊將及河南、山東、山西、陝西各都司，中都留守司，江南、北諸衞官，簡所部卒赴北京，以俟臨閱。京操自此始。仁宗初，因英國公張輔等言，調直隸及近京軍番上操備，諭以畢農而來，先農務遣歸。既而輔言：「邊軍比悉放還，京軍少，請調山東、河南、中都、淮、揚諸衞校閱。」制曰「可」。又敕河南、山東、山西、大寧及中都將領，凡軍還取衣裝者，以三月畢務，七月至京，老弱者選代，官給之馬。歲春秋番上，共十六萬人：大寧七萬七百餘，中都、山東遞殺，河南最少，僅一萬四千有奇。定爲例。後允成國公朱勇等請，罷鞏昌諸衞及階、文千戶所班軍，代以陝西內地卒。山東衞士沿海備倭，沿海衞士復內調，通州衞士漕淮安粟，安慶衞士赴京操，不便，皆更之。已，幷放還陝西班軍。正統中，京操軍皆戍邊，乃遣御史於江北、山東、北直選卒，爲京師備。景泰初，邊事棘，班軍悉留京，間歲乃放還取衣裝。于是于謙、石亨議三分之，留兩番操備。保定、河間、天津放五十日，河南、山東九十日，淮、揚、中都百日，紫荊、倒馬、白羊三關及保定諸城戍卒，屬山東、河南者，亦如之。逃者，官鐫秩三等，卒盡室謫邊衞。明年，謙又言：「班軍分十營團練，久不得休，請仍分兩番。」報可。

成化間，河南秋班軍二千餘不至，下御史趣之。海內燕安，外衞卒在京祗供營繕諸役，勢家私占復半之。卒多畏苦，往往愆期，乃定違限罪：輕者發居庸、密雲、山海關罰班六月，重者發邊衞罰班至年半。令雖具，然不能革也。

弘治中，兵部言占役之害，罰治如議。於是選衞兵八萬團操，內外各半。外衞四萬，兩番迭上。李東陽極言工作困軍，班軍逾期不至，大率坐此。帝然之。末年，歸大寧卒兩班萬人。正德中，宣府軍及京營互調，春秋番換如班軍例。迄世宗立乃已。

嘉靖初，尚書李承勛言：「永樂中調軍番上京師，後遂踵爲故事，衞伍半空，而在京者徒供營造。不若省行糧之費，以募工作。」御史鮑象賢請分班軍爲三，二入營操，一以赴役。通政司陳經復請半放之，收其糧募工。皆不行。久之，從翊國公郭勛言，寬河南因災不至班軍，而諭後犯者罪必如法。兵部因條議，軍士失期，治將領之罪，以多寡爲差，重者至鐫秩戍邊。報可。其後邊警棘，乃併番上軍爲一班，五月赴京，十一月放還，每歲秋防見兵十五六萬。仇鸞用事，抽邊卒入衞，凡選士六萬八千餘。又免大寧等衞軍京操，改防薊鎭，班軍遂耗減。豐城侯李熙覈其數，僅四萬人，因請改徵銀召募，而以見軍四萬歸營操練。嚴嵩議以「各衞兵雖有折乾之弊，然淸覈令下，猶凜凜畏罪。若奉旨徵銀，恐借爲口實，祖宗良法深意，一旦蕩然」。帝是之。折乾者，衞卒納銀將弁以免其行，有事則召募以應。亡何，從平江伯陳圭奏，仍令中都、山東、河南軍分春秋兩班，別爲一營，春以三月至，八月還；秋以九月至，來歲二月還，工作毋擅役。

隆慶初，大發卒治河，軍人憚久役，逃亡多。部議於見役軍中，簡銳者著伍，而以老弱供畚鍤。

萬曆二年，科臣言，班軍非爲工作設。下兵部，止議以小工不得概派而已。時積弊已久，軍士苦役甚，多愆期不至。故事，失班脫逃者，罰工銀，追月糧。其後額外多徵，軍益逃，中都尤甚。自嘉靖四十三年後，積逋工銀至五十餘萬兩。巡撫都御史張翀乞蠲額外工價，軍三犯者，不必罰工，竟調邊衞。而巡視京營給事中王道成則言：「凡軍一班不到，卽係一年脫伍，盡扣月糧。本軍仍如例解京，罰補正班。三年脫班，仍調邊衞。」並報可。衞軍益大困。

後二十九年，帝以班軍多老弱雇倩，令嚴飭之。職方主事沈朝煥給班軍餉，皆傭諸丐，因言：「班軍本處有大糧，到京有行糧，又有鹽斤銀，所費十餘萬金，今皆虛冒。請解大糧貯庫，有警可召募，有工可雇役。」部議請先申飭，俟大工竣行之。是時專以班軍爲役夫，番上之初意盡失矣。

又五年，內庭有小營繕，中官陳永壽請仍用班軍，可節省。給事中宋一韓爭之，謂：「班軍輪操卽三大營軍，所係甚重。今邊鄙多事，萬一關吏不謹，而京師團練之軍多召募，游徼之役多役占，皇城宿衞多白徒，四衞扈從多厮役。卽得三都司健卒三萬，猶不能無恐，況動以與作朘削，名存實亡，緩急何賴哉？」不聽。四十年，給事中廍僖請恤班操之苦。後六年，順天巡撫都御史劉曰梧言班軍無濟實用，因陳募兵十利。是時，法益弛，軍不營操，皆居京師爲商販、工藝，以錢入班將。

啓、禎時，邊事洶洶，乃移班軍於邊，築垣、負米無休期，而粮糧缺，軍多死，班將往往逮革。特敕兵部右侍郎專督理，鑄印給之，然已無及。

校勘記

〔一〕月一更　月，原作「歲」，據太祖實錄卷二五二洪武三十年四月丙申條改。

〔二〕青川千戶所　諸司職掌兵部職方部在此下有「保寧千戶所」，其所列衞所與本志稍異，不再出校。

〔三〕後爲涿鹿衞　涿鹿衞，原作「涿鹿後衞」。本志下文及明會典卷一二四後軍都督府下有涿鹿衞，無「涿鹿後衞」，「後」字衍，據刪。

〔四〕濟州衞　州，原作「川」，據諸司職掌兵部職方部改。

〔五〕會州衞　州，原作「川」，據諸司職掌兵部職方部改。按本志下文後軍都督府亦有「會州衞」。

〔六〕濟州衞　州，原作「川」，據明史稿志六七兵志、太宗實錄卷四〇永樂四年二月丁丑條、明會典卷一二四改。

〔七〕臨清衞舊兗州左護衞後改任城衞　原作「臨清衞　兗州左衞後改任城衞」，據明會典卷一二四改補。按本志上文山東都司下「兗州左護衞，後爲臨清衞」，與明會典同。

〔八〕西固城千戶所　城，原作「成」，據明會典卷一二四、讀史方輿紀要卷六〇改。

〔九〕牟力簇長官司　本書卷四三地理志作「牟力結簇長官司」。

〔一〇〕包藏簇長官司　包，原作「色」，據明史稿志六七兵志、明會典卷一二四、讀史方輿紀要卷七三改。本書卷四三地理志作「包藏先結簇長官司」。

〔一一〕潘斡寨長官司　斡，原作「幹」，據本書卷四三地理志、明會典卷一二四改。

〔一二〕舊屬四川都司　舊，原作「後」，據明史稿志六七兵志、明會典卷一二四改。明會典四川都司下注：「舊有建昌衞，後改屬行都司。」

〔一三〕舊爲蘇州衞屬四川都司　原作「舊爲四川蘇州衞」，四川下脫「都司」兩字，據明會典卷一二四補改。

〔一四〕會川衞　川，原作「州」，據本書卷四三地理志、明會典卷一二四改。

〔一五〕猛臉長官司　猛臉，本書卷四六地理志作「孟璉」，係同名異譯。本志雲南都司地名冠以「猛」字者，地理志均作「孟」。

〔一六〕已下添設　按明會典卷一二四，添設的爲寧遠衞、銅鼓衞二衞和澧州千戶所以下二十三個千戶所。還有襄陽護衞及郴州千戶所等是舊有的。

〔一七〕臘惹洞長官司　臘，本書卷四三地理志作「臈」。下文「臘壁峒蠻夷長官司」同。按臘，或作臈。

〔一八〕搖把洞長官司　搖把，原作「把搖」，據本書卷四三地理志、明一統志卷六六改。

〔一九〕斡難河衞　斡，原作「幹」，據明一統志卷八九、明會典卷一二五改。下文的斡蘭河衞、斡朶倫衞的「斡」原都作「幹」，同上改。又斡朶里衞的「斡」，原亦作「幹」，據明會典改。

〔二〇〕撒剌兒衞　撒，原作「撮」，據明一統志卷八九、明會典卷一二五改。

〔二一〕土魯亭山衞　亭，原作「罕」，據明一統志卷八九、明會典卷一二五改。

〔二二〕木忽剌河衞　剌，原作「阿」，據明史稿志六七兵志、明一統志卷八九、明會典卷一二五改。

〔二三〕和卜羅衞　卜，原作「十」，據明一統志卷八九、明會典卷一二五改。

〔二四〕可河衞　河，原作「和」，據明一統志卷八九、明會典卷一二五改。

〔二五〕兀討溫河衞　兀，原作「元」，據明史稿志六七兵志、明會典卷一二五改。

〔二六〕忽里吉山衞　吉，原作「失」，據明史稿志六七兵志、明會典卷一二五改。

〔二七〕兀者揆野木千戶所　野，原作「也」，據明一統志卷八九、明會典卷一二五改。

明史卷九十一

志第六十七

兵三

邊防　海防 江防　民壯　土兵 鄉兵

元人北歸，屢謀興復。永樂遷都北平，三面近塞。正統以後，敵患日多。故終明之世，邊防甚重。東起鴨綠，西抵嘉峪，綿亘萬里，分地守禦。初設遼東、宣府、大同、延綏四鎮，繼設寧夏、甘肅、薊州三鎮，而太原總兵治偏頭，三邊制府駐固原，亦稱二鎮，是爲九邊。

初，洪武六年命大將軍徐達等備山西、北平邊，諭令各上方略。〔一〕從淮安侯華雲龍言，自永平、薊州、密雲迤西二千餘里，關隘百二十有九，皆置戍守。於紫荊關及蘆花嶺設千戶所守禦。又詔山西都衞於雁門關、太和嶺幷武、朔諸山谷間，凡七十三隘，俱設戍兵。九年敕燕山前、後等十一衞，分兵守古北口、居庸關、喜峰口、松亭關烽堠百九十六處，參用南北軍士。十五年又於北平都司所轄關隘二百，以各衞卒守戍。詔諸王近塞者，每歲秋，勒兵巡邊。十七年命徐達籍上北平將校士卒。復命將覈遼東、定遼等九衞官軍。是後，每遣諸公、侯校沿邊士馬，以籍上。二十年置北平行都司於大寧。其地在喜峰口外，故遼西郡，遼之中京大定府也；西大同，東遼陽，南北平。馮勝之破納哈出，還師，城之，因置都司及營州五屯衞，而封皇子權爲寧王，調各衞兵往守。先是，李文忠等取元上都，設開平衞及興和等千戶所；東西各四驛，東接大寧，西接獨石。二十五年又築東勝城於河州東受降城之東，設十六衞，與大同相望。自遼以西，數千里聲勢聯絡。

建文元年，文帝起兵，襲陷大寧，以寧王權及諸軍歸。及卽位，封寧王於江西。而改北平行都司爲大寧都司，徙之保定。調營州五屯衞於順義、薊州、平谷、香河、三河，以大寧地畀兀良哈。自是，遼東與宣、大聲援阻絕，又以東勝孤遠難守，調左衞於永平，右衞於遵化，而墟其地。先是興和亦廢，開平徙於獨石，宣府遂稱重鎭。然帝於邊備甚謹。自宣府迤西迄山西，緣邊皆峻垣深濠，烽堠相接。隘口通車騎者百戶守之，通樵牧者甲士十人守之。武安侯鄭亨充總兵官，其敕書云：「各處烟墩，務增築高厚，上貯五月糧及柴薪藥弩，墩傍開井，井外圍牆與墩平，外望如一。」重門禦暴之意，常凛凛也。

洪熙改元，朔州軍士白榮請還東勝、高山等十衞於故地。興州軍士范濟亦言，朔州、大洞、開平、宣府、大寧皆藩籬要地，其土可耕，宜遣將率兵，修城堡，廣屯種。皆不能用。

正統元年，給事中朱純請修塞垣。總兵官譚廣言：「自龍門至獨石及黑峪口五百五十餘里，工作甚難，不若益墩臺瞭守。」乃增赤城等堡烟墩二十二。寧夏總兵官史昭言：「所轄屯堡，俱在河外，自河迤東至察罕腦兒，抵綏德州，沙漠曠遠，並無守備。請於花馬池築哨馬營。」大同總兵官方政繼以馬營請，欲就半嶺紅寺兒廢營修築。宣大巡撫都御史李儀以大同平衍，巡哨宜謹，請以副總兵主東路，參將主西路，而迤北則屬之總兵官都指揮。並如議行。後三年，詔塞紫荆關諸隘口，增守備軍。時瓦剌漸强，從成國公朱勇請也。既而也先入塞，英宗陷於土木。景帝卽位，十餘年間，邊患日多，索來、毛里孩、阿羅出之屬，相繼入犯，無寧歲。

成化元年，延綏總兵官張傑言：「延慶等境廣袤千里，所轄二十五營堡，每處僅一二百人，難以應敵，宜選精銳九千爲六哨，分屯府谷、神木二縣，龍州、楡林二城，高家、安邊二堡，庶緩急有備。」又請分布鄜、慶防秋軍二千餘人於沿邊要害。從之。七年，延綏巡撫都御史余子俊大築邊城。先是，東勝設衞守在河外，楡林治綏德。後東勝內遷，失險，捐米脂、魚河地幾三百里。正統間，鎭守都督王禎始築楡林城，建緣邊營堡二十四，歲調延安、綏德、慶陽三衞軍分戍。天順中，阿羅出入河套駐牧，每引諸部內犯。至是，子俊乃徙治楡林。由黃甫川西至定邊營千二百餘里，墩堡相望，橫截套口，內復塹山堙谷，曰夾道，東抵偏頭，西終寧、固，風土勁悍，將勇士力，北人呼爲橐駝城。十二年，兵部侍郎滕昭、英國公張懋條上邊備，言：「居庸關、黃花鎮、喜峰口、古北口、燕河營有團營馬步軍萬五千人戍守，請益軍五千，分駐永平、密雲以策應遼東。涼州鎮番、莊浪、賀蘭山迤西，從雪山過河，南通靖虜，直至臨、鞏，俱敵入犯之路，請調陝西官軍，益以甘、涼、臨、鞏、秦、平、河、洮兵，戍安定、會寧，遇警截擊；以涼州銳士五千，扼要屯駐，彼此策應。」詔可。二十一年敕各邊軍士，每歲九月至明年三月，俱常操練，仍以操過軍馬及風雪免日奏報。邊備頗修飭。

弘治十四年設固原鎮。先是，固原爲內地，所備惟靖虜。及火篩入據河套，遂爲敵衝。乃改平涼之開成縣爲固原州，隸以四衞，設總制府，總陝西三邊軍務。是時陝邊惟甘肅稍安，而哈密屢爲土魯番所擾，乃敕修嘉峪關。

正德元年春，總制三邊都御史楊一清請復守東勝，「因河爲固，東接大同，西屬寧夏，使河套千里沃壤，歸我耕牧，則陝右猶可息肩」。因上修築定邊營等六事。帝可其奏。旋以忤中官劉瑾罷，所築塞垣僅四十餘里而已。武宗好武，邊將江彬等得幸，遼東、宣府、大同、延綏四鎮軍多內調，又以京軍六千與宣府軍六千，春秋番換。十三年頒定宣、大、延綏三鎮應援節度：敵不渡河，則延綏聽調於宣、大；渡河，則宣、大聽調於延綏。從兵部尚書王瓊議也。

初，大寧之棄，以其地畀朶顏、福餘、泰寧三衞，蓋兀良哈歸附者也。未幾，遂不靖。宣宗嘗因田獵，親率師敗之，自是畏服。故喜峰、密雲止設都指揮鎮守。土木之變，頗傳三衞助逆，後因添設太監參將等官。至是，朶顏獨盛，情叵測。

嘉靖初，御史丘養浩請復小河等關於外地，以扼其要。又請多鑄火器，給沿邊州縣，募商糴粟，實各邊衞所。詔皆行之。初，太祖時，以邊軍屯田不足，召商輸邊粟而與之鹽。富商大賈悉自出財力，募民墾田塞下，故邊儲不匱。弘治時，戶部尚書葉淇始變法，令商納銀太倉，分給各邊。商皆撤業歸，邊地荒蕪，米粟踊貴，邊軍遂日困。十一年，御史徐汝圭條上邊防兵食，謂「延綏宜漕石州、保德之粟，自黃河而上，楚粟由鄖陽，汴粟由陝、洛，沔粟由漢中，以達陝右。宣、大產二麥，宜多方收糴。紫荆、倒馬、白羊等關，宜招商賃車運」。又請「以宣府遊兵駐右衞懷來，以援大同。選補遊兵於順聖西城爲臨期應援，永寧等處游兵衞宣府，備調遣。直隸八府召募勇敢團練，赴邊關遠近警急。楡林、山、陝遊兵，於本處策應」。報可，亦未能行也。

十八年移三邊制府鎮花馬池。是時，俺答諸部强横，屢深入大同、太原之境，晉陽南北烟火蕭然。巡撫都御史陳講請「以兵六千戍老營堡東界之長峪，以山西兵守大同。三關形勢，寧武爲中路，莫要於神池，偏頭爲西路，莫要於老營堡，皆宜改設參將。鴈門爲東路，莫要於北樓諸口，宜增設把總、指揮。而移神池守備於利民堡，老營堡游擊於八角所，各增軍設備」。帝悉許之。規畫雖密，然兵將率怯弱，其健者僅能自守而已。

二十二年詔宣府兵乘塞。舊制，總兵夏秋間分駐邊堡，謂之暗伏。至是，有司建議，入秋悉令赴邊，分地拒守，至九月中罷歸，犒以帑金。久之，以勞費罷。二十四年，巡按山西御史陳豪言：「敵三犯山西，傷殘百萬，費餉銀六十億，曾無尺寸功。請定計決戰，盡復套地。」明年，敵犯延安，總督三邊侍郎曾銑力主復套，條上十八事。帝嘉獎之。大學士嚴嵩窺帝意憚兵，且欲殺舊閣臣夏言，因劾銑，幷言誅死，自是無敢言邊事者。

二十九年，俺答攻古北口，從間道黃榆溝入，直薄東直門，諸將不敢戰。敵退，大將軍仇鸞力主貢市之議。明年開馬市於大同，然寇掠如故。又明年，馬市罷。

先是翁萬達之總督宣、大也，籌邊事甚悉。其言曰：「山西保德州河岸，東盡老營堡，凡二百五十四里。西路丫角山迤北而東，歷中北路，抵東路之東陽河鎭口臺，凡六百四十七里。宣府西路，西陽河迤東，歷中北路，抵東路之永寧四海冶，凡一千二十三里。皆逼臨巨寇，險在外者，所謂極邊也。老營堡轉南而東，歷寧武、雁門、北樓至平刑關盡境，約八百里。又轉南而東，爲保定界，歷龍泉、倒馬、紫荊、吳王口、插箭嶺、浮圖峪至沿河口，約一千七十餘里。又東北爲順天界，歷高崖、白羊，抵居庸關，約一百八十餘里。皆峻嶺層岡，險在內者，所謂次邊也。敵犯山西必自大同，入紫荆必自宣府，未有不經外邊能入內邊者。」乃請修築宣、大邊牆千餘里，烽堠三百六十三所。後以通市故，不復防，遂半爲敵毀。至是，兵部請敕邊將修補。科臣又言，垣上宜築高臺，建廬以栖火器。從之。時俺答益强，朶顏三衞爲之鄕道，遼、薊、宣、大連歲被兵。三十四年，總督軍務兵部尙書楊博，旣解大同右衞圍，因築牛心諸堡，修烽堠二千八百有奇。宣、大間稍寧息，而薊鎭之患不已。

薊之稱鎭，自二十七年始。時鎭兵未練，因詔各邊入衞兵往戍。旣而兵部言：「大同之三邊，陝西之固原，宣府之長安嶺，延綏之夾牆，皆據重險，惟薊獨無。渤海所南，山陵東，有蘇家口，至寨籬村七十里，地形平漫，宜築牆建臺，設兵守，與京軍相夾制。」報可。時兵力孱弱，有警徵召四集，而議者惟以據險爲事，無敢言戰者。其後薊鎭入衞兵，俱聽宣、大督、撫調遣，防禦益疏，朶顏遂乘虛歲入。三十七年，諸鎭建議，各練本鎭戍卒，可省徵發費十之六。然戍卒選懦不任戰，歲練亦費萬餘，而臨事徵發如故。隆慶間，總兵官戚繼光總理薊、遼，任練兵事，因請調浙兵三千人以倡勇敢。及至，待命於郊，自朝至日中，天雨，軍士跬步不移，邊將大駭。自是薊兵以精整稱。

俺答已通貢，封順義王，其子孫襲封者累世。迨萬曆之季，西部遂不競，而土蠻部落虎墩兔、炒花、宰賽、煖兔輩，東西煽動，將士疲於奔命，未嘗得安枕也。

初，太祖沿邊設衛，惟土著兵及有罪謫戍者。遇有警，調他衛軍往戍，謂之客兵。永樂間，始命內地軍番戍，謂之邊班。其後占役逃亡之數多，乃有召募，有改撥，有修守民兵、土兵，而邊防日益壞。洪武時，宣府屯守官軍殆十萬。正統、景泰間，已不及額。弘治、正德以後，官軍實有者僅六萬六千九百有奇，而召募與土兵居其半。他鎮率視此。

正統初，山西、河南班軍守偏頭、大同、宣府塞，不得代。巡撫于謙言：「每歲九月至二月，水冷草枯，敵騎出沒，乘障卒宜多。若三月至八月，邊守自足。乞將兩班軍，每歲一班，如期放遣。」甘肅總兵官蔣貴又言：「沿邊墩臺，守瞭軍更番有例，惟坐事謫發者不許，困苦甚。乞如例踐更。」並從之。五年，山西總兵官李謙請偏頭關守備軍如大同例，半歲更番。部議，每番皆十月，而戍卒仍率以歲爲期，有久而後遣者。弘治中，三邊總制秦紘言：「備禦延綏官軍，自十二月赴邊，既周一歲，至次年二月始得代。在軍日多，請歲一更，上下俱在三月初。」邊軍便之。

嘉靖四十三年，巡撫延綏胡志夔請免戍軍三年，每軍徵銀五兩四錢，爲募兵用。至萬曆初，大同督、撫方逢時等請修築費。詔以河南應戍班軍，自四年至六年概免，盡扣班價發給，謂之折班，班軍遂耗。久之，所徵亦不得。寧山、南陽、潁上三衛積逋延綏鎮折班銀至五萬餘兩。是後諸邊財力俱盡，敝劫極矣。

初，邊政嚴明，官軍皆有定職。總兵官總鎮軍爲正兵，副總兵分領三千爲奇兵，遊擊分領三千往來防禦爲遊兵，參將分守各路東西策應爲援兵。營堡墩臺分極衝、次衝，爲設軍多寡。平時走陣、哨探、守瞭、焚荒諸事，無敢惰。稍違制，輒按軍法。而其後皆廢壞云。

沿海之地，自廣東樂會接安南界，五千里抵閩，又二千里抵浙，又二千里抵南直隸，又千八百里抵山東，又千二百里踰寶坻、盧龍抵遼東，又千三百餘里抵鴨綠江。島寇倭夷，在在出沒，故海防亦重。

吳元年用浙江行省平章李文忠言，嘉興、海鹽、海寧皆設兵戍守。洪武四年十二月命靖海侯吳禎籍方國珍所部溫、台、慶元三府軍士及蘭秀山無田糧之民，凡十一萬餘人，隸各衞爲軍。且禁沿海民私出海。時國珍及張士誠餘衆多竄島嶼間，勾倭爲寇。五年命浙江、福建造海舟防倭。明年，從德慶侯廖永忠言，命廣洋、江陰、横海、水軍四衞增置多櫓快船，無事則巡徼，遇寇以大船薄戰，〔二〕快船逐之。詔禎充總兵官，領四衞兵，京衞及沿海諸衞軍悉聽節制。每春以舟師出海，分路防倭，迄秋乃還。十七年命信國公湯和巡視海上，築山東、江南北、浙東西沿海諸城。〔三〕後三年命江夏侯周德興抽福建福、興、漳、泉四府三丁之一，爲沿海戍兵，得萬五千人。移置衞所於要害處，築城十六。復置定海、盤石、金鄉、海門四衞於浙，金山衞於松江之小官場，及青村、南匯嘴城二千戶所，又置臨山衞於紹興，及三山、瀝海等千戶所，而寧波、溫、台並海地，先已置八千戶所，曰平陽、三江、龍山、霩霩、大松、錢倉、新河、松門，皆屯兵設守。二十一年又命和行視閩粵，築城增兵。置福建沿海指揮使司五，曰福寧、鎭東、平海、永寧、鎭海。領千戶所十二，曰大金、定海、梅花、萬安、莆禧、崇武、福全、金門、高浦、六鰲、銅山、玄鍾。二十三年從衞卒陳仁言，造蘇州太倉衞海舟。旋令濱海衞所，每百戶及巡檢司皆置船二，巡海上盜賊。後從山東都司周彥言，建五總寨於寧海衞，與萊州衞八總寨，共轄小寨四十八。已，復命重臣勳戚魏國公徐輝祖等分巡沿海。帝素厭日本詭譎，絕其貢使，故終洪武、建文世不爲患。

永樂六年命豐城侯李彬等緣海捕倭，復招島人、蜑戶、賈豎、漁丁爲兵，防備益嚴。十七年，倭寇遼東，總兵官劉江殲之於望海堝。自是倭大懼，百餘年間，海上無大侵犯。朝廷閱數歲一令大臣巡警而已。

至嘉靖中，倭患漸起，始設巡撫浙江兼管福建海道提督軍務都御史。已，改巡撫爲巡視。未幾，倭寇益肆。乃增設金山參將，分守蘇、松海防，尋改爲副總兵，調募江南、北，徐、邳官民兵充戰守，而杭、嘉、湖亦增參將及兵備道。三十三年調撥山東民兵及青州水陸槍手千人赴淮、揚，〔四〕聽總督南直軍務都御史張經調用。時倭縱掠杭、嘉、蘇、松，踞柘林城爲窟穴，大江南北皆被擾。監司任環敗之，經亦有王家涇之捷，乃遁出海，復犯蘇州。於是南京御史屠仲律言五事。其守海口云：「守平陽港、黃花澳，據海門之險，使不得犯溫、台。守寧海關、湖頭灣遏三江之口，使不得窺寧、紹。守鱉子門、乍浦峽，使不得近杭、嘉。守吳淞、劉家河、七丫港，使不得掩蘇、松。且宜修飭海舟，大小相比，或百或五十聯爲一綜，募慣習水工領之，而充以原額水軍，於諸海口量緩急置防。」部是其議。未幾，兵部亦言：「浙、直、通、泰間最利水戰，往時多用沙船破賊，請厚賞招徠之。防禦之法，守海島爲上，宜以太倉、崇明、嘉定、上海沙船及福倉、東莞等船守普陀、大衢。陳錢山乃浙、直分路之始，狼、福二山約束首尾，交接江洋，亦要害地，宜督水師固守。」報可。已，復令直隸吳淞江、劉家河、福山港、鎭江、圌山五總添設遊兵，聽金山副總兵調度。

時胡宗憲爲總督，誅海賊徐海、汪直。直部三千人，復勾倭入寇，閩、廣益騷。三十七年，都御史王詢請「分福建之福、興爲一路，領以參將，駐福寧，水防自流江、烽火門、俞山、小埕至南日山；漳、泉爲一路，領以參將，駐詔安，水防自南日山至浯嶼、銅山、玄鍾、走馬溪、安邊館。水陸兵皆聽節制。福建省城介在南北，去海僅五十里，宜更設參將，選募精銳部領哨船，與主客兵相應援」。部覆從之。廣東惠、潮亦增設參將，駐揭陽。福建巡撫都御史游震得言：「浙江溫、處與福寧接壤，倭所出沒，宜進戚繼光爲副總兵，守之。而增設福寧守備，隸繼光。漳州之月港亦增設守備，隸總兵官俞大猷。延、建、邵爲八閩上游，宜募兵以備緩急。」皆允行。旣而宗憲被逮，罷總督官，以浙江巡撫趙炳然兼任軍事。炳然因請令定海總兵屬浙江，金山總兵屬南直，俱兼理水陸軍務，互相策應。其後，莆田倭寇平，乃復五水寨舊制。

五寨者，福寧之烽火門，福州之小埕澳，興化之南日山，泉州之浯嶼，漳州之西門澳，亦曰銅山。景泰三年，鎭守尙書薛希璉奏建者也，後廢。至是巡撫譚綸疏言：「五寨守扼外洋，法甚周悉，宜復舊。以烽火門、南日、浯嶼三䑸爲正兵，銅山、小埕二䑸爲游兵。寨設把總，分汛地，明斥堠，嚴會哨。改三路參將爲守備。分新募浙兵爲二班，各九千人，春秋番上。各縣民壯皆補用精悍，每府領以武職一人，兵備使者以時閱視。」帝皆是之。狼山故設副總兵，至是改爲鎭守總兵官，兼轄大江南北。迨隆慶初，倭漸不爲患，而諸小寇往往有之。

萬曆三年設廣東南澳總兵官，以其據漳、泉要害也。久之，倭寇朝鮮，朝廷大發兵往援，先後六年。於是設巡撫官於天津，防畿甸。後十餘年，從南直巡按御史顏思忠言，分淮安大營兵六百守廖角嘴。從福建巡撫丁繼嗣言，設兵自浙入閩之三江及劉澳，而易海澄團練營土著軍以浙兵。

天啓中，築城於澎湖，設遊擊一，把總二，統兵三千，築礮臺以守。先是，萬曆中，許孚遠撫閩，奏築福州海壇山，因及澎湖諸嶼，且言浙東沿海陳錢、金塘、玉環、南麂諸山俱宜經理，遂設南麂副總兵，而澎湖不暇及。其地遙峙海中，逶迤如修蛇，多岐港零嶼，其中空闊可藏巨艘。初爲紅毛所據，至是因巡撫南居益言，乃奪而守之。

自世宗世倭患以來，沿海大都會，各設總督、巡撫、兵備副使及總兵官、參將、遊擊等員，而諸所防禦，於廣東則分東、中、西三路，設三參將；於福建則有五水寨；於浙則有六總，一金鄉、盤石二衞，一松門、海門二衞，一昌國衞及錢倉、爵溪等所，一定海衞及霩獨、大嵩等所，一觀海、臨山二衞，一海寧衞，分統以四參將；於南直隸則乍浦以東，金山衞設參將，黃浦以北，吳淞江口設總兵；於淮、揚則總兵駐通州，遊擊駐廟灣，又於揚州設陸兵遊擊，待調遣；於山東則登、萊、靑三府設巡察海道之副使，管理民兵之參將，總督沿海兵馬備倭之都指揮；於薊、遼則大沽海口宿重兵，領以副總兵，而以密雲、永平兩遊擊爲應援。山海關外，則廣寧中、前等五所兵守各汛，以寧前參將爲應援，而金、復、海、蓋諸軍皆任防海，三岔以東，九聯城外創鎭江城，設遊擊，統兵千七百，哨海上，北與寬奠參將陸營相接，共計凡七鎭，而守備、把總、分守、巡徼會哨者不下數百員。以三、四、五月爲大汛，九、十月爲小汛。

日本地與閩相值，而浙之招寶關其貢道在焉，故浙、閩爲最衝。南寇則廣東，北寇則由

蓋遭倭甚毒，故設防亦最密云。

江犯留都、淮、揚，故防海外，防江爲重。洪武初，於都城南新江口置水兵八千。已，稍置萬二千，造舟四百艘。又設陸兵於北岸浦子口，相掎角。所轄沿江諸郡，上自九江、廣濟、黃梅，下抵蘇、松、通、泰，中包安慶、池、和、太平，凡盜賊及販私鹽者，悉令巡捕，兼以防倭。永樂時，特命勳臣爲帥視江操，其後兼用都御史。成化四年從錦衣衞僉事馮瑤言，令江兵依地設防，於瓜、儀、太平置將領鎭守。後六年，守備定西侯蔣琬奏調建陽、鎭江諸衞軍補江兵缺伍。十三年命擇武大臣一人職江操，毋攝營務。又五年，從南京都御史白昂言，敕沿江守備官互相應援，幷給關防。著爲令。弘治中，命新江口兩班軍如京營例，首班歇，即以次班操。嘉靖八年，江陰賊侯仲金等作亂，給事中夏言請設鎭守江、淮總兵官。已而寇平，總兵罷不設。十九年，沙賊黃艮等復起。帝詰兵部以罷總兵之故，乃復設，給旗牌符敕，提督沿江上下。後復裁罷。三十二年，倭患熾，復設副總兵於金山衞，轄沿海至鎭江，與狼山副總兵水陸相應。時江北俱被倭，於是量調九江、安慶官軍守京口、圌山等地。久之，給事中范宗吳言：「故事，操江都御史防江，應、鳳二巡撫防海。後因倭警，遂以鎭江而下，通常、狼、福諸處隸之操江，以故二撫臣得諉其責。操江又以向非本屬兵，難遙制，亦漠然視之，非委任責成意。宜以圌山、三江會口爲操、撫分界。」報可。其後增上下兩江巡視御史，得舉劾有司將領，而以南京僉都御史兼理操江，不另設。

先是，增募水兵六千。隆慶初，以都御史吳時來請，留四之一，餘悉罷遣，幷裁中軍把總等官。已，復令分汛設守，而責以上下南北互相策應。又從都御史宋儀望言，諸軍皆分駐江上，不得居城市。萬曆二十年，以倭警，言者請復設京口總兵。南京兵部尚書衷貞吉等謂旣有吳淞總兵，不宜兩設。乃設兵備使者，每春汛，調備倭都督，統衞所水、陸軍赴鎭江。後七年，操江耿定力奏：「長江千餘里，上江列營五，兵備臣三；下江列營五，兵備臣二。宜委以簡閱訓練，卽以精否爲兵備殿最。」部議以爲然。故事，南北總哨官五日一會哨於適中地，將領官亦月兩至江上會哨。其後多不行。崇禎中，復以勳臣任操江，偸惰成習，會哨巡徼皆虛名，非有實矣。

衞所之外，郡縣有民壯，邊郡有土兵。

太祖定江東，循元制，立管領民兵萬戶府。後從山西行都司言，聽邊民自備軍械，團結防邊。閩、浙苦倭，指揮方謙請籍民丁多者爲軍。尋以爲患鄉里，詔閩、浙互徙。時已用民兵，然非召募也。正統二年始募所在軍餘、民壯願自效者，陝西得四千二百人。人給布二匹，月糧四斗。景泰初，遣使分募直隸、山東、山西、河南民壯，撥山西義勇守大同，而紫荆、倒馬二關，亦用民兵防守，事平免歸。

成化二年，以邊警，復二關民兵。敕御史往延安、慶陽選精壯編伍，得五千餘人，號曰土兵。以延綏巡撫盧祥言邊民驍果，可練爲兵，使護田里妻子，故有是命。

弘治七年立僉民壯法。州、縣七八百里以上，里僉二人；五百里，三；三百里，四；百里以上，五。〔五〕有司訓練，遇警調發，給以行糧，而禁役占放買之弊。富民不願，則上直於官，官自爲募。或稱機兵，在巡檢司者稱弓兵。後以越境防冬非計，大同巡撫劉宇請免其班操，徵銀糧輸大同，而以威遠屯丁、舍、餘補役。給事中熊偉亦請編應募民於附近衞所。並從之。十四年，以西北諸邊所募士兵，多不足五千，遣使齎銀二十萬及太僕寺馬價銀四萬往募。指揮千百戶以募兵多寡爲差，得遷級，失官者得復職，即令統所募兵。既而兵部議覆侍郎李孟暘請實軍伍疏，謂：「天下衞所官軍原額二百七十餘萬，歲久逃故，嘗選民壯三十餘萬，又輮衞所舍人、餘丁八十八萬，西北諸邊召募士兵無慮數萬。請如孟暘奏，察有司不操練民壯、私役雜差者，如役占軍人罪。」報可。正德中，流賊擾山東，巡撫張鳳選民兵，令自買馬團操，民不勝其擾。兵部侍郎楊潭以爲言。都御史甯杲所募多無賴子，爲御史張璿所劾。

嘉靖二十二年增州縣民壯額，大者千人，次六七百，小者五百。二十九年，京師新被寇，議募民兵，以二萬爲率。歲四月終，赴近京防禦。後五年，兵部尚書楊博請汰老弱，存精鋭，在外者發各道爲民兵，在京者隸之巡捕參將，逃者不補。帝以影占數多，耗糧無用，遣官覈宜罷宜還者以聞。隆慶中，張居正、陳以勤復請籍畿甸民兵，謂：「直隸八府人多健悍，總按戶籍，除單丁老弱者，父子三人籍一子，兄弟三人籍一弟，州與大縣可得千六百人，小縣可得千人。中分之爲正兵、奇兵，登名尺籍，隸撫臣操練，歲無過三月，月無過三次，練畢卽令歸農，復其身。歲操外，不得別遣。」命所司議行。然自嘉靖後，山東、河南民兵戍薊門者，率徵銀以充召募。至萬曆初，山東徵銀至五萬六千兩，貧民大困。

治河之役，給事中張貞觀請益募士兵，捍淮、揚、徐、邳。畿南盜起，給事中耿隨龍請復民壯舊制，專捕賊盜。播州之亂，工部侍郎趙可懷請練土著，兵部因言：「天下之無兵者，不獨蜀也。各省官軍、民壯，皆宜罷老稚，易以健卒。軍操屬印官、操官，民操屬正官、捕官，郡守、監司不得牽制。立營分伍，以憑調發。」先後皆議行。

末年，募兵措餉益急。南京職方郎中鄒維璉陳調募之害。山西參政徐九翰尤極言民兵不可調。崇禎時，中原盜急，兵部尙書楊嗣昌議令責州縣訓練土著爲兵。工部侍郎張愼言言其不便者數事，而御史米壽圖又言其害有十，謂不若簡練民兵，增民壯快手，備禦地方爲便。後嗣昌死，練兵亦不行。

鄉兵者，隨其風土所長應募，調佐軍旅緩急。其隸軍籍者曰浙兵，義烏爲最，處次之，台、寧又次之，善狠筅，間以叉鈀。戚繼光製鴛鴦陣以破倭，及守薊門，最有名。曰川兵、曰遼兵，崇禎時，多調之勦流賊。其不隸軍籍者，所在多有。河南嵩縣曰毛葫蘆，習短兵，長於走山。而嵩及盧氏、靈寶、永寧並多礦兵，曰角腦，又曰打手。山東有長竿手。徐州有箭手。井陘有蝎蠍手，善運石，遠可及百步。閩漳、泉習鏢牌，水戰爲最。泉州永春人善技擊。正統間，郭榮六者，破沙尤賊有功。商竈鹽丁以私販爲業，多勁果。成化初，河東鹽徒千百輩，自備火礮、强弩、車仗，雜官軍逐寇。而松江曹涇鹽徒，嘉靖中，逐倭至島上，焚其舟。後倭見民家有鹺囊，輒搖手相戒。粤東雜蠻蜑，習長牌、斫刀，而新會、東莞之產强半。延綏、固原多邊外土著，善騎射，英宗命簡練以備秋防。大籐峽之役，韓雍用之，以摧瑤、僮之用牌刀者。莊浪魯家軍，舊隸隨駕中，洪熙初，令土指揮領之。萬曆間，部臣稱其驍健，爲敵所畏，宜鼓舞以儲邊用。西寧馬戶八百，嘗自備騎械赴敵，後以斂貢裁之。萬曆十九年，經略鄭雒請復其故。又僧兵，有少林、伏牛、五臺。倭亂，少林僧應募者四十餘人，戰亦多勝。西南邊服有各土司兵。湖南永順、保靖二宣慰所部，廣西東蘭、那地、南丹、歸順諸狼兵，四川酉陽、石砫秦氏、冉氏諸司，宣力最多。末年，邊事急，有司專以調三省土司爲長策，其利害亦恒相半云。

校勘記

〔一〕洪武六年命大將軍徐達等備山西北平邊諭令各上方略　六年，原作「二年」，據明史稿志六八兵志、太祖實録卷八〇洪武六年三月壬子條改。

〔二〕遇寇以大船薄戰　大船，原作「火船」，據太祖實録卷七八洪武六年正月庚戌條改。

〔三〕十七年命信國公湯和巡視海上築山東江南北浙東西沿海諸城　按太祖實録載湯和築沿海城池事，一見卷一八七洪武二十年十一月己丑條，「先是命和往浙西沿海築城」；一見卷一九一洪武二十一年六月甲辰條，「自閩越並海之地築數十城」；一見卷二四〇洪武二十八年八月戊辰條，「往浙江温、台、明、越築沿海城堡」。三處均未言在山東及江南北築城事。

〔四〕三十三年調撥山東民兵及青州水陸槍手千人赴淮揚　三十三年，原作「二十三年」，據明史稿志六九兵志、世宗實録卷四一〇嘉靖三十三年五月丁巳條改。千人，同上世宗實録作「六千人」。

〔五〕弘治七年立僉民壯法州縣七八百里以上里僉二人五百里三三百里四百里以上五　七年，原作「二年」，「二人」，原作「五人」，「五百里三三百里四百里以上五」，原作「五百里四三百里三百里以上二」，據孝宗實録卷九三弘治七年十月己未條改。明會典卷一三七亦誤作「二年」，但每里所僉人數與孝宗實録同。

明史卷九十二

志第六十八

兵四

清理軍伍　訓練　賞功　火器　車船　馬政

明初，垜集令行，民出一丁爲軍，衞所無缺伍，且有羨丁。未幾，大都督府言，起吳元年十月，至洪武三年十一月，軍士逃亡者四萬七千九百餘。於是下追捕之令，立法懲戒。小旗逃所隸三人，降爲軍。上至總旗、百戶、千戶，皆視逃軍多寡，奪俸降革。其從征在外者，罰尤嚴。十六年命五軍府檄外衞所，速逮缺伍士卒，給事中潘庸等分行清理之。明年從兵部尚書俞綸言，京衞軍戶絕者，毋冒取同姓及同姓之親，令有司覈實發補，府衞毋特遣人。二十一年詔衞所覈實軍伍，有匿己子以養子代者，不許。其秋，令衞所著軍士姓名、鄉貫爲籍，具載丁口以便取補。又置軍籍勘合，分給內外，軍士遇點閱以爲驗。

成祖即位，遣給事等官分閱天下軍，重定垜集軍更代法。初，三丁已上，垜正軍一，別有貼戶，正軍死，貼戶丁補。至是，令正軍、貼戶更代，貼戶單丁者免；當軍家蠲其一丁徭。洪熙元年，興州左屯衞軍范濟極言勾軍之擾。富峪衞百戶錢興奏言：「祖本涿鹿衞軍，死，父繼，以功授百戶。臣已襲父職，而本衞猶以臣祖爲逃軍，屢行勾取。」帝謂尚書張本曰：「軍伍不清，弊多類此。」已而宣宗立，軍弊益滋，黠者往往匿其籍，或誣攘良民充伍。帝諭兵部曰：「朝廷於軍民，如舟車任載，不可偏重。有司宜審實，毋混。」乃分遣吏部侍郎黃宗載等清理天下軍衞。三年敕給事、御史清軍，定十一條例，榜示天下。明年復增爲二十二條。五年從尚書張本請，令天下官吏、軍旗公勘自洪、永來勾軍之無踪者，豁免之。六年令勾軍有親老疾獨子者，編之近地，餘丁赴工逋亡者例發口外，改爲罰工一年，示優恤焉。八年免蘇州衞抑配軍百五十九人，已食糧止令終其身者，千二百三十九人。先是，蘇、常軍戶絕者，株累族黨，動以千計，知府況鍾言於朝，又常州民訴受抑爲軍者七百有奇，故特敕巡撫侍郎周忱清理。

正統初，令勾軍家丁盡者，除籍；逃軍死亡及事故者，或家本軍籍，而偶同姓名，里胥挾讐妄報冒解，或已解而赴部聲冤者，皆與豁免。定例，補伍皆發極邊，而南北人互易。大學士楊士奇謂風土異宜，瀕於夭折，請從所宜發戍。署兵部侍郎鄺埜以爲紊祖制，寢之。成化二年，山西巡撫李侃復請補近衞，始議行。十一年命御史十一人分道清軍，以十分爲率，及三分者最，不及者殿。時以罪謫者逃故，亦勾其家丁。御史江昂謂非「罰弗及嗣」之義，乃禁之。

嘉靖初，捕亡令愈苛，有株累數十家，勾攝經數十年者，丁口已盡，猶移覆紛紜不已。兵部尚書胡世寧請「屢經清報者免勾。又避役之人必緩急難倚，急改編原籍。衞所有缺伍，則另選舍餘及犯罪者充補。犯重發邊衞者，責賣家產，闔房遷發，使絕顧念。庶衞卒皆土著，而逃亡益鮮」。帝是其言。其後，用主事王學益議，製勾單，立法詳善。久之，停差清軍御史，寬管解逃軍及軍赴衞違限之科。清軍官日玩愒，文卷磨滅，議者復請申飭。

萬曆三年，給事中徐貞明言：「勾軍東南，資裝出於戶丁，解送出於里遞，每軍不下百金。大困東南之民，究無補於軍政。宜視班匠例，免其解補，而重徵班銀，以資召募，使東南永無勾補之擾，而西北之行伍亦充。」鄖陽巡撫王世貞因言有四便：應勾之戶，樂於就近，不圖避匿，便一；各安水土，不至困絕，便二；近則不逃，逃亦易追，便三；解戶不至破家，便四。而兵部卒格貞明議，不行。後十三年，南京兵部尚書郭應聘復請各就近地，南北改編。又言「應勾之軍，南直隸至六萬六千餘，株連至二三十萬人，請自天順以前竟與釋免」。報可，遠近皆悅。然改編令下，求改者相繼。明年，兵部言「什伍漸耗，邊鎭軍人且希圖脫伍」。

有旨復舊，而應聘之議復不行。

凡軍衞掌於職方，而勾清則武庫主之。有所勾攝，自衞所開報，先覈鄉貫居止，內府給批，下有司提本軍，謂之跟捕；提家丁，謂之勾捕。間有恩恤開伍者。洪武二十三年令應補軍役生員，遣歸卒業。宣德四年，上虞人李志道充楚雄衞軍，死，有孫宗皐宜繼。時已中鄉試，尙書張本言於帝，得免。如此者絕少。戶有軍籍，必仕至兵部尙書始得除。軍士應起解者，皆僉妻；有津給軍裝、解軍行糧、軍丁口糧之費。其册單編造皆有恒式。初定戶口、收軍、勾清三册。嘉靖三十一年又編四册，曰軍貫，曰兜底，曰類衞、類姓。其勾軍另給軍單。蓋終明世，於軍籍最嚴。然弊政漸叢，而擾民日甚。

明太祖起布衣，策羣力，取天下。卽位後，屢命元勳宿將分道練兵，而其制未定。洪武六年命中書省、大都督府、御史臺、六部議教練軍士律：「騎卒必善馳射槍刀，步兵必善弓弩槍。〔一〕射以十二矢之半，遠可到，近可中爲程。遠可到，將弁百六十步、軍士百二十步；近可中，五十步。彀弩以十二矢之五，遠可到，蹶張八十步，划車一百五十步；近可中，蹶張四十步，〔二〕划車六十步。槍必進退熟習。在京衞所，以五千人爲率，取五之一，〔三〕指揮以下官領赴御前驗試，餘以次番試。在外都司衞所，每衞五千人，取五之一，千戶以下官領赴京驗試，餘以次番試。軍士步騎皆善，將領各以其能受賞，否則罰。〔四〕軍士給錢六百爲道里費。將領自指揮使以下，所統軍士三分至六分不中者，次第奪俸；七分以上，次第降官至爲軍止。都指揮軍士四分以上不中，奪俸一年；六分以上罷職。」後十六年，令天下衞所善射者，十選一，於農隙分番赴京較閱，以優劣爲千百戶賞罰，邊軍本衞較射。二十年命衞士習射於午門丹墀。明年復令：「天下衞所馬步軍士，各分十班，將弁以應敍久次陞者統之，冬月至京閱試。指揮、千百戶，年深慣戰及屯田者免。仍先下操練法，俾遵行。不如法及不嫺習者，罰。」明年詔五軍府：「比試軍士分三等賞鈔，又各給鈔三錠爲路費，不中者亦給之。明年再試不如式，軍移戍雲南，官謫從征，總小旗降爲軍。武臣子弟襲職，試騎步射不中程，令還衞署事，與半俸，二年後仍試如故者，亦降爲軍。」

文皇卽位，五駕北征，六師嘗自較閱。又嘗敕秦、晉、周、肅諸王，各選護衞軍五千，命官督赴眞定操練，陝西、甘肅、寧夏、大同、遼東諸守將，及中都留守、河南等都司，徐、宿等衞，遣將統馬步軍分駐眞定、德州操練，候赴京閱視。

景泰初，立十團營。給事中鄧林進軒轅圖，卽古八陣法也，因用以敎軍。成化間，增團營爲十二，命月二次會操，起仲春十五日，止仲夏十五日，秋、冬亦如之。弘治九年，兵部尚書馬文升申明洪、永操法，五日內，二日走陣下營，三日演武。武宗好武勇，每令提督坐營官操練，又自執金鼓演四鎮卒。然大要以恣馳騁、供嬉戲，非有實也。

嘉靖六年定，下營布陣，止用三疊陣及四門方營。又令每營選槍刀箭牌銃手各一二人爲教師，轉相教習。及更營制，分兵三十枝，設將三十員，各統三千人訓練，擇精銳者名選鋒，厚其校藝之賞。總督大臣一月會操者四，餘日營將分練。協理大臣及巡視給事、御史隨意入一營，校閱賞罰，因以擇選鋒。帝又置內營於內教場，練諸內使。

隆慶初，命各營將領以教練軍士分數多寡爲黜陟。全營教練者加都督僉事，以次減；全不教練者降祖職一級，革任回衞。三年內教練有成，操協大臣奬諭恩錄；無功績者議罰。規制雖立，然將卒率媮惰，操演徒爲具文。

先是，浙江參將戚繼光以善教士聞，嘗調士兵，製鴛鴦陣破倭。至是，已官總兵。穆宗從給事中吳時來請，命繼光練兵薊門。薊兵精整者數十年。繼光嘗著練兵實紀以訓士。一曰練伍，首騎，次步，次車，次輜重；先選伍，次較藝，總之以合營。二曰練膽氣，使明作止進退及上下統屬、相友相助之義。三曰練耳目，〔五〕使明號令。四曰練手足，使熟技藝。五曰練營陣，詳布陣起行、結營及交鋒之正變。終之以練將。後多遵用之。

賞功之制，太祖時，大賞平定中原、征南諸將及雲南、越州之功。賞格雖具，然不豫爲令。惟二十九年命沿海衞所指揮千百戶獲倭一船及賊者，陞一級，賞銀五十兩，鈔五十錠；軍士水陸擒殺賊，賞銀有差。

永樂初，以將士久勞，命禮部依太祖陞賞例，參酌行之。乃分奇功、首功、次功三等。其賞之輕重次第，率臨時取旨，亦不豫爲令。十二年定：「凡交鋒之際，突出敵背殺敗賊衆者，勇敢入陣斬將搴旗者，本隊已勝、別隊勝負未決、而能救援克敵者，受命能任事、出奇破賊成功者，皆爲奇功。齊力前進、首先敗賊者，前隊交鋒未決、後隊向前敗賊者，皆爲首功。軍行及營中擒獲奸細者，亦准首功。餘皆次功。」又立功賞勘合，定四十字，曰：「神威精勇猛，强壯毅英雄。克勝兼超捷，奇功奮銳鋒。智謀宣妙略，剛烈效忠誠。果敢能安定，揚名顯大勳。」編號用寶，貯內府印綬監。當是時，稽功之法甚嚴。

正統十四年造賞功牌，有奇功、頭功、齊力之分，以大臣主之。凡挺身突陣斬將奪旗者，與奇功牌。生擒瓦剌或斬首一級，與頭功牌。雖無功而被傷者，與齊力牌。蓋專爲瓦剌入犯設也。是後，將士功賞視立功之地，準例奏行。北邊爲上，東北邊次之，西番及苗蠻又次之，內地反賊又次之。世宗時，苦倭甚，故海上功比北邊尤爲最。

北邊，自甘肅迤東，抵山海關。成化十四年例：「一人斬一級者，進一秩，至三秩止。二人共斬者，爲首進秩同。壯男與實授，幼弱婦女與署職。爲從及四級以上，俱給賞。領軍官部下五百人者，獲五級，進一秩。領千人者，倍之。」正德十年重定例：「獨斬一級者陞一秩。三人共者，首陞署一秩，從給賞。四五六人共者，首給賞，從量賞。二人共斬一幼敵者，首視三人例，從量賞。不願陞者，每實授一秩，賞銀五十兩，署職二十兩。」嘉靖十五年定，領軍官千、把總，加至三秩止，都指揮以上，止陞署職二級，餘加賞。

東北邊，初定三級當北邊之一。萬曆中，改與北邊同。

番寇苗蠻，亦三級進一秩，實授署職，視北邊。十級以上并不及數者給賞。萬曆三年令陝西番寇功，視成化中例，軍官千總領五百人者，部下斬三十級，領千人者六十級，把總領五百人者十級，領千人者三十級，俱進一秩，至三秩止。南方蠻賊，宣德九年例，三級以上及斬獲首賊，俱陞一秩，餘加賞。正德十六年定軍官部下斬百級者陞署一秩，三百級者實授一秩，四百級者陞一秩，餘功加賞。

倭賊，嘉靖三十五年定：「斬倭首賊一級，陞實授三秩，不願者賞銀百五十兩。從賊一級，授一秩。漢人脅從一級，署一秩。陣亡者，本軍及子實授一秩。海洋遇賊有功，均以奇功論。」萬曆十二年更定，視舊例少變，以賊衆及船之多寡，爲功賞之差。復定海洋征戰，無論倭寇、海賊，勘是奇功，與世襲。雲南夷賊，擒斬功次視倭功。

內地反賊，成化十四年例，六級陞一秩，至三秩止，幼男婦女及十九級以上與不及數者給賞。正德七年定流賊例：「名賊一級，授一秩，世襲，爲從者給賞。次賊一級，署一秩。從賊三級及陣亡者，俱授一秩，世襲。重傷回營死者，署一秩。」又以割耳多寡論功，最多者至陞二秩，世襲。先是，五年寧夏功，後嘉靖元年江西功，俱視流賊例。崇禎中，購闖、獻以萬金，爵封侯，餘賊有差，以賊勢重，變常格也。

其俘獲人畜、器械，成化例，俱給所獲者。其論功陞秩，成化十四年例，軍士陞一秩爲小旗，舍人陞一秩給冠帶，以上類推。嘉靖四十三年定，都督等官無階可陞者，所應襲男廕冠帶。萬曆十三年定，都指揮使陞秩者，不授都督，賞銀五十兩，陞俸者半之。其有司民兵，隆慶六年定，視軍人例。

自洪、宣以後，賞格皆以斬級多少豫定。條例漸多，倖弊日啓。正德間，副使胡世寧言：「兩軍格鬭，手眼瞬息，不得差池，何暇割級。其獲級者或殺已降，或殺良民，或偶得單行之賊、被掠逃出之人，非眞功也。宜選强明剛正之員，爲紀功官，痛懲此弊。」時弗能行。故事，鎭守官奏帶，例止五名。後領兵官所奏有至三四百名者，不在斬馘之例，別立名目，曰運送神鎗，曰齎執旗牌，曰衝鋒破敵，曰三次當先，曰軍前効勞。冒濫之弊，至斯極已。

古所謂礮，皆以機發石。元初得西域礮，攻金蔡州城，始用火。然造法不傳，後亦罕用。

至明成祖平交阯，得神機鎗礮法，特置神機營肄習。製用生、熟赤銅相間，其用鐵者，建鐵柔爲最，西鐵次之。大小不等，大者發用車，次及小者用架、用椿、用托。大利於守，小利於戰，隨宜而用，爲行軍要器。永樂十年詔自開平至懷來、宣府、萬全、興和諸山頂，皆置五礮架。二十年從張輔請，增置於山西大同、天城、陽和、朔州等衞以禦敵。然利器不可示人，朝廷亦愼惜之。

宣德五年敕宣府總兵官譚廣：「神銃，國家所重，在邊墩堡，量給以壯軍威，勿輕給。」正統六年，邊將黃眞、楊洪立神銃局於宣府獨石。帝以火器外造，恐傳習漏泄，敕止之。正統末，邊備日亟，御史楊善請鑄兩頭銅銃。景泰元年，巡關侍郎江潮言：「眞定藏都督平安火傘，上用鐵槍頭，環以響鈴，置火藥筩三，發之，可潰敵馬。應州民師翺製銃，有機，頃刻三發，及三百步外。」俱試驗之。天順八年，延綏參將房能言麓川破賊，用九龍筒，一線然則九箭齊發，請頒式各邊。

至嘉靖八年，始從右都御史汪鋐言，造佛郎機礮，謂之大將軍，發諸邊鎭。佛郎機者，國名也。正德末，其國舶至廣東。白沙巡檢何儒得其制，以銅爲之，長五六尺，大者重千餘斤，小者百五十斤，巨腹長頸，腹有修孔。以子銃五枚，貯藥置腹中，發及百餘丈，最利水戰。駕以蜈蚣船，所擊輒糜碎。二十五年，總督軍務翁萬達奏所造火器。兵部試之，言：

「三出連珠、百出先鋒、鐵捧雷飛，俱便用。母子火獸、布地雷礮，止可夜劫營。」御史張鐸亦進十眼銅礮，大彈發及七百步，小彈百步；四眼鐵鎗，彈四百步。詔工部造。

萬曆中，通判華光大奏其父所製神異火器，命下兵部。其後，大西洋船至，復得巨礮，曰紅夷。長二丈餘，重者至三千斤，能洞裂石城，震數十里。天啓中，錫以大將軍號，遣官祀之。

崇禎時，大學士徐光啓請令西洋人製造，發各鎮。然將帥多不得人，城守不固，有委而去之者。及流寇犯闕，三大營兵不戰而潰，鎗礮皆爲賊有，反用以攻城。城上亦發礮擊賊。時中官已多異志，皆空器貯藥，取聲震而已。

明置兵仗、軍器二局，分造火器。號將軍者自大至五。又有奪門將軍大小二樣、神機礮、襄陽礮、盞口礮、椀口礮、旋風礮、流星礮、虎尾礮、石榴礮、龍虎礮、毒火飛礮、連珠佛郎機礮、信礮、神礮、礮裏礮、十眼銅礮、三出連珠礮、百出先鋒礮、鐵捧雷飛礮、火獸布地雷礮、椀口銅鐵銃、手把銅鐵銃、神銃、斬馬銃、一窩鋒神機箭銃、大中小佛郎機銅銃、佛郎機鐵銃、木廂銅銃、筋繳樺皮鐵銃、無敵手銃、鳥嘴銃、七眼銅銃、千里銃、四眼鐵鎗、各號雙頭鐵鎗、夾把鐵手鎗、快鎗以及火車、火傘、九龍筒之屬，凡數十種。正德、嘉靖間造最多。又各邊自造，自正統十四年四川始。其他刀牌、弓箭、槍弩、狼筅、蒺藜、甲冑、戰襖，在內有兵仗、軍器、鍼工、鞍轡諸局，屬內庫，掌於中官；在外有盔甲廠，屬兵部，掌以郎官。京省諸司衞所，又俱有雜造局。軍資器械名目繁夥，不具載，惟火器前代所少，故特詳焉。

中原用車戰，而東南利舟楫，二者於兵事爲最要。自騎兵起，車制漸廢。洪武五年造獨轅車，北平、山東千輛，山西、河南八百輛。永樂八年北征，用武剛車三萬輛，皆惟以供餽運。

至正統十二年始從總兵官朱冕議，用火車備戰。自是言車戰者相繼。十四年，給事中李侃請以贏車千輛，鐵索聯絡，騎卒處中，每車翼以刀牌手五人，賊犯陣，刀牌手擊之，賊退則開索縱騎。帝命造成祭而後用。下車式於邊境，用七馬駕。寧夏多溝壑，總兵官張泰請用獨馬小車，時以爲便。箭工周四章言，神機鎗一發難繼，請以車載鎗二十，箭六百，車首置五鎗架，一人推，二人扶，一人執爨。試可，乃造。

景泰元年，定襄伯郭登請倣古制爲偏箱車。轅長丈三尺，闊九尺，高七尺五寸，箱用薄板，置銃。出則左右相連，前後相接，鉤環牽互。車載衣糧、器械幷鹿角二。屯處，十五步外設爲藩。每車鎗礮、弓弩、刀牌甲士共十人，無事輪番推挽。外以長車二十，載大小將軍銃，每方五輛，轉輸樵採，皆在圍中。又用四輪車一，列五色旗，視敵指揮。廷議此可以守，難於攻戰，命登酌行。蘭州守備李進請造獨輪小車，上施皮屋，前用木板，畫獸面，鑿口，置椀口銃四，鎗四，神機箭十四，樹旗一。行爲陣，止爲營。二年，吏部郎中李賢請造戰車，長丈五尺，高六尺四寸，四圍箱板，穴孔置銃，上闢小牕，每車前後占地五步。以千輛計，四方可十六里，芻糧、器械輜重咸取給焉。帝令亟行。

成化二年從郭登言，製軍隊小車。每隊六輛，輛九人，二人挽，七人番代，〔六〕車前置牌畫猊首，遠望若城壘然。八年，寧都諸生何京上禦敵車式，上施鐵網，網穴發鎗弩，行則斂之。五十車爲一隊，用士三百七十五人。十二年，左都御史李賓請造偏箱車，與鹿角參用。兵部尚書項忠請驗閱，以登高涉險不便，已之。十三年從甘肅總兵官王璽奏，造雷火車，中立樞軸，旋轉發礮。二十年，宣大總督余子俊以車五百輛爲一軍，每輛卒十人，車隙補以鹿角。既成，而遲重不可用，時人謂之鷓鴣軍。

弘治十五年，陝西總制秦紘請用隻輪車，名曰全勝，長丈四尺，上下共六人，可衝敵陣。十六年，閒住知府范吉獻先鋒霹靂車。

嘉靖十一年，南京給事中王希文請倣郭固、韓琦之制，造車，前銳後方，上置七鎗，爲櫓三層，各置九牛神弩，傍翼以卒。行載甲兵，止爲營陣。下邊鎮酌行。十五年，總制劉天和復言全勝車之便，而稍爲損益，用四人推挽，所載火器、弓弩、刀牌以百五十斤爲準。箱前畫狻猊，旁列虎盾以護騎士。命從其制。四十三年，有司奏准，京營教演兵車，共四千輛，每輛步卒五人，神鎗、夾靶鎗各二。自正統以來，言車戰者如此，然未嘗一當敵。

至隆慶中，戚繼光守薊門，奏練兵車七營：以東西路副總兵及撫督標共四營，分駐建昌、遵化、石匣、密雲；薊、遼總兵二營，駐三屯；昌平總兵一營，駐昌平。每營重車百五十有六，輕車加百，步兵四千，騎兵三千。十二路二千里間，車騎相兼，可禦敵數萬。穆宗韙之，命給造費。然特以遏衝突，施火器，亦未嘗以戰也。是後，遼東巡撫魏學曾請設戰車營，倣偏箱之制，上設佛郎機二，下置雷飛礮、快鎗六，每車步卒二十五人。萬曆末，經略熊廷弼請造雙輪戰車，每車火礮二，翼以十卒，皆持火鎗。天啓中，直隸巡按御史易應昌進戶部主事曹履吉所製鋼輪車、小衝車等式，以禦敵，皆罕得其用。大約邊地險阻，不利車戰。而舟楫之用，則東南所宜。

舟之制，江海各異。太祖於新江口設船四百。永樂初，命福建都司造海船百三十七，又命江、楚、兩浙及鎭江諸府衞造海風船。成化初，濟川衞楊渠獻槳舟圖，皆江舟也。

海舟以舟山之烏槽爲首。福船耐風濤，且禦火。浙之十裝標號軟風、蒼山，亦利追逐。廣東船，鐵栗木爲之，視福船尤巨而堅。其利用者二，可發佛郎機，可擲火毬。大福船亦然，能容百人。底尖上闊，首昂尾高，柁樓三重，帆桅二，傍護以板，上設木女牆及礮牀。

中爲四層：最下實土石；次寢息所；次左右六門，中置水櫃，揚帆炊爨皆在是；最上如露臺，穴梯而登，傍設翼板，可憑以戰。矢石火器皆俯發，可順風行。海蒼視福船稍小。開浪船能容三五十人，頭銳，四槳一櫓，其行如飛，不拘風潮順逆。艟䑸船視海蒼又小。蒼山船首尾皆闊，帆櫓並用。櫓設船傍近後，每傍五枝，每枝五跳，跳二人，以板閘跳上，露首於外。其制上下三層，下實土石，上爲戰場，中寢處。其張帆下椗，皆在上層。戚繼光云：「倭舟甚小，一入裏海，大福、海蒼不能入，必用蒼船逐之，衝敵便捷，溫人謂之蒼山鐵也。」沙、鷹二船，相胥成用。沙船可接戰，然無翼蔽。鷹船兩端銳，進退如飛。傍釘大茅竹，竹間牕可發銃箭，牕內舷外隱人以盪槳。先駕此入賊隊，沙船隨進，短兵接戰，無不勝。漁船至小，每舟三人，一執布帆，一執槳，一執鳥嘴銃。隨波上下，可掩賊不備。網梭船，定海、臨海、象山俱有之，形如梭。竹桅布帆，僅容二三人，遇風濤輒舁入山麓，可哨探。蜈蚣船，象形也，能駕佛朗機銃，底尖面闊，兩傍楫數十，行如飛。兩頭船，旋轉在舵，因風四馳，諸船無逾其速。蓋自嘉靖以來，東南日備倭，故海舟之制，特詳備云。

明制，馬之屬內廐者曰御馬監，中官掌之，牧於大壖，蓋倣周禮十有二閑意。牧於官者，爲太僕寺、行太僕寺、苑馬寺及各軍衞，卽唐四十八監意。牧於民者，南則直隸應天等府，北則直隸及山東、河南等府，即宋保馬意。其曰備養馬者，始於正統末，選馬給邊，邊馬足，而寄牧於畿甸者也。官牧給邊鎮，民牧給京軍，皆有孳生駒。官牧之地曰草場，或爲軍民佃種曰熟地，歲徵租佐牧人市馬。牧之人曰恩軍，曰隊軍，曰改編軍，曰充發軍，曰抽發軍。苑馬分三等，上苑萬，中七千，下四千。一夫牧馬十匹，五十夫設圉長一人。凡馬肥瘠登耗，籍其毛齒而時省之。三歲，寺卿偕御史印烙，鬻其羸劣以轉市。邊衞、營堡、府州縣軍民壯騎操馬，則掌於行寺卿。邊用不足，又以茶易於番，以貨市於邊。其民牧皆視丁田授馬，始曰戶馬，既曰種馬，按歲徵駒。種馬死，孳生不及數，輒賠補。此其大凡也。

初，太祖都金陵，令應天、太平、鎮江、廬州、鳳陽、揚州六府，滁、和二州民牧馬。洪武六年設太僕寺於滁州，統於兵部。後增滁陽五牧監，領四十八羣。已，爲四十監，旋罷，惟存天長、大興、舒城三監。置草場於湯泉、滁州等地。復令飛熊、廣武、英武三衞，五軍養一馬，馬歲生駒，一歲解京。既而以監牧歸有司，專令民牧。江南十一戶，江北五戶養馬一，復其身。太僕官督理，歲正月至六月報定駒，七月至十月報顯駒，十一、二月報重駒。歲終考馬政，以法治府州縣官吏。凡牡曰兒，牝曰騍。兒一、騍四爲羣，羣頭一人。五羣，羣長一人。三十年設北平、遼東、山西、陝西、甘肅行太僕寺，定牧馬草場。

永樂初，設太僕寺於北京，〔七〕掌順天、山東、河南。舊設者爲南太僕寺，掌應天等六府二州。四年設苑馬寺於陝西、甘肅，統六監，監統四苑。又設北京、遼東二苑馬寺，所統視陝西、甘肅。十二年令北畿民計丁養馬，選居閑官教之畜牧。民十五丁以下一匹，十六丁以上二匹，爲事編發者七戶一匹，得除罪。尋以寺卿楊砥言，北方人戶五丁養一，免其田租之半，薊州以東至南海等衞，戍守軍外，每軍飼種馬一。又定南方養馬例：鳳、廬、揚、滁、和五丁一，應天、太、鎭十丁一。淮、徐初養馬，亦以丁爲率。十八年罷北京苑馬寺，悉牧之民。

洪熙元年令民牧二歲徵一駒，免草糧之半。自是，馬日蕃，漸散於隣省。濟南、兗州、東昌民養馬，自宣德四年始也。彰德、衞輝、開封民養馬，自正統十一年始也。已而也先入犯，取馬二萬，寄養近京，充團營騎操，而盡以故時種馬給永平等府。景泰三年令兒馬十八歲、騍馬二十歲以上，免算駒。

成化二年，以南土不產馬，改徵銀。四年始建太僕寺常盈庫，貯備用馬價。是時，民漸苦養馬。六年，吏部侍郎葉盛言：「向時歲課一駒，而民不擾者，以芻牧地廣，民得爲生也。自豪右莊田漸多，養馬漸不足。洪熙初，改兩年一駒，成化初，改三年一駒。馬愈削，民愈貧。然馬卒不可少，乃復兩年一駒之制，民愈不堪。請敕邊鎭隨俗所宜，凡可以買馬足邊、軍民交益者，便宜處置。」時馬文升撫陝西，又極論邊軍償馬之累，請令屯田卒田多丁少而不領馬者，歲輸銀一錢，以助賠償。雖皆允行，而民困不能舒也。繼文升撫陝者蕭禎，請省行太僕寺。兵部覆云：「洪、永時，設行太僕及苑馬寺，凡茶馬、番人貢馬，悉收寺、苑放牧，常數萬匹，足充邊用。正統以後，北敵屢入抄掠，馬遂日耗。言者每請裁革，是惜小費而忘大計。」於是敕諭禎，但令加意督察。而北畿自永樂以來，馬日滋，輒責民牧，民年十五者即養馬。太僕少卿彭禮以戶丁有限，而課駒無窮，請定種馬額。會文升爲兵部尚書，奏行其請，乃定兩京太僕種馬，兒馬二萬五千，騍馬四之，二年納駒，著爲令。時弘治六年也。

十五年冬，尚書劉大夏薦南京太常卿楊一清爲副都御史，督理陝西馬政。一清奏言：「我朝以陝右宜牧，設監苑，跨二千餘里。後皆廢，惟存長樂、靈武二監。今牧地止數百里，然以供西邊尚無不足，但苦監牧非人，牧養無法耳。兩監六苑，開城、安定水泉便利，宜爲上苑，牧萬馬；廣寧、萬安爲中苑；黑水草場逼窄，清平地狹土瘠，爲下苑。萬安可五千，廣寧四千，清平二千，黑水千五百。六苑歲給軍外，可常牧馬三萬二千五百，足供三邊用。然欲廣孳息，必多蓄種馬，宜增滿萬匹，兩年一駒，五年可足前數。請支太僕馬價銀四萬二千兩，於平、慶、臨、鞏買種馬七千。又養馬恩隊軍不足，請編流亡民及問遣回籍者，且視恩軍例，凡發邊衞充軍者，改令各苑牧馬，增爲三千人。又請相地勢，築城通商，種植榆柳，春夏放牧，秋冬還廐，馬既得安，敵來亦可收保。」孝宗方重邊防，大夏掌兵部，一清所奏輒行。

遷總制仍督馬政。

諸監草場，原額十三萬三千七百餘頃，存者已不及半。一淸覈之，得荒地十二萬八千餘頃，又開武安苑地二千九百餘頃。正德二年聞於朝。及一淸去官，未幾復廢。時御史王濟言：「民苦養馬。有一孳生馬，輒害之。間有定駒，賂醫諱之，有顯駒墜落之。馬虧欠不過納銀二兩，既孳生者已聞官，而復倒斃，不過納銀三兩，孳生不死則饑餓。馬日瘦削，無濟實用。今種馬、地畝、人丁，歲取有定額，請以其額數令民買馬，而種馬孳生，縣官無與。」兵部是其言。自後，每有奏報，輒引濟言縣官無與種馬事，但責駒於民，遺母求子矣。

初，邊臣請馬，太僕寺以見馬給之。自改徵銀，馬日少，而請者相繼，給價十萬，買馬萬匹。邊臣不能市良馬，馬多死，太僕卿儲巏以爲言，請仍給馬。又指陳各邊種馬盜賣私借之弊。語雖切，不能從。而邊鎭給發日益繁。延綏三十六營堡，自弘治十一年始，十年間，發太僕銀二十八萬有奇，買補四萬九千餘匹，寧夏、大同、居庸關等處不與焉。至正德七年，遂開納馬例，凡十二條。九年復發太僕銀市馬萬五千於山東、遼東、河南及鳳陽、保定諸府。

嘉靖元年，陝西苑馬少卿盧璧條上馬政，請督逋負、明印烙、訓醫藥、均地差以救目前，而闢場廣蓄爲經久計。帝嘉納之。自後言馬事者頗衆，大都因事立說，補救一時而已。二十九年，俺答入寇，太僕馬缺，復行正德納馬例。已，稍增損之。至四十一年，遂開例至捐馬授職。

隆慶二年，提督四夷館太常少卿武金言：「種馬之設，專爲孳生備用。備用馬既別買，則種馬可遂省。今備用馬已足三萬，宜令每馬折銀三十兩，解太僕。種馬盡賣，輸兵部。一馬十兩，則直隸、山東、河南十二萬匹，可得銀百二十萬，且收草豆銀二十四萬。」御史謝廷傑謂：「祖制所定，關軍機，不可廢。」兵部是廷傑言。而是時，內帑乏，方分使括天下逋賦。穆宗可金奏，下部議。部請養、賣各半，從之。

太僕之有銀也，自成化時始，然止三萬餘兩。及種馬賣，銀日增。是時，通貢互市所貯亦無幾。及張居正作輔，力主盡賣之議。自萬曆九年始，上馬八兩，下至五兩，又折徵草豆地租，銀益多，以供團營買馬及各邊之請。然一騸馬輒發三十金，而州縣以駑馬進，其直止數金。且仍寄養於馬戶，害民不減曩時。又國家有興作、賞賚，往往借支太僕銀，太僕帑益耗。十五年，寺卿羅應鶴請禁支借。二十四年詔太僕給陝西賞功銀。寺臣言：「先年庫積四百餘萬，自東西二役興，僅餘四之一。朝鮮用兵，百萬之積俱空。今所存者，止十餘萬。況本寺寄養馬歲額二萬匹，今歲取折色，則馬之派徵甚少，而東征調兌尤多。卒然有警，馬與銀俱竭，何以應之。」章下部，未能有所釐革也。

崇禎初，核戶兵工三部，借支太僕馬價至一千三百餘萬。蓋自萬曆以來，冏政大壞，而邊牧廢弛，愈不可問。既而遼東督師袁崇煥以缺馬，請於兩京州縣寄養馬內，折三千匹價買之西邊。太僕卿涂國鼎言：「祖宗令民養馬，專供京營騎操，防護都城，非爲邊也。後來改折，無事則易馬輸銀，有警則出銀市馬，仍是爲京師備禦之意。今折銀已多給各鎮，如并此馬盡折，萬一變生，奈何？」帝是其言，卻崇煥請。

按明世馬政，法久弊叢。其始盛終衰之故，大率由草場興廢。太祖旣設草場於大江南北，復定北邊牧地：自東勝以西至寧夏、河西、察罕腦兒，以東至大同、宣府、開平，又東南至大寧、遼東，抵鴨綠江又北千里，而南至各衞分守地，又自雁門關西抵黃河外，東歷紫荆、居庸、古北抵山海衞，荒閑平埜，非軍民屯種者，聽諸王駙馬以至近邊軍民樵採牧放，在邊藩府不得自占。永樂中，又置草場於畿甸。尋以順聖川至桑乾河百三十餘里，水草美，令以太僕千騎，令懷來衞卒百人分牧，後增至萬二千匹。宣德初，復置九馬坊於保安州。於是兵部奏，馬大蕃息，以色別而名之，其毛色二十五等，其種三百六十。其後莊田日增，草場日削，軍民皆困於孳養。弘治初，兵部主事湯冕、太僕卿王霽、給事中韓祐周旋、御史張淳皆請淸覈。而旋言：「香河諸縣地占於勢家，霸州等處俱有仁壽宮皇莊，乞罷之，以益牧地。」雖允行，而占佃已久，卒不能淸。南京諸衞牧場亦久廢，兵部尙書張鎣請復之。御史胡海言，恐遺地利，遂止。京師團營官馬萬匹，與旗手等衞上直官馬，皆分置草場。歲春末，馬非聽用者，坐營官領下場放牧，草豆住支，秋末回。給事御史閱視馬彂軍逃者以聞。後上直馬不出牧，而騎操馬仍歲出如例。嘉靖六年，武定侯郭勛以邊警爲辭，奏免之，徵各場租以充公費，餘貯太僕買馬。於是營馬專仰秣司農，歲費至十八萬，戶部爲詘，而草場益廢。議者爭以租佃取贏，浸淫至神宗時，弊壞極矣。

茶馬司，洪武中，立於川、陝，聽西番納馬易茶，賜金牌信符，以防詐僞。每三歲，遣廷臣召諸番合符交易，上馬茶百二十觔，中馬七十觔，下馬五十觔。以私茶出者罪死，雖勳戚無貸。末年，易馬至萬三千五百餘匹。永樂中，禁稍弛，易馬少。乃命嚴邊關茶禁，遣御史巡督。正統末，罷金牌，歲遣行人巡察，邊氓冒禁私販者多。成化間，定差御史一員，領敕專理。弘治間，大學士李東陽言：「金牌制廢，私茶盛，有司又屢以敝茶給番族，番人抱憾，往往以羸馬應。宜嚴敕陝西官司揭榜招諭，復金牌之制，嚴收良茶，頗增馬直，則得馬必蕃。」及楊一清督理苑馬，遂命幷理鹽、茶。一清申舊制，禁私販，種官茶。四年間易馬九千餘匹，而茶尚積四十餘萬觔。靈州鹽池增課五萬九千，貯慶陽、固原庫，以買馬給邊。又懼後無專官，制終廢也，於正德初，請令巡茶御史兼理馬政，行太僕、苑馬寺官聽其提調，報可。御史翟唐歲收茶七十八萬餘觔，易馬九千有奇。後法復弛。嘉靖初，戶部請揭榜禁私茶，凡引俱南戶部印發，府州縣不得擅印。三十年詔給番族勘合，然初制訖不能復矣。

馬市者，始永樂間。遼東設市三，二在開原，一在廣寧，各去城四十里。成化中，巡撫陳鉞復奏行之。後至萬曆初不廢。嘉靖中，開馬市於大同，陝邊宣鎮相繼行。隆慶五年，俺答上表稱貢。總督王崇古市馬七千餘匹，爲價九萬六千有奇。其價，遼東以米布絹，宣、大、山西以銀。市易外有貢馬者，以鈔幣加賜之。

初，太祖起江左，所急惟馬，屢遣使市於四方。正元壽節，內外藩封將帥皆以馬爲幣。外國、土司、番部以時入貢，朝廷每厚加賜予，所以招攜懷柔者備至。文帝勤遠略，遣使絕域，外國來朝者甚衆，然所急者不在馬。自後狃於承平，駕馭之權失，馬無外增，惟恃孳生歲課。重以官吏侵漁，牧政荒廢，軍民交困矣。蓋明自宣德以後，祖制漸廢，軍旅特甚，而馬政其一云。

校勘記

〔一〕步兵必善弓弩槍　「槍」字下原有「步」字，衍，據明史稿志七〇兵志、太祖實錄卷七八洪武六年正月戊午條刪。

〔二〕遠可到蹶張八十步划車一百五十步近可中蹶張四十步　原脫「划車一百五十步」以下十五字，

據太祖實錄卷七八洪武六年正月戊午條、嵇璜續文獻通考卷一三〇補。

〔三〕以五千人爲率取五之一　取五之一，原作「取其一」，據明史稿志七〇兵志改。太祖實錄卷七八洪武六年正月戊午條作「內取一千人」，也卽取五之一。

〔四〕將領各以其能受賞否則罰　原脫「罰」字。太祖實錄卷七八洪武六年正月戊午條有「不中者降罰」，據補。

〔五〕三日練耳目　原脫「目」字，據練兵實紀卷三補。

〔六〕七人番代　嵇璜續文獻通考卷一三二作「七人放銃番代」。

〔七〕永樂初設太僕寺於北京　設太僕寺於北京，當從本書卷七四職官志、太宗實錄卷一六永樂元年二月庚戌條作「改北平行太僕寺爲北京行太僕寺」。職官志又稱「十八年定都北京，遂以行太僕寺爲太僕寺」，是「設太僕寺於北京」，非永樂初事。

明史卷九十三

志第六十九

刑法一

自漢以來，刑法沿革不一。隋更五刑之條，設三奏之令。唐撰律令，一準乎禮以爲出入。宋採用之，而所重者敕，律所不載者，則聽之於敕。故時輕時重，無一是之歸。元制，取所行一時之例爲條格而已。明初，丞相李善長等言：「歷代之律，皆以漢九章爲宗，至唐始集其成。今制宜遵唐舊。」太祖從其言。

始，太祖懲元縱弛之後，刑用重典，然特取決一時，非以爲則。後屢詔釐正，至三十年始申畫一之制，所以斟酌損益之者，至纖至悉，令子孫守之。羣臣有稍議更改，即坐以變亂祖制之罪。而後乃滋弊者，由於人不知律，妄意律舉大綱，不足以盡情僞之變，於是因律起例，因例生例，例愈紛而弊愈無窮。初詔內外風憲官，以講讀律令一條，考校有司。其不能曉晰者，罰有差。庶幾人知律意。因循日久，視爲具文。由此奸吏骫法，任意輕重。至如律有取自上裁、臨時處治者，因罪在八議不得擅自勾問、與一切疑獄罪名難定、及律無正文者設，非謂朝廷可任情生殺之也。英、憲以後，欽恤之意微，偵伺之風熾。巨惡大憝，案如山積，而旨從中下，縱之不問；或本無死理，而片紙付詔獄，爲禍尤烈。故綜明代刑法大略，而以廠衞終之。廠璽姓名，傳不備載，列之於此，使有所考焉。

明太祖平武昌，卽議律令。吳元年冬十月命左丞相李善長爲律令總裁官，參知政事楊憲、傅瓛，御史中丞劉基，翰林學士陶安等二十人爲議律官，諭之曰：「法貴簡當，使人易曉。若條緒繁多，或一事兩端，可輕可重，吏得因緣爲奸，非法意也。夫網密則水無大魚，法密則國無全民。卿等悉心參究，日具刑名條目以上，吾親酌議焉。」每御西樓，召諸臣賜坐，從容講論律義。十二月，書成，凡爲令一百四十五條，律二百八十五條。又恐小民不能周知，命大理卿周楨等取所定律令，自禮樂、制度、錢糧、選法之外，凡民間所行事宜，類聚成編，訓釋其義，頒之郡縣，名曰律令直解。太祖覽其書而喜曰：「吾民可以寡過矣。」

洪武元年又命儒臣四人，同刑官講唐律，日進二十條。五年定宦官禁令及親屬相容隱律，六年夏刊律令憲綱，頒之諸司。其冬，詔刑部尚書劉惟謙詳定大明律。每奏一篇，命揭兩廡，親加裁酌。及成，翰林學士宋濂爲表以進，曰：「臣以洪武六年冬十一月受詔，〔一〕明年二月書成。篇目一準於唐：曰衞禁，曰職制，曰戶婚，曰廄庫，曰擅興，曰賊盜，曰鬭訟，曰詐僞，曰雜律，曰捕亡，曰斷獄，曰名例。採用舊律二百八十八條，續律百二十八條，舊令改律三十六條，因事制律三十一條，掇唐律以補遺百二十三條，合六百有六條，分爲三十卷。或損或益，或仍其舊，務合輕重之宜。」九年，太祖覽律條猶有未當者，命丞相胡惟庸、御史大夫汪廣洋等詳議釐正十有三條。十六年命尚書開濟定詐僞律條。二十二年，刑部言：「比年條例增損不一，以致斷獄失當。請編類頒行，俾中外知所遵守。」遂命翰林院同刑部官，取比年所增者，以類附入。改名例律冠於篇首。

爲卷凡三十，爲條四百有六十。名例一卷，四十七條。吏律二卷，曰職制十五條，曰公式十八條。戶律七卷，曰戶役十五條，曰田宅十一條，曰婚姻十八條，曰倉庫二十四條，曰課程十九條，曰錢債三條，曰市廛五條。禮律二卷，曰祭祀六條，曰儀制二十條。兵律五卷，曰宮衞十九條，曰軍政二十條，曰關津七條，曰廄牧十一條，曰郵驛十八條。刑律十一卷，曰盜賊二十八條，曰人命二十條，曰鬭毆二十二條，曰罵詈八條，曰訴訟十二條，曰受贓十一條，曰詐僞十二條，曰犯姦十條，曰雜犯十一條，曰捕亡八條，曰斷獄二十九條。工律二卷，曰營造九條，曰河防四條。

爲五刑之圖凡二。首圖五：曰笞，曰杖，曰徒，曰流，曰死。笞刑五，自一十至五十，每十爲一等加減。杖刑五，自六十至一百，每十爲一等加減。徒刑五，徒一年杖六十，一年半杖七十，二年杖八十，二年半杖九十，三年杖一百，每杖十及徒半年爲一等加減。流刑三，二千里，二千五百里，三千里，皆杖一百，每五百里爲一等加減。死刑二，絞、斬。五刑之外，徒有總徒四年，遇例減一年者。有准徒五年，斬、絞、雜犯減等者。流有安置，有遷徙，去鄉一千里，杖一百，准徒二年。有口外爲民，其重者曰充軍。充軍者，明初唯邊方屯種。後定制，分極邊、烟瘴、邊遠、邊衞、沿海、附近。軍有終身，有永遠。二死之外，有凌遲，以處大逆不道諸罪者。充軍、凌遲，非五刑之正，故圖不列。凡徒流再犯者，流者於原配處所，依工、樂戶留住法。三流並決杖一百，拘役三年。拘役者，流人初止安置，今加以居作，卽唐、宋所謂加役流也。徒者於原役之所，依所犯杖數年限決訖，應役無得過四年。

次圖七：曰笞，曰杖，曰訊杖，曰枷，曰杻，曰索，曰鐐。笞，大頭徑二分七釐，小頭減一分。杖，大頭徑三分二釐，小頭減如笞之數。笞、杖皆以荊條爲之，皆臀受。訊杖，大頭徑四分五釐，小頭減如笞杖之數，以荊條爲之，臀腿受。笞、杖、訊，皆長三尺五寸，用官降式較勘，毋以筋膠諸物裝釘。枷，自十五斤至二十五斤止，刻其上爲長短輕重之數。長五尺五寸，頭廣尺五寸，杻長尺六寸，厚一寸。男子死罪者用之。索，鐵爲之，以繫輕罪者，其長一丈。鐐，鐵連環之，以縶足，徒者帶以輸作，重三斤。

又爲喪服之圖凡八：族親有犯，視服等差定刑之輕重。其因禮以起義者，養母、繼母、慈母皆服三年。毆殺之，與毆殺嫡母同罪。兄弟妻皆服小功。互爲容隱者，罪得遞減。舅姑之服皆斬衰三年，毆殺罵詈之者，與夫毆殺罵詈之律同。姨之子、舅之子、姑之子皆緦麻，是曰表兄弟，不得相爲婚姻。

大惡有十：曰謀反，曰謀大逆，曰謀叛，曰惡逆，曰不道，曰大不敬，曰不孝，曰不睦，曰不義，曰內亂。雖常赦不原。貪墨之贓有六：曰監守盜，曰常人盜，曰竊盜，曰枉法，曰不枉法，曰坐贓。當議者有八：曰議親，曰議故，曰議功，曰議賢，曰議能，曰議勤，曰議貴，曰議賓。

太祖諭太孫曰：「此書首列二刑圖，次列八禮圖者，重禮也。顧愚民無知，若於本條下即註寬恤之令，必易而犯法，故以廣大好生之意，總列名例律中。善用法者，會其意可也。」太孫請更定五條以上，太祖覽而善之。太孫又請曰：「明刑所以弼教，凡與五倫相涉者，宜皆屈法以伸情。」乃命改定七十三條，復諭之曰：「吾治亂世，刑不得不重。汝治平世，刑自當輕，所謂刑罰世輕世重也。」二十五年，刑部言，律條與條例不同者宜更定。太祖以條例特一時權宜，定律不可改，不從。

三十年作大明律誥成。御午門，諭羣臣曰：「朕倣古爲治，明禮以導民，定律以繩頑，刊著爲令。行之既久，犯者猶衆，故作大誥以示民，使知趨吉避凶之道。古人謂刑爲祥刑，豈非欲民並生於天地間哉。然法在有司，民不周知，故命刑官取大誥條目，撮其要略，附載於律。凡榜文禁例悉除之，除謀逆及律誥該載外，其雜犯大小之罪，悉依贖罪例論斷，編次成書，刊布中外，令天下知所遵守。」

大誥者，太祖患民狃元習，徇私滅公，戾日滋。十八年采輯官民過犯，條爲大誥。其目十條：曰攬納戶，曰安保過付，曰詭寄田糧，曰民人經該不解物，曰灑派拋荒田土，曰倚法爲奸，曰空引偷軍，曰黥刺在逃，曰官吏長解賣囚，曰寰中士夫不爲君用。其罪至抄劄。次年復爲續編、三編，皆頒學宮以課士，里置塾師敎之。囚有大誥者，罪減等。於時，天下有講讀大誥師生來朝者十九萬餘人，並賜鈔遣還。自律誥出，而大誥所載諸峻令未嘗輕用。其後罪人率援大誥以減等，亦不復論其有無矣。

蓋太祖之於律令也，草創於吳元年，更定於洪武六年，整齊於二十二年，至三十年始頒示天下。日久而慮精，一代法始定。中外決獄，一準三十年所頒。其洪武元年之令，有律不載而具於令者，法司得援以爲證，請於上而後行焉。凡違令者罪笞，特旨臨時決罪，不著爲律令者，不在此例。有司輒引比律，致罪有輕重者，以故入論。罪無正條，則引律比附，定擬罪名，達部議定奏聞。若輒斷決，致罪有出入者，以故失論。

大抵明律視唐簡覈，而寬厚不如宋。至其惻隱之意，散見於各條，可舉一以推也。如罪應加者，必贓滿數乃坐。如監守自盜，贓至四十貫絞。若止三十九貫九十九文，欠一文不坐也。加極於流三千里，以次增重，終不得至死。而減至流者，自死而之生，無絞斬之別。卽唐律稱加就重條。稱日者以百刻，稱年者以三百六十日。如人命辜限及各文書違限，雖稍不及一時刻，仍不得以所限之年月科罪，卽唐例稱日以百刻條。未老疾犯罪，而事發於老疾，以老疾論；幼小犯罪，而事發於長大，以幼小論。卽唐律老小廢疾條。犯死罪，非常赦所不原，而祖父母、父母老無養者，得奏聞取上裁。犯徒流者，餘罪得收贖，存留養親。卽唐律罪非十惡條。功臣及五品以上官禁獄者，許令親人入侍，徒流者並聽隨行，違者罪杖。同居親屬有罪，得互相容隱。卽唐律同居相容隱條。奴婢不得首主。凡告人者，告人祖父不得指其子孫爲證，弟不證兄，妻不證夫，奴婢不證主。文職責在奉法，犯杖則不敍。軍官至徒流，以世功猶得擢用。凡若此類，或間採唐律，或更立新制，所謂原父子之親，立君臣之義以權之者也。

建文帝卽位，諭刑官曰：「大明律，皇祖所親定，命朕細閱，較前代往往加重。蓋刑亂國之典，非百世通行之道也。朕前所改定，皇祖已命施行。然罪可矜疑者，尚不止此。夫律設大法，禮順人情，齊民以刑，不若以禮。其諭天下有司，務崇禮教，赦疑獄，稱朕嘉與萬方之意。」成祖詔法司問囚，一依大明律擬議，毋妄引榜文條例爲深文。永樂元年定誣告法。成化元年又令讞囚者一依正律，盡革所有條例。十五年，南直隸巡撫王恕言：「大明律後，有會定見行律百有八條，不知所起。如兵律多支廩給，刑律罵制使及罵本管長官條，皆輕重失倫。流傳四方，有誤官守。乞追板焚燬。」命卽焚之，有依此律出入人罪者，以故論。十八年定挾詐得財罪例。〔三〕

弘治中，去定律時已百年，用法者日弛。五年，刑部尚書彭韶等以鴻臚少卿李鐩請，刪定問刑條例。至十三年，刑官復上言：「洪武末，定大明律，後又申明大誥，有罪減等，累朝遵用。其法外遺姦，列聖因時推廣之而有例，例以輔律，非以破律也。乃中外巧法吏或借便己私，律浸格不用。」於是下尚書白昂等會九卿議，增歷年問刑條例經久可行者二百九十七條。帝摘其中六事，令再議以聞。九卿執奏，乃不果改。然自是以後，律例並行，而網亦少密。王府禁例六條，諸王無故出城有罰，其法尤嚴。嘉靖七年，保定巡撫王應鵬言：「正德間，新增問刑條例四十四款，深中情法，皆宜編入。」不從。惟詔僞造印信及竊盜三犯者不得用可矜例。刑部尚書胡世寧又請編斷獄新例，亦命止依律文及弘治十三年所欽定者。至二十八年，刑部尚書喻茂堅言：「自弘治間定例，垂五十年。乞敕臣等會同三法司，申明問刑條例及嘉靖元年後欽定事例，永爲遵守。弘治十三年以後、嘉靖元年以前事例，雖奉詔革除，顧有因事條陳，擬議精當可採者，亦宜詳檢。若官司妄引條例，故入人罪者，當議黜罰。」會茂堅去官，詔尚書顧應祥等定議，增至二百四十九條。三十四年又因尚書何鼇言，增入九事。萬曆時，給事中烏昇請續增條例。至十三年，刑部尚書舒化等乃輯嘉靖三十四年以後詔令及宗藩軍政條例、捕盜條格、漕運議單與刑名相關者，律爲正文，例爲附註，共三百八十二條，刪世宗時苛令特多。崇禎十四年，刑部尚書劉澤深復請議定問刑條例。帝以律應恪遵，例有上下，事同而二三其例者，刪定畫一爲是。然時方急法，百司救過不暇，議未及行。

太祖之定律文也，歷代相承，無敢輕改。其一時變通，或由詔令，或發於廷臣奏議，有關治體，言獲施行者，不可以無詳也。

洪武元年諭省臣：「鞫獄當平恕，古者非大逆不道，罪止及身。民有犯者，毋得連坐。」尚書夏恕嘗引漢法，請著律，反者夷三族。太祖曰：「古者，父子兄弟罪不相及，漢仍秦舊，法太重。」却其奏不行。民父以誣逮，其子訴於刑部，法司坐以越訴。太祖曰：「子訴父枉，出於至情，不可罪。」有子犯法，父賄求免者，御史欲幷論父。太祖曰：「子論死，父救之，情也，但論其子，赦其父。」十七年，左都御史詹徽奏民毆孕婦至死者，律當絞，其子乞代。大理卿鄒俊議曰：「子代父死，情可矜。然死婦係二人之命，犯人當二死之條，與其存犯法之人，孰若全無辜之子。」詔從俊議。二十年，詹徽言：「軍人有犯當杖，其人嘗兩得罪而免，宜幷論前罪，誅之。」太祖曰：「前罪既宥，復論之則不信矣。」杖而遣之。二十四年，嘉興通判龐安獲鬻私鹽者送京師，而以鹽賞獲者。戶部以其違例，罰償鹽入官，且責取罪狀。安言：「律者萬世之常法，例者一時之旨意。今欲依例而行，則於律內非應捕人給賞之言，自相違悖，失信於天下也。」太祖然其言，詔如律。

永樂二年，刑部言河間民訟其母，有司反擬母罪。詔執其子及有司罪之。三年定文職官及中外旗校軍民人等，凡犯重條，依律科斷，輕者免決，記罪。其有不應侵損於人等項及情犯重者，臨時奏請。十六年嚴犯贓官吏之禁。初，太祖重懲貪吏，詔犯贓者無貸。復敕刑部：「官吏受贓者，幷罪通賄之人，徙其家於邊。著爲令。」日久法弛，故復申飭之。二十九年，大理卿虞謙言：「誆騙之律，當杖而流，今梟首，非詔書意。」命如律擬斷。宣德二年，江西按察使黃翰言：「民間無籍之徒，好興詞訟，輒令老幼殘疾男婦誣告平人，必更議涉虛加罰乃可。」遂定老幼殘疾男婦誣告人罰鈔贖罪例。其後孝宗時，南京有犯誣告十人以上，〔三〕例發口外爲民。而年逾七十，律應收贖者，更著令，凡年七十以上、十五以下及廢疾者，依律論斷。例應充軍瞭哨、口外爲民者，仍依律發遣。若年八十以上及篤疾有犯應永戍者，以子孫發遣，應充軍以下者免之。

初制，凡官吏人等犯枉法贓者，不分南北，俱發北方邊衞充軍。正統五年，行在三法司言：「洪武定律時，鈔貴物賤，所以枉法贓至百二十貫者，免絞充軍。今鈔賤物貴，若以物估鈔至百二十貫枉法贓俱發充軍，輕重失倫矣。今後文職官吏人等，受枉法贓比律該絞者，估鈔八百貫之上，俱發北方邊衞充軍。其受贓不及前數者，視見行例發落。」從之。八年，大理寺言：「律載竊盜初犯刺右臂，再犯刺左臂，三犯絞。今竊盜遇赦再犯者，咸坐以初犯，或仍刺右臂，或不刺。請定爲例。」章下三法司議，刺右遇赦再犯者刺左，刺左遇赦又犯者不刺，立案。赦後三犯者絞。帝曰：「竊盜已刺，遇赦再犯者依常例擬，不論赦，仍通具前後所犯以聞。」後憲宗時，都御史李秉援舊例奏革。既而南京盜王阿童五犯皆遇赦免。帝聞之，詔仍以赦前後三犯爲令。至神宗時，復議奏請改遣云。十二年以知縣陳敏政言，民以後妻所攜前夫之女爲子婦，及以所攜前夫之子爲壻者，並依同父異母姊妹律，減等科斷。成化元年，遼東巡撫滕照言：「大明律乃一代定法，而決斷武臣，獨舍律用例，武臣益縱蕩不檢。請一切用律。」詔從之。武臣被黜降者，騰口謗訕，有司畏事，復奏革其令。十九年定竊盜三犯罪例。法司以「南京有三犯竊盜，計贓滿百貫者犯，當絞斬。罪雖雜犯，其情頗重。三

犯前罪，卽累惡不悛之人，難准常例。其不滿貫犯，徒流以下罪者，雖至三犯，原情實輕，宜特依常例治之。」議上，報允。〔四〕

弘治六年，太常少卿李東陽言：「五刑最輕者笞杖，然杖有分寸，數有多寡。今在外諸司，笞杖之罪往往致死。縱令事覺，不過以因公還職。以極輕之刑，置之不可復生之地，多者數十，甚者數百，積骸滿獄，流血塗地，可爲傷心。律故勘平人者抵命，刑具非法者除名，偶不出此，便謂之公。一以公名，雖多無害。此則情重而律輕者，不可以不議也。請凡考訊輕罪卽時致死，累一十或三十人以上，本律外，仍議行降調，或病死不實者，幷治其醫。」乃下所司議處。

嘉靖十五年，時有以手足毆人傷重，延至辜限外死者，部擬鬬毆殺人論絞。大理寺執嘉靖四年例，謂當以毆傷論笞。部臣言：「律定辜限，而問刑條例又謂鬬毆殺人、情實事實者，雖延至限外，仍擬死罪，奏請定奪。臣部擬上，每奉宸斷多發充軍，蓋雖不執前科，亦僅末減之耳。毆傷情實至限外死，卽以笞斷，是乃僥倖兇人也。且如以兇器傷人，雖平復，例亦充軍，豈有實毆人致死，偶死限外，遂不當一兇器傷人之罪乎？矧四年例已報罷，請諭中外仍如條例便。」詔如部議。自後有犯辜限外人命者，俱遵律例議擬，奏請定奪。

隆慶三年，大理少卿王諍言：〔五〕「問刑官每違背律例，獨任意見。如律文所謂『凡奉制書，有所施行而違者杖一百』，本指制誥而言。今則操軍違限，守備官軍不入直，開場賭博，槪用此例。律文犯姦條下，所謂『買休、賣休、和娶人妻者』，本指用財買求其妻，又使之休賣其妻，而因以娶之者言也。故律應離異歸宗，財禮入官。至若夫婦不合者，律應離異；婦人犯姦者，律從嫁賣；則後夫憑媒用財娶以爲妻者，原非姦情，律所不禁。今則槪引買休、賣休、和娶之律矣。所謂『不應得爲而爲者，笞四十，重者杖八十』。蓋謂律文該載不盡者，方用此律也。若所犯明有正條，自當依本條科斷。今所犯毆人成傷，罪宜笞，而議罪者則曰『除毆人成傷，律輕不坐外，合依不應得爲而爲之事理，重者律杖八十』。夫旣除毆人輕罪不坐，則無罪可坐矣。而又坐以『不應得爲』。臣誠不知其所謂。」刑部尙書毛愷力爭之。廷臣皆是諍議。得旨：「買休、賣休，本屬姦條，今後有犯，非係姦情者，不得引用。他如故。」

萬曆中，左都御史吳時來申明律例六條：

一、律稱庶人之家不許存養奴婢。蓋謂功臣家方給賞奴婢，庶民當自服勤勞，故不得存養。有犯者皆稱傭工人，初未言及縉紳之家也。縉紳之家，存養奴婢，勢所不免。合令法司酌議，無論官民之家，立券用值，工作有年限者，以傭工人論；受值微少、工作計日月者，以凡人論。若財買十五以下、恩養日久、十六以上、配有室家者，視同子孫論。或恩養未久、不曾配合者，庶人之家，仍以傭工人論；縉紳之家，視奴婢律論。

一、律稱僞造諸衙門印信者斬。惟銅鐵私鑄者，故斬。若篆文雖印，形質非印者，不可謂之僞造，故例又立描摸充軍之條。以後僞造印信人犯，如係木石泥蠟之類，止引描摸之例，若再犯擬斬。僞造行使止一次、而贓不滿徒者，亦准竊盜論。如再犯引例，三犯引律。

一、律稱竊盜三犯者絞，以曾經刺字爲坐。但贓有多寡，卽擬有輕重。以後凡遇竊盜，三犯俱在赦前、俱在赦後者，依律論絞。或赦前後所犯并計三次者，皆得奏請定奪。錄官附入矜疑辨問疏內，并與改遣。

一、强盜肆行劫殺，按贓擬辟，決不待時。但其中豈無羅織讐扳，妄收抵罪者，以後務加參詳。或贓證未明，遽難懸斷者，俱擬秋後斬。

一、律稱同謀共毆人，以致命傷重，下手者論絞，原謀餘人各得其罪。其有兩三人共毆一人，各成重傷，難定下手及係造謀主令之人，遇有在監禁斃者，卽以論抵。今恤刑官遇有在家病故，且在數年之後者，卽將見監下手之人擬從矜宥。是以病亡之軀，而抵毆死之命，殊屬縱濫。以後毋得一概准抵。

一、在京惡逆與强盜眞犯，雖停刑之年，亦不時處決。乃兇惡至於殺父，卽時凌遲，猶有餘憾。而在外此類反得遷延歲月，以故事當類奏，無單奏例耳。夫單奏，急詞也；類奏，緩詞也。如此獄在外數年，使其瘐死，將何以快神人之憤哉！今後在外，凡有此者，御史單詳到院，院寺單奏，決單一到，即時處決。其死者下府州縣戮其屍。庶典刑得正。

旨下部寺酌議，俱從之。惟僞造印文者，不問何物成造，皆斬。報可。

贖刑本虞書，呂刑有大辟之贖，後世皆重言之。至宋時，尤慎贖罪，非八議者不得與。明律頗嚴，凡朝廷有所矜恤、限於律而不得伸者，一寓之於贖例，所以濟法之太重也。又國家得時藉其入，以佐緩急。而實邊、足儲、振荒、宮府頒給諸大費，往往取給於贓贖二者。故贖法比歷代特詳。凡贖法有二，有律得收贖者，有例得納贖者。律贖無敢損益，而納贖之例則因時權宜，先後互異，其端實開於太祖云。

律凡文武官以公事犯笞罪者，官照等收贖錢，吏每季類決之，各還職役，不附過。杖以上記所犯罪名，每歲類送吏、兵二部，候九年滿考，通記所犯次數，黜陟之。吏典亦備銓選降敍。至於私罪，其文官及吏典犯笞四十以下者，附過還職而不贖，笞五十者調用。軍官杖以上皆的決。文官及吏杖罪，並罷職不敍，至嚴也。然自洪武中年已三下令，准贖及雜犯死罪以下矣。三十年命部院議定贖罪事例：凡內外官吏，犯笞杖者記過，徒流遷徙者俸贖之，三犯罪之如律。自是律與例互有異同。及頒行大明律御製序：「雜犯死罪、徒流、遷徙等刑，悉視今定贖罪條例科斷。」於是例遂輔律而行。

仁宗初即位，諭都察院言：「輸罰工作之令行，有財者悉倖免，宜一論如律。」久之，其法復弛。正統間，侍講劉球言：「輸罪非古，自公罪許贖外，宜悉依律。」時不能從。其後循太祖之例，益推廣之。凡官吏公私雜犯准徒以下，俱聽運炭納米等項贖罪。其軍官軍人照例免徒流者，例贖亦如之矣。

贖罪之法，明初嘗納銅，成化間嘗納馬，後皆不行，不具載。惟納鈔、納錢、納銀常並行焉，而以初制納鈔爲本。故律贖者曰收贖律鈔，納贖者曰贖罪例鈔。永樂十一年令，除公罪依例紀錄收贖，及死罪情重者依律處治。其情輕者，斬罪八千貫，絞罪及榜例死罪六千貫，流徒杖笞納鈔有差。無力者發天壽山種樹。宣德二年定，笞杖罪囚，每十贖鈔二十貫。徒流罪名，每徒一等折杖二十，三流並折杖百四十。其所罰鈔，悉如笞杖所定。無力者發天壽山種樹：死罪終身；徒流各按年限；杖，五百株；笞，一百株。景泰元年令問擬笞杖罪囚，有力者納鈔。笞十，二百貫，每十以二百貫遞加，至笞五十爲千貫。杖六十，千八百貫，每十以三百貫遞加，至杖百爲三千貫。其官吏贓物，亦視今例折鈔。天順五年令罪囚納鈔：每笞十，鈔二百貫，餘四笞，遞加百五十貫；至杖六十，增爲千四百五十貫，餘杖各遞加二百貫。成化二年令婦人犯法贖罪。

弘治十四年定折收銀錢之制。例難的決人犯，并婦人有力者，每杖百，應鈔二千二百五十貫，折銀一兩；每十以二百貫遞減，至杖六十爲銀六錢；笞五十，應減爲鈔八百貫，〔六〕折銀五錢，每十以百五十貫遞減；至笞二十爲銀二錢；笞十應鈔二百貫，折銀一錢。如收銅錢，每銀一兩折七百文。其依律贖鈔，除過失殺人外，亦視此數折收。

正德二年定錢鈔兼收之制。如杖一百，應鈔二千二百五十貫者，收鈔千一百二十五貫，錢三百五十文。嘉靖七年，巡撫湖廣都御史朱廷聲言：「收贖與贖罪有異，在京與在外不同，鈔貫止聚於都下，錢法不行於南方。故事，審有力及命婦、軍職正妻，及例難的決者，有贖罪例鈔；老幼廢疾及婦人餘罪，有收贖律鈔。贖罪例鈔，錢鈔兼收，如笞一十，收鈔百貫，收錢三十五文，其鈔二百貫，折銀一錢。杖一百，收鈔千一百二十五貫，收錢三百五十文，其鈔二千二百五十貫，折銀一兩。今收贖律鈔，笞一十，止贖六百文，比例鈔折銀不及一釐；杖一百，贖鈔六貫，折銀不及一分，似爲太輕。蓋律鈔與例鈔，貫既不同，則折銀亦當有異。請更定爲則，凡收贖者，每鈔一貫，折銀一分二釐五毫。如笞一十，贖鈔六百文，則折銀七釐五毫，以罪重輕遞加折收贖。」帝從其奏，令中外問刑諸司，皆以此例從事。

是時重修條例，奏定贖例。在京則做工、每笞一十，做工一月，折銀三錢。至徒五年，折銀十八兩。運囚糧、每笞一十，米五斗，折銀二錢五分。至徒五年，五十石，折銀二十五兩。運灰、每笞一十，一千二百斤，折銀一兩二錢六分。至徒五年，六萬斤，折銀六十三兩。運甎、每笞一十，七十箇，折銀九錢一分。至徒五年，三千箇，折銀三十九兩。運水和炭五等。每笞一十，二百斤，折銀四錢。至徒五年，八千五百斤，折銀十七兩。運灰最重，運炭最輕。在外則有力、稍有力二等。初有頗有力、次有力等，因御史言而革。其有力，視在京運囚糧，每米五斗，納穀一石。初折銀上庫，後折穀上倉。稍有力，視在京做工年月爲折贖。婦人審有力，與命婦、軍職正妻，及例難的決之人，贖罪應錢鈔兼收者，笞、杖每一十，折收銀一錢。其老幼廢疾婦人及天文生餘罪收贖者，每笞一十應鈔六百文，折收銀七釐五毫。於是輕重適均，天下便之。至萬曆十三年，復申明焉，遂爲定制。

凡律贖，若天文生習業已成、能專其事、犯徒及流者，決杖一百，餘罪收贖。婦人犯徒流者，決杖一百，餘罪收贖。

如杖六十，徒一年，全贖鈔應十二貫，除決杖准訖六貫，餘鈔六貫，折銀七分五釐，餘倣此。其決杖一百，審有力又納例鈔二千二百五十貫，應收錢三百五十文，鈔一千一百二十五貫。

凡年七十以上十五以下及廢疾犯流以下，收贖；八十以上十歲以下及篤疾、盜及傷人者，亦收贖。凡犯罪時未老疾，事發時老疾者，依老疾論，犯罪時幼小，事發時長大者，依幼小論，並得收贖。

如六十九以下犯罪，年七十事發，或無疾時犯罪，廢疾後事發，得依老疾收贖。他或七十九以下 犯死罪，八十事發，或廢疾時犯罪，篤疾時事發，得入上請。八十九犯死罪，九十事發，得勿論，不在收贖之例。

若在徒年限內老疾，亦如之。

如犯杖六十，徒一年，一月之後老疾，合計全贖鈔十二貫。除已杖六十，准三貫六百文，剩徒一年，應八貫四百文計算。每徒一月，贖鈔七百文，已役一月，准贖七百文外，未贖十一月，應收贖七貫七百文。餘倣此。

老幼廢疾收贖，惟雜犯五年仍科之。蓋在明初，即眞犯死罪，不可以徒論也。

其誣告例，告二事以上，輕實重虛，或告一事，誣輕爲重者，已論決全抵剩罪，未論決笞杖收贖，徒流杖一百，餘罪亦聽收贖。

如告人笞三十，內止一十實已決，全抵，剩二十之罪未決，收贖一貫二百文。

如告人杖六十，內止二十實已決，全抵，剩四十之罪未決，收贖二貫四百文。

如告人杖六十，徒一年，內止杖五十實已決，全抵，剩杖一十、徒一年之罪未決，徒一年，折杖六十，併杖共七十，收贖四貫二百文。

如告人杖一百，流二千里，內止杖六十、徒一年實已決，以總徒四年論，全抵，剩杖四十、徒三年之罪未決，以連徒折杖流加一等論，共計杖二百二十，除告實杖六十、徒一年，折杖六十，剩杖一百，贖鈔六貫。若計剩罪，過杖一百以上，須決杖一百訖，餘罪方聽收贖。

又過失傷人，准鬬毆傷人罪，依律收贖。至死者，准雜犯斬絞收贖，鈔四十二貫。內鈔八分，應三十三貫六百文，銅錢二分，應八千四百文，給付其家。已徒五年，再犯徒收贖。鈔三十六貫。若犯徒流，存留養親者，止杖一百，餘罪收贖。其法實杖一百，不准折贖，然後計徒流年限，一視老幼例贖之。此律自英宗時詔有司行之，後爲制。天文生、婦女犯徒流，決杖一百，餘罪收贖者，雖罪止杖六十，徒一年，亦決杖一百，律所謂應加杖者是也。皆先依本律議，其所犯徒流之罪，以誥減之。至臨決時，某係天文生，某係婦人，依律決杖一百，餘收贖。所決之杖並須一百者，包五徒之數也。然與誣告收贖剩杖不同，蓋收贖餘徒者決杖，而贖徒收贖剩杖者，折流歸徒，折徒歸杖，而照數收贖之，其法各別也。其婦人犯徒流，成化八年定例，除姦盜不孝與樂婦外，若審有力幷決杖，亦得以納鈔贖罪。例每杖十，折銀一錢爲率，至杖一百，折銀一兩止。凡律所謂收贖者，贖餘罪也。其例得贖罪者，贖決杖一百也。徒、杖兩項分科之，除婦人，餘囚徒流皆杖決不贖。惟弘治十三年，許樂戶徒杖笞罪，亦不的決，此律鈔之大凡也。

例鈔自嘉靖二十九年定例。凡軍民諸色人役及舍餘審有力者，與文武官吏、監生、生員、冠帶官、知印、承差、陰陽生、醫生、老人、舍人，不分笞、杖、徒、流、雜犯死罪，俱令運灰、運炭、運甎、納米、納料等項贖罪。此上係不虧行止者。若官吏人等例應革去職役，此係行止有虧者。與軍民人等審無力者，笞、杖罪的決，徒、流、雜犯死罪各做工、擺站、哨瞭、發充儀從，情重者煎鹽炒鐵。死罪五年，流罪四年，徒按年限。其在京軍丁人等，無差占者與例難的決之人，笞杖亦令做工。時新例，犯姦盜受贓，爲行止有虧之人，概不許贖罪。唯軍官革職者，俱運炭納米等項發落，不用五刑條例的決實配之文，所以寬武夫，重責文吏也。於是在京惟行做工、運囚糧等五項，在外惟行有力、稍有力二項，法令益徑省矣。

要而論之，律鈔輕，例鈔重。然律鈔本非輕也，祖制每鈔一文，當銀一釐，所謂笞一十折鈔六百文定銀七釐五毫者，卽當時之銀六錢也。所謂杖一百折鈔六貫銀七分五釐者，卽當時之銀六兩也。以銀六錢，比例鈔折銀不及一釐，以銀一兩，比例鈔折銀不及一分，而欲以此懲犯罪者之心，宜其勢有所不行矣。特以祖宗律文不可改也，於是不得已定爲七釐五毫、七分五釐之制。而其實所定之數，猶不足以當所贖者之罪，然後例之變通生焉。

考洪武朝，官吏軍民犯罪聽贖者，大抵罰役之令居多，如發鳳陽屯種、滁州種苜蓿、代農民力役、運米輸邊贖罪之類，俱不用鈔納也。律之所載，笞若干，鈔若干文，杖若干，鈔若干貫者，垂一代之法也。然按三十年詔令，罪囚運米贖罪，死罪百石，徒流遞減，其力不及者，死罪自備米三十石，徒流十五石，俱運納甘州、威虜，就彼充軍。計其米價、脚價之費，與鈔數差不相遠，其定爲贖鈔之等第，固不輕於後來之例矣。然罪無一定，而鈔法之久，日變日輕，此定律時所不及料也。卽以永樂十一年令「斬罪情輕者，贖鈔八千貫，絞及榜例死罪六千貫」之詔言之，八千貫者，律之八千兩也；六千貫者，律之六千兩也；下至杖罪千貫，笞罪五百貫，亦一千兩、五百兩也。雖革除之際，用法特苛，豈有死罪納至八千兩，笞杖罪納至一千兩、五百兩而尚可行者，則知鈔法之弊，在永樂初年，已不啻輕十倍於洪武時矣。宣德時，申交易用銀之禁，冀通鈔法。至弘治而鈔竟不可用，遂開准鈔折銀之例。及嘉靖新定條例，俱以有力、稍有力二科贖罪：有力米五斗，准律之納鈔六百文也；稍有力工價三錢，准律之做工一月也。是則後之例鈔，纔足比於初之律鈔耳。而況老幼廢疾，諸在律贖者之銀七釐五毫，准鈔六百文，銀七分五釐，准鈔六貫。凡所謂律贖者，以比於初之律鈔，其輕重相去尤甚懸絕乎？唯運炭、運石諸罪例稍重，蓋此諸罪，初皆令親自赴役，事完寧家，原無納贖之例。其後法令益寬，聽其折納，而估算事力，亦略相當，實不爲病也。

大抵贖例有二：一罰役，一納鈔，而例復三變。罰役者，後多折工值納鈔，鈔法既壞，變爲納銀、納米。然運灰、運炭、運石、運甎、運碎甎之名尚存也。至萬曆中年，中外通行有力、稍有力二科，在京諸例，并不見施行，而法益歸一矣。所謂通變而無失於古之意者此也。初，令罪人得以力役贖罪：死罪拘役終身，徒流按年限，笞杖計日月。或修造，或屯種，或煎鹽炒鐵，滿日疏放。疏放者，引赴御橋，叩頭畢，送應天府，給引寧家。合充軍者，發付陝西司，按籍編發。後皆折納工價，惟赴橋如舊。宣德二年，御史鄭道寧言：「納米贖罪，朝廷寬典，乃軍儲倉拘係罪囚，無米輸納，自去年二月至今，死者九十六人。」刑部郎俞士吉嘗奏：「囚無米者，請追納於原籍，匠仍輸作，軍仍備操，若非軍匠，則遣還所隸州縣追之。」〔七〕詔從其奏。

初制流罪三等，視地遠近，邊衞充軍有定所。蓋降死一等，唯流與充軍爲重。然名例律稱二死三流各同爲一減。如二死遇恩赦減一等，卽流三千里；流三等以大誥減一等，皆徒五年。犯流罪者，無不減至徒罪矣。故三流常設而不用。而充軍之例爲獨重。律充軍凡四十六條，諸司職掌內二十二條，則洪武間例皆律所不載者。其嘉靖二十九年條例，充軍凡二百十三條，與萬曆十三年所定大略相同。洪武二十六年定，應充軍者，大理寺審訖，開付陝西司，本部置立文簿，註姓名、年籍、鄉貫，依南北籍編排甲爲二册，一進內府，一付該管百戶，領去充軍。如浙江，河南，山東，陝西，山西，北平，福建，直隸應天、廬州、鳳陽、淮安、揚州、蘇州、松江、常州、和州、滁州、徐州人，發雲南、四川屬衞；江西，湖廣，四川，廣東，廣西，直隸太平、寧國、池州、徽州、廣德、安慶人，發北平、大寧、遼東屬衞。有逃故，按籍勾補。其後條例有發烟瘴地面、極邊沿海諸處者，例各不同。而軍有終身，有永遠。永遠者，罰及子孫，皆以實犯死罪減等者充之。明初法嚴，縣以千數，數傳之後，以萬計矣。有丁盡戶絕，止存軍產者，或幷無軍產，戶名未除者，朝廷歲遣御史淸軍，有缺必補。每當勾丁，逮捕族屬、里長，延及他甲，雞犬爲之不寧。論者謂旣減死罪一等，而法反加於刀鋸之上，如革除所遣謫，至國亡，戍籍猶有存者，刑莫慘於此矣。嘉靖間，有請開贖軍例者。世宗曰：「律聽贖者，徒杖以下小罪耳。死罪矜疑，乃減從謫發，不可贖。」御史周時亮復請廣贖例。部議審有力者銀十兩，得贖三年以上徒一年，稍有力者半之。而贖軍之議卒罷。御史胡宗憲言：「南方之人不任兵革，其發充邊軍者，宜令納銀自贖。」部議以爲然，因擬納例以上。帝曰：「豈可預設此例，以待犯罪之人。」復不允。

萬曆二年罷歲遣淸軍御史，幷於巡按，民獲稍安。給事中徐桓言：「死罪雜犯准徒充軍者，當如其例。」給事中嚴用和請以大審可矜人犯，免其永戍。皆不許。而命法司定例：「奉特旨處發叛逆家屬子孫，止於本犯親枝內勾補，盡絕卽與開豁。若未經發遣而病故，免其勾補。其實犯死罪免死充軍者，以著伍後所生子孫替役，不許勾原籍子孫。其他充軍及發口外者，俱止終身。」崇禎十一年諭兵部：「編遣事宜，以千里爲附近，二千五百里爲邊衞，三千里外爲邊遠，其極邊烟瘴以四千里外爲率。止拘本妻，無妻則已，不許擅勾親鄰。如衰痼老疾，准發口外爲民。」十五年又諭：「欲令引例充軍者，准其贖罪。」時天下已亂，議卒不行。

明制充軍之律最嚴，犯者亦最苦。親族有科斂軍裝之費，里遞有長途押解之擾。至所充之衞，衞官必索常例。然利其逃去，可乾沒口糧，每私縱之。其後律漸弛，發解者不能十一。其發極邊者，長解輒賄兵部，持勘合至衞，虛出收管，而軍犯顧在家偃息云。

校勘記

〔一〕翰林學士宋濂爲表以進曰臣以洪武六年冬十一月受詔　臣，當作「臣惟謙」，受詔的是劉惟謙不是宋濂。明經世文編卷一頁五宋濂進大明律表作「臣惟謙」。

〔二〕十八年定挾詐得財罪例　詐，明史稿志七一刑法志作「證」。

〔三〕孝宗時南京有犯誣告十人以上　孝宗，原作「憲宗」，據孝宗實錄卷九五弘治七年十二月丙子條、續通典卷一〇八改。

〔四〕十九年定竊盜三犯罪例法司以南京有三犯竊盜計贓滿百貫者犯當絞斬至議上報允　十九年，原作「十三年」，列於弘治六年李東陽論笞杖段後，卽作弘治十三年。按此段定竊盜三犯罪例，見憲宗實錄卷二四五成化十九年十月癸未條。原文顚倒，今改正，移至成化元年記事之後，弘治六年記事之前。

〔五〕隆慶三年大理少卿王諍言　三年，原作「二年」，據穆宗實錄卷二八隆慶三年正月己巳條、國榷卷六六頁四一〇二改。

〔六〕應減爲鈔八百貫　明會典卷一七六作「應減鈔七百五十貫」。

〔七〕若非軍匠則遣還所隸州縣追之　遣，原作「追」，追，原作「遣」，據明史稿志七一刑法志改。

明史卷九十四

志第七十

刑法二

三法司曰刑部、都察院、大理寺。刑部受天下刑名，都察院糾察，大理寺駁正。太祖嘗曰：「凡有大獄，當面訊，防搆陷鍛鍊之弊。」故其時重案多親鞫，不委法司。洪武十四年命刑部聽兩造之詞，議定入奏。既奏，錄所下旨，送四輔官、諫院官、給事中覆覈無異，然後覆奏行之。有疑獄，則四輔官封駁之。踰年，四輔官罷，乃命議獄者一歸於三法司。十六年命刑部尚書開濟等，議定五六日旬時三審五覆之法。十七年建三法司於太平門外鍾山之陰，命之曰貫城。下敕言：「貫索七星如貫珠，環而成象名天牢。中虛則刑平，官無邪私，故獄無囚人；貫內空中有星或數枚者卽刑繁，刑官非其人；有星而明，爲貴人無罪而獄。今法天道置法司，爾諸司其各愼乃事，法天道行之，令貫索中虛，庶不負朕肇建之意。」又諭法司官：「布政、按察司所擬刑名，其間人命重獄，具奏轉達刑部、都察院參考，大理寺詳擬。著爲令。」

刑部有十三淸吏司，治各布政司刑名，而陵衞、王府、公侯伯府、在京諸曹及兩京州郡，亦分隸之。按察名提刑，蓋在外之法司也，參以副使、僉事，分治各府縣事。京師自笞以上罪，悉由部議。洪武初決獄，笞五十者縣決之，杖八十者州決之，一百者府決之，徒以上具獄送行省，移駁繁而賄賂行。乃命中書省御史臺詳讞，改月報爲季報，以季報之數，類爲歲報。凡府州縣輕重獄囚，依律決斷。違枉者，御史、按察司糾劾。至二十六年定制，布政司及直隸府州縣，笞杖就決；徒流、遷徙、充軍、雜犯死罪解部，審錄行下，具死囚所坐罪名上部詳議如律者，大理寺擬覆平允，監收候決。其決不待時重囚，報可，卽奏遣官往決之。情詞不明或失出入者，大理寺駁回改正，再問駁至三，改擬不當，將當該官吏奏問，謂之照駁。若亭疑讞決，而囚有番異，則改調隔別衙門問擬。二次番異不服，則具奏，會九卿鞫之，謂之圓審。至三四訊不服，而後請旨決焉。

正統四年稍更直省決遣之制，徒流就彼決遣，死罪以聞。成化五年，南大理評事張鈺言：「南京法司多用嚴刑，迫囚誣服，其被糾者亦止改正而無罪，甚非律意。」乃詔申大理寺參問刑部之制。弘治十七年，刑部主事朱瓚言：「部囚送大理，第當駁正，不當用刑。」大理卿楊守隨言：「刑具永樂間設，不可廢。」帝是其言。

會官審錄之例，定於洪武三十年。初制，有大獄必面訊。十四年命法司論囚，擬律以奏，從翰林院、給事中及春坊正字、司直郎會議平允，然後覆奏論決。至是置政平、訟理二旛，審諭罪囚。諭刑部曰：「自今論囚，惟武臣、死罪，朕親審之，餘俱以所犯奏。然後引至承天門外，命行人持訟理旛，傳旨諭之；其無罪應釋者，持政平旛，宣德意遣之。」繼令五軍都督府、六部、都察院、六科、通政司、詹事府，間及駙馬雜聽之，錄冤者以狀聞，無冤者實犯死罪以下悉論如律，諸雜犯准贖。永樂七年令大理寺官引法司囚犯赴承天門外，行人持節傳旨，會同府、部、通政司、六科等官審錄如洪武制。十七年令在外死罪重囚，悉赴京師審錄。仁宗特命內閣學士會審重囚，可疑者再問。宣德三年奏重囚，〔一〕帝令多官覆閱之，曰：「古者斷獄，必訊於三公九卿，所以合至公，重民命。卿等往同覆審，毋致枉死。」英國公張輔等還奏，訴枉者五十六人，〔二〕重命法司勘實，因切戒焉。

天順三年令每歲霜降後，三法司同公、侯、伯會審重囚，謂之朝審。歷朝遂遵行之。成化十七年命司禮太監一員會同三法司堂上官，於大理寺審錄，謂之大審。南京則命內守備行之。自此定例，每五年輒大審。初，成祖定熱審之例，英宗特行朝審，至是復有大審，所矜疑放遣，嘗倍於熱審時。內閣之與審也，自憲宗罷，至隆慶元年，高拱復行之。故事，朝審吏部尚書秉筆，時珙適兼吏部故也。至萬曆二十六年朝審，吏部尚書缺，以戶部尚書楊俊民主之。三十二年復缺，以戶部尚書趙世卿主之。崇禎十五年命首輔周延儒同三法司清理淹獄，蓋出於特旨云。大審，自萬曆二十九年曠不舉，四十四年乃行之。

熱審始永樂二年，止決遣輕罪，命出獄聽候而已。尋幷寬及徒流以下。宣德二年五、六、七月，連諭三法司錄上繫囚罪狀，凡決遣二千八百餘人。〔三〕七年二月親閱法司所進繫囚罪狀，決遣千餘人，減等輸納，春審自此始。六月，又以炎暑，命自實犯死罪外，悉早發遣，且馳諭中外刑獄悉如之。成化時，熱審始有重罪矜疑、輕罪減等、枷號疏放諸例。正德元年，掌大理寺工部尚書楊守隨言：「每歲熱審事例，行於北京而不行於南京。五年一審錄事例，行於在京，而略於在外。今宜通行南京，凡審囚三法司皆會審，其在外審錄，亦依此例。」詔可。嘉靖十年，令每年熱審幷五年審錄之期，雜犯死罪、准徒五年者，皆減一年。二十三年，刑科羅崇奎言：「五、六月間，笞罪應釋放、徒罪應減等者，亦宜如成化時欽恤枷號例，暫與蠲免，至六月終止。南法司亦如之。」報可。隆慶五年令贓銀止十兩以上、監久產絕、或身故者，熱審免追，釋其家屬。萬曆三十九年，方大暑省刑，而熱審矜疑疏未下。刑部侍郎沈應文以獄囚久滯，乞暫豁矜疑者。未報。明日，法司盡按囚籍軍徒杖罪未結者五十三人，發大興、宛平二縣監候，乃以疏聞。神宗亦不罪也。舊例，每年熱審自小滿後十餘日，司禮監傳旨下刑部，即會同都察院、錦衣衞題請，通行南京法司，一體審擬具奏。京師自命下之日至六月終止。南京自部移至日爲始，亦滿兩月而止。四十四年不舉行。明年，又逾兩月，命未下，會暑雨，獄中多疫。言官以熱審愆期、朝審不行、詔獄理刑無人三事交章上請。又請釋楚宗英㷿、蘊鈁等五十餘人，罣誤知縣滿朝薦，同知王邦才、卞孔時等。皆不報。崇禎十五年四月亢旱，下詔清獄。中允黃道周言：「中外齋宿爲百姓請命，而五日之內繫兩尙書，不聞有抗疏爭者，尙足回天意乎？」兩尙書謂李日宣、陳新甲也。帝方重怒二人，不能從。

歷朝無寒審之制，崇禎十年，以代州知州郭正中疏及寒審，命所司求故事。尙書鄭三俊乃引數事以奏，言：「謹按洪武二十三年十二月癸未，太祖諭刑部尙書楊靖，『自今惟犯十惡幷殺人者論死，餘死罪皆令輸粟北邊以自贖』。永樂四年十一月，法司進月繫囚數，凡數百人，大辟僅十之一。成祖諭呂震曰：『此等旣非死罪，而久繫不決，天氣沍寒，必有聽其冤死者。』凡雜犯死罪下約二百，悉准贖發遣。九年十一月，刑科曹潤等言：『昔以天寒，審釋輕囚。今囚或淹一年以上，且一月間瘐死者九百三十餘人，獄吏之毒所不忍言。』成祖召法司切責，遂詔：『徒流以下三日內決放，重罪當繫者恤之，無令死於饑寒。』十二年十一月復令以疑獄名上，親閱之。宣德四年十月，以皇太子千秋節，減雜犯死罪以下，宥笞杖及枷鐐者。嗣後，世宗、神宗或以災異修刑，或以覃恩布德。寒審雖無近例，而先朝寬大，皆所宜取法者。」奏上，帝納其言。然永樂十一年十月遣副都御史李慶齎璽書，命皇太子錄南京囚，贖雜犯死罪以下。宣德四年冬，以天氣沍寒，敕南北刑官悉錄繫囚以聞，不分輕重。因謂夏原吉等曰：「堯、舜之世，民不犯法，成、康之時，刑措不用，皆君臣同德所致。朕德薄，卿等其勉力匡扶，庶無愧古人。」此寒審最著者，三俊亦不暇詳也。

在外恤刑會審之例，定於成化時。初，太祖患刑獄壅蔽，分遣御史林愿、石恆等治各道囚，而敕諭之。宣宗夜讀周官立政：「式敬爾由獄，以長我王國。」慨然興歎，以爲立國基命在於此。乃敕三法司：「朕體上帝好生之心，惟刑是恤。令爾等詳覆天下重獄，而犯者遠在千萬里外，需次當決，豈能無冤？」因遣官審錄之。正統六年四月，以災異頻見，敕遣三法司官詳審天下疑獄。於是御史張驥、刑部郎林厚、大理寺正李從智等十三人同奉敕往，而復以刑部侍郎何文淵、大理卿王文、巡撫侍郎周忱、刑科給事中郭瑾審兩京刑獄，亦賜之敕。後評事馬豫言：「臣奉敕審刑，竊見各處捉獲强盜，多因讎人指攀，拷掠成獄，不待詳報，死傷者甚多。今後宜勿聽妄指，果有贓證，御史、按察司會審，方許論決。若未審錄有傷死者，毋得准例陞賞。」是年，出死囚以下無數。九年，山東副使王裕言：「囚獄當會審，而御史及三司官或踰年一會，囚多瘐死。往者常遣御史會按察司詳審，釋遣甚衆。今莫若罷會審之例，而行詳審之法，敕遣按察司官一員，專審諸獄。」部持舊制不可廢。帝命審例仍舊，復如詳審例，選按察司官一員與巡按御史同審。失出者姑勿問，涉贓私者究如律。成化元年，南京戶部侍郎陳翼因災異復請如正統例。部議以諸方多事，不行。八年，乃分遣刑部郎中劉秩等十四人會巡按御史及三司官審錄，敕書鄭重遣之。十二年，大學士商輅言：「自八年遣官後，五年於茲，乞更如例行。」帝從其請。至十七年，定在京五年大審。即於是年遣部寺官分行天下，會同巡按御史行事。於是恤刑者至，則多所放遣。嘉靖四十三年定坐贓不及百兩，產絕者免監追。萬曆四年敕雜犯死罪准徒五年者，并兩犯徒律應總徒四年者，各減一年，其他徒流等罪俱減等。皆由恤刑者奏定，所生全者益多矣。初，正統十一年遣刑部郎中郭恂、員外郎陸瑜審南、北直隸獄囚，文職五品以下有罪，許執問。嘉靖間制，審錄官一省事竣，總計前後所奏，依准改駁多寡，通行考覈。改駁數多者聽劾。故恤刑之權重，而責亦匪輕。此中外法司審錄之大較也。

凡刑部問發罪囚，所司通將所問囚數，不問罪名輕重，分南北人各若干，送山東司，呈堂奏聞，謂之歲報。每月以見監罪囚奏聞，謂之月報。其做工、運炭等項，每五日開送工科，填寫精微冊，月終分六科輪報之。凡法官治囚，皆有成法：提人勘事，必齎精微批文。京外官五品以上有犯必奏聞請旨，不得擅勾問罪。在八議者，實封以聞。民間獄訟，非通政司轉達於部，刑部不得聽理。誣告者反坐，越訴者笞，擊登聞鼓不實者杖。訐告問官，必覈實乃逮問。至罪囚打斷起發有定期，刑具有定器，停刑有定月日，檢驗屍傷有定法，恤囚有定規，籍沒亦有定物，惟復讎者無明文。

弘治元年，刑部尚書何喬新言：「舊制提人，所在官司必驗精微批文，與符號相合，然後發遣。此祖宗杜漸防微深意也。近者中外提人，止憑駕帖，既不用符，眞僞莫辨，姦人矯命，何以拒之？請給批文如故。」帝曰：「此祖宗舊例不可廢。」命復行之。然旗校提人，率齎駕帖。嘉靖元年，錦衣衞千戶白壽等齎駕帖詣科，給事中劉濟謂當以御批原本送科，使知其事。兩人相爭並列，上命檢成、弘事例以聞。濟復言，自天順時例卽如此。帝入壽言，責濟以狀對，亦無以罪也。天啓時，魏忠賢用駕帖提周順昌諸人，竟激蘇州之變。兩畿決囚，亦必驗精微批。嘉靖二十一年，恤刑主事戴楩、吳元璧、呂顒等行急失與內號相驗，比至，與原給外號不合，爲巡按御史所糾，納贖還職。

成化時，六品以下官有罪，巡按御史輒令府官提問。陝西巡撫項忠言：「祖制，京外五品以上官有犯奏聞，不得擅勾問。今巡按輒提問六品官，甚乖律意，當聞於朝，命御史、按察司提問爲是。」乃下部議，從之。凡罪在八議者，實封奏聞請旨，惟十惡不用此例。所屬官爲上司非理凌虐，亦聽實封徑奏。軍官犯罪，都督府請旨。諸司事涉軍官及呈告軍官不法者，俱密以實封奏，無得擅勾問。嘉靖中，順天巡按御史鄭存仁檄府縣，凡法司有所追取，不得輒發。尚書鄭曉考故事，民間詞訟非自通政司轉達，不得聽。而諸司有應問罪人，必送刑部，各不相侵。曉乃言：「刑部追取人，府縣不當却。存仁違制，宜罪。」存仁亦執自下而上之律，論曉欺罔。乃命在外者屬有司，在京者屬刑部。然自曉去位，民間詞訟，五城御史輒受之，不復遵祖制矣。

洪武時，有告謀反者勘問不實，刑部言當抵罪。帝以問秦裕伯。對曰：「元時若此者罪止杖一百，蓋以開來告之路也。」帝曰：「姦徒不抵，善人被誣者多矣。自今告謀反不實者，抵罪。」學正孫詢訐稅使孫必貴爲胡黨，又訐元參政黎銘常自稱老豪傑，謗訕朝廷。帝以告訐非儒者所爲，置不問。永樂間定制，誣三四人杖徒，五六人流三千里，十人以上者凌遲，家屬徙化外。

洪武末年，小民多越訴京師，及按其事，往往不實，乃嚴越訴之禁。命老人理一鄉詞訟，會里胥決之，事重者始白於官，然卒不能止。越訴者日多，乃用重法，戍之邊。宣德時，越訴得實者免罪，不實仍戍邊。景泰中，不問虛實，皆發口外充軍，後不以爲例也。

登聞鼓，洪武元年置於午門外，一御史日監之，非大冤及機密重情不得擊，擊卽引奏。後移置長安右門外，六科、錦衣衞輪收以聞。旨下，校尉領駕帖，送所司問理，蒙蔽阻遏者罪。龍江衞吏有過，罰令書寫，值母喪，乞守制，吏部尙書詹徽不聽，擊鼓訴冤。太祖切責徽，使吏終喪。永樂元年，縣令以贓戍，擊鼓陳狀。帝爲下法司，其人言實受贓，年老昏眊所致，惟上哀憫。帝以其歸誠，屈法宥之。宣德時，直登聞鼓給事林富言：「重囚二十七人，以姦盜當決，擊鼓訴冤，煩瀆不可宥。」帝曰：「登聞鼓之設，正以達下情，何謂煩瀆？自後凡擊鼓訴冤，阻遏者罪。」

凡訐告原問官司者，成化間定議，覈究得實，然後逮問。弘治時，南京御史王良臣按指揮周愷等怙勢黷貨，愷等遂訐良臣。詔下南京法司逮繫會鞫。侍郎楊守隨言：「此與舊章不合。請自今以後，官吏軍民奏訴，牽緣別事，摭拾原問官者，立案不行。所奏事仍令問結，虛詐者擬罪，原問官枉斷者亦罪。」乃下其議於三法司。法司覆奏如所請，從之。洪武二十六年以前，刑部令主事廳會御史、五軍斷事司、大理寺、五城兵馬指揮使官，打斷罪囚。二十九年幷差錦衣衞官。其後惟主事會御史，將笞杖罪於打斷廳決訖，附卷，奉旨者次日覆命。萬曆中，刑部尙書孫丕揚言：「折獄之不速，由文移牽制故耳。議斷既成，部、寺各立長單，刑部送審掛號，次日卽送大理。大理審允，次日卽還本部。參差者究處，庶事體可一。至於打斷相驗，令御史三、六、九日遵例會同，餘日止會寺官以速遣。徒流以上，部、寺詳鞫，笞杖小罪，聽堂部處分。」命如議行。

凡獄囚已審錄，應決斷者限三日，應起發者限十日，逾限計日以笞。囚淹滯至死者罪徒，此舊例也。嘉靖六年，給事中周瑯言：「比者獄吏苛刻，犯無輕重，概加幽繫，案無新故，動引歲時。意喻色授之間，論奏未成，囚骨已糜。又況偏州下邑，督察不及，姦吏悍卒倚獄爲市，或扼其飲食以困之，或徙之穢溷以苦之，備諸痛楚，十不一生。臣觀律令所載，凡逮繫囚犯，老疾必散收，輕重以類分，枷杻薦蓆必以時飭，涼漿暖匣必以時備，無家者給之衣服，有疾者予之醫藥，淹禁有科，疏決有詔。此祖宗良法美意，宜敕臣下同爲奉行。凡逮繫日月幷已竟、未竟、疾病、死亡者，各載文册，申報長吏，較其結竟之遲速，病故之多寡，以爲功罪而黜陟之。」帝深然其言，且命中外有用法深刻，致戕民命者，卽斥爲民，雖才守可觀，不得推薦。

凡內外問刑官，惟死罪幷竊盜重犯，始用拷訊，餘止鞭扑常刑。酷吏輒用挺棍、夾棍、腦箍、烙鐵及一封書、鼠彈箏、攔馬棍、燕兒飛，或灌鼻、釘指，用徑寸懶杆、不去棱節竹片，或鞭脊背、兩踝致傷以上者，俱奏請，罪至充軍。

停刑之月，自立春以後，至春分以前。停刑之日，初一、初八、十四、十五、十八、二十三、二十四、二十八、二十九、三十，凡十日。檢驗屍傷，照磨司取部印屍圖一幅，委五城兵馬司如法檢驗，府則通判、推官，州縣則長官親檢，毋得委下僚。

獄囚貧不自給者，洪武十五年定制，人給米日一升。二十四年革去。正統二年，以侍郎何文淵言，詔如舊，且令有贓罰敝衣得分給。成化十二年令有司買藥餌送部，又廣設惠民藥局，療治囚人。至正德十四年，囚犯煤、油、藥料，皆設額銀定數。嘉靖六年，以運炭等有力罪囚，折色糴米，上本部倉，每年約五百石，乃停收。歲冬給綿衣褲各一事，提牢主事驗給之。

犯罪籍沒者，洪武元年定制，自反叛外，其餘罪犯止沒田產孳畜。二十一年詔謀逆姦黨及造僞鈔者，沒貲產丁口，以農器耕牛給還之。凡應合鈔劄者，曰姦黨，曰謀反大逆，曰姦黨惡，曰造僞鈔，曰殺一家三人，曰採生拆割人爲首。其大誥所定十條，後未嘗用也。復讎，惟祖父被毆條見之，曰：「祖父母、父母爲人所殺，而子孫擅殺行兇人者，杖六十。其卽時殺死者勿論。其餘親屬人等被人殺而擅殺之者，杖一百。」按律罪人應死，已就拘執，其捕者擅殺之，罪亦止此。則所謂家屬人等，自包兄弟在內，其例可類推也。

凡決囚，每歲朝審畢，法司以死罪請旨，刑科三覆奏，得旨行刑。在外者奏決單於冬至前，會審決之。正統元年令重囚三覆奏畢，仍請駕帖，付錦衣衞監刑官，領校尉詣法司，取囚赴市。又制，臨決囚有訴冤者，直登聞鼓給事中取狀封進，仍批校尉手，馳赴市曹，暫停刑。嘉靖元年，給事中劉濟等以囚廖鵬父子及王欽、陶杰等頗有內援，懼上意不決，乃言：

「往歲三覆奏畢，待駕帖則已日午，鼓下仍受訴詞，得報且及未申時，及再請始刑，時已過酉，大非刑人於市，與衆棄之之意。請自今決囚，在未前畢事。」從之。七年定議，重囚有冤，家屬於臨決前一日撾鼓，翼日午前下，過午行刑，不覆奏。南京決囚，無刑科覆奏例。弘治十八年，南刑部奏決不待時者三人，大理寺已審允，下法司議，謂：「在京重囚，間有決不待時者，審允奏請，至刑科三覆奏，或蒙恩仍監候會審。南京無覆奏例，乞俟秋後審竟，類奏定奪。如有巨憝，難依常例者，更具奏處決，著爲令。」詔可。各省決囚，永樂元年定制，死囚百人以上者，差御史審決。弘治十三年定歲差審決重囚官，俱以霜降後至，限期復命。

凡有大慶及災荒皆赦，然有常赦，有不赦，有特赦。十惡及故犯者不赦。律文曰：「赦出臨時定罪名，特免或降減從輕者，不在此限。」十惡中，不睦又在會赦原宥之例，此則不赦者亦得原。若傳旨肆赦，不別定罪名者，則仍依常赦不原之律。自仁宗立赦條三十五，皆楊士奇代草，盡除永樂年間敝政，歷代因之。凡先朝不便於民者，皆援遺詔或登極詔革除之。凡以赦前事告言人罪者，即坐以所告者罪。弘治元年，民呂梁山等四人，坐竊盜殺人死，遇赦。都御史馬文升請宥死戍邊，帝特命依律斬之。世宗雖屢停刑，尤慎無赦。廷臣屢援赦令，欲宥大禮大獄暨建言諸臣，益持不允。及嘉靖十六年，同知姜輅酷殺平民，都御史王廷相奏當發口外，乃特命如詔書宥免，而以違詔責廷相等。四十一年，三殿成，羣臣請頒赦。帝曰：「赦乃小人之幸。」不允。穆宗登極覃恩，雖徒流人犯已至配所者，皆許放還，蓋爲遷謫諸臣地也。

有明一代刑法大概。太祖開國之初，懲元季貪冒，重繩贓吏，揭諸司犯法者於申明亭以示戒。又命刑部，凡官吏有犯，宥罪復職，書過榜其門，使自省。不悛，論如律。累頒犯諭、戒諭、榜諭，悉象以刑，誥示天下。及十八年大誥成，序之曰：「諸司敢不急公而務私者，必窮搜其原而罪之。」凡三誥所列凌遲、梟示、種誅者，無慮千百，棄市以下萬數。貴溪儒士夏伯啓叔姪斷指不仕，蘇州人才姚潤、王謨被徵不至，皆誅而籍其家。「寰中士夫不爲君用」之科所由設也。其三編稍寬容，然所記進士監生罪名，自一犯至四犯者猶三百六十四人。幸不死還職，率戴斬罪治事。其推原中外貪墨所起，以六曹爲罪魁，郭桓爲誅首。郭桓者，戶部侍郎也。帝疑北平二司官吏李彧、趙全德等與桓爲姦利，自六部左右侍郎下皆死，贓七百萬，詞連直省諸官吏，繫死者數萬人。覈贓所寄借徧天下，民中人之家大抵皆破。時咸歸謗御史余敏、丁廷舉。或以爲言，帝乃手詔列桓等罪，而論右審刑吳庸等極刑，以厭天下心，言：「朕詔有司除姦，顧復生姦擾吾民，今後有如此者遇赦不宥。」先是十五年空印事發。

每歲布政司、府州縣吏詣戶部覈錢糧、軍需諸事，以道遠，預持空印文書，遇部駁卽改，以爲常。及是，帝疑有姦，大怒，論諸長吏死，佐貳榜百戍邊。寧海人鄭士利上書訟其冤，復杖戍之。二獄所誅殺已過當。而胡惟庸、藍玉兩獄，株連死者且四萬。

然時引大體，有所縱舍。沅陵知縣張傑當輸作，自陳母賀，當元季亂離守節，今年老失養。帝謂可勵俗，特赦之，秩傑，令終養。給事中彭與民坐繫，其父爲上表訴哀。立釋之，且免同繫十七人。有死囚妻妾訴夫冤，法司請黥之。帝以婦爲夫訴，職也，不罪。都察院當囚死者二十四人，命羣臣鞫，有冤者，減數人死。眞州民十八人謀不軌，戮之，而釋其母子當連坐者。所用深文吏開濟、詹徽、陳寧、陶凱輩，後率以罪誅之。亦數宣仁言，不欲純任刑罰。嘗行郊壇，皇太子從，指道旁荆楚曰：「古用此爲扑刑，取能去風，雖寒不傷也。」尚書開濟議法密，諭之曰：「竭澤而漁，害及鯤鮞；焚林而田，禍及麛鷇。法太巧密，民何以自全？」濟慚謝。參政楊憲欲重法，帝曰：「求生於重典，猶索魚於釜，得活難矣。」御史中丞陳寧曰：「法重則人不輕犯，吏察則下無遁情。」太祖曰：「不然。古人制刑以防惡衞善，故唐、虞畫衣冠、異章服以爲戮，而民不犯。秦有鑿顚抽脅之刑、參夷之誅，而囹圄成市，天下怨叛。未聞用商、韓之法，可致堯、舜之治也。」寧慚而退。又嘗謂尚書劉惟謙曰：「仁義者，養民之膏粱也。刑罰者，懲惡之藥石也。舍仁義而專用刑罰，是以藥石養人，豈得謂善治乎？」

蓋太祖用重典以懲一時，而酌中制以垂後世，故猛烈之治，寬仁之詔，相輔而行，未嘗偏廢也。建文帝繼體守文，專欲以仁義化民。元年刑部報囚，減太祖時十三矣。

成祖起靖難之師，悉指忠臣爲姦黨，甚者加族誅、掘冢，妻女發浣衣局、教坊司，親黨謫戍者至隆、萬間猶勾伍不絕也。抗違者既盡殺戮，懼人竊議之，疾誹謗特甚。山陽民丁鈺訐其鄉誹謗，罪數十人。法司迎上旨，言鈺才可用，立命爲刑科給事中。永樂十七年復申其禁。而陳瑛、呂震、紀綱輩先後用事，專以刻深固寵。於是蕭議、周新、解縉等多無罪死。然帝心知苛法之非，間示寬大。千戶某灌桐油皮鞭中以決人，刑部當以杖，命并罷其職。法司奏冒支官糧者，命卽戮之，刑部爲覆奏。帝曰：「此朕一時之怒，過矣。其依律。自今犯罪皆五覆奏。」

至仁宗性甚仁恕，甫卽位，謂金純、劉觀曰：「卿等皆國大臣，如朕處法失中，須更執奏，朕不難從善也。」因召學士楊士奇、楊榮、金幼孜至榻前，諭曰：「比年法司之濫，朕豈不知。其所擬大逆不道，往往出於文致，先帝數切戒之。故死刑必四五覆奏，而法司略不加意，甘爲酷吏而不愧。自今審重囚，卿三人必往同讞，有冤抑者雖細故，必以聞。」洪熙改元，二月諭都御史劉觀、大理卿虞謙曰：「往者，法司以誣陷爲功。人或片言及國事，輒論誹謗，身家破滅，莫復辨理。今數月間，此風又萌。夫治道所急者求言，所患者以言爲諱，奈何禁誹謗哉？」因顧士奇等曰：「此事必以詔書行之。」於是士奇承旨，載帝言於己丑詔書云：「若朕一時過於嫉惡，律外用籍沒及凌遲之刑者，法司再三執奏，三奏不允至五，五奏不允同三公及大臣執奏，必允乃已，永爲定制。文武諸司亦毋得暴酷用鞭背等刑，及擅用宮刑絕人嗣續。有自宮者以不孝論。除謀反及大逆者，餘犯止坐本身，毋一切用連坐法。告誹謗者勿治。」在位未一年，仁恩該洽矣。

宣宗承之，益多惠政。宣德元年，大理寺駁正猗氏民妻王骨都殺夫之冤，帝切責刑官，尚書金純等謝罪，乃已。義勇軍士閻羣兒等九人被誣爲盜，當斬，家人擊登聞鼓訴冤。覆按實不爲盜。命釋羣兒等，而切責都御史劉觀。其後每遇奏囚，色慘然，御膳爲廢。或以手撤其牘，謂左右曰：「說與刑官少緩之。」一日，御文華殿與羣臣論古肉刑，侍臣對：〔四〕「漢除肉刑，人遂輕犯法。」帝曰：「此自由教化，豈關肉刑之有無。舜法有流宥金贖，而四凶之罪止於竄殛。可見當時被肉刑者，必皆重罪，不濫及也。況漢承秦敝，挾書有律，若概用肉刑，受傷者必多矣。」明年著帝訓五十五篇，其一恤刑也。武進伯朱冕言：「比遣舍人林寬等送囚百十七人戍邊，到者僅五十人，餘皆道死。」帝怒，命法司窮治之。帝寬詔歲下，閱囚屢決遣，有至三千人者。〔五〕諭刑官曰：「吾慮其瘐死，故寬貸之，非常制也。」是時，官吏納米百石若五十石，得贖雜犯死罪，軍民減十之二。諸邊衞十二石，遼東二十石，於例爲太輕，然獨嚴贓吏之罰。命文職犯贓者俱依律科斷。由是用法輕，而貪墨之風亦不甚悛。然明制重朋比之誅。都御史夏迪催糧常州，御史何楚英誣以受金。諸司懼罪，明知其冤，不敢白，迪竟充驛夫憤死。以帝之寬仁，而大臣有冤死者，此立法之弊也。

英宗以後，仁、宣之政衰。正統初，三楊當國，猶恪守祖法，禁內外諸司鍛鍊刑獄。刑部尚書魏源以災旱上疑獄，請命各巡撫審錄。從之。無巡撫者命巡按。清軍御史、行在都察院亦以疑獄上，通審錄之。御史陳祚言：「法司論獄，多違定律，專務刻深。如戶部侍郎吳璽舉淫行主事吳軏，宜坐貢舉非其人罪，乃加以奏事有規避律斬。及軏自經死，獄官卒之罪，明有遞減科，乃援不應爲事理重者，概杖之。夫原情以定律，祖宗防範至周，而法司乃抑輕從重至此，非所以廣聖朝之仁厚也。今後有妄援重律者，請以變亂成法罪之。」帝是其言，爲申警戒。至六年，王振始亂政，數辱廷臣，刑章大紊。侍講劉球條上十事，中言：「天降災譴，多感於刑罰之不中。宜一任法司，視其徇私不當者而加以罪。雖有觸忤，如漢犯蹕盜環之事，猶當聽張釋之之執奏而從之。」帝不能用。而球卽以是疏觸振怒，死於獄。然諸酷虐事，大率振爲之，帝心頗寬平。十一年，大理卿俞士悅以毆鬬殺人之類百餘人聞，請宥，俱減死戍邊。景泰中，陽穀主簿馬彥斌當斬，其子震請代死。特宥彥斌，編震充邊衞軍。大理少卿薛瑄言：「法司發擬罪囚，多加參語奏請，變亂律意。」詔法官問獄，一依律令，不許妄加參語。六年，以災異審錄中外刑獄，全活者甚衆。天順中，詔獄繁興，三法司、錦衣獄多繫囚未決，吏往往洩獄情爲姦。都御史蕭維楨附會徐有貞，枉殺王文、于謙等。而刑部侍郎劉廣衡卽以詐撰制文，坐有貞斬罪。其後緹騎四出，海內不安。然霜降後審錄重囚，實自天順間始。至成化初，刑部尚書陸瑜等以請，命舉行之。獄上，杖其情可矜疑者，免死發戍。列代奉行，人獲沾法外恩矣。

憲宗之卽位也，敕三法司：「中外文武羣臣除贓罪外，所犯罪名紀錄在官者，悉與湔滌。」其後歲以爲常。十年，當決囚，冬至節近，特命過節行刑。旣而給事中言，冬至後行刑非時，遂詔俟來年冬月。山西巡撫何喬新劾奏遲延獄詞僉事尚敬、劉源，因言：「凡二司不決斷詞訟者，半年之上，悉宜奏請執問。」帝曰：「刑獄重事，周書曰，『要囚，服念五六日至於旬時』，特爲未得其情者言耳。苟得其情，卽宜決斷。無罪拘幽，往往瘐死，是刑官殺之也。故律特著淹禁罪囚之條，其卽以喬新所奏，通行天下。」又定制，凡盜賊贓仗未眞、人命死傷未經勘驗，輒加重刑致死獄中者，審勘有無故失明白，不分軍民職官，俱視酷刑事例爲民。侍郎楊宣妻悍妬，殺婢十餘人，部擬命婦合坐者律，特命決杖五十。時帝多裨政，而於刑獄尤愼之，所失惟一二事。嘗欲殺一囚，不許覆奏。御史方佑復以請，帝怒，杖謫佑。吉安知府許聰有罪，中官黃高嗾法司論斬。給事中白昂以未經審錄爲請，不聽，竟乘夜斬之。

孝宗初立，免應決死罪四十八人。元年，知州劉槩坐妖言罪斬，以王恕爭，得長繫。末年，刑部尚書閔珪讞重獄，忤旨，久不下。帝與劉大夏語及之。對曰：「人臣執法效忠，珪所爲無足異。」帝曰：「且道自古君臣曾有此事否？」對曰：「臣幼讀孟子，見瞽瞍殺人，皐陶執之之語。珪所執，未可深責也。」帝頷之。明日疏下，遂如擬。前後所任司寇何喬新、彭韶、白昂、閔珪皆持法平者，海內翕然頌仁德焉。

正德五年會審重囚，減死者二人。時冤濫滿獄，李東陽等因風霾以爲言，特許寬恤。而刑官懼觸劉瑾怒，所上止此。後磔流賊趙鐩等於市，〔六〕剝爲魁者六人皮。法司奏祖訓有禁，不聽。尋以皮製鞍鐙，帝每騎乘之。而廷杖直言之臣，亦武宗爲甚。

世宗卽位七月，因日精門災，疏理冤抑，命再問緩死者三十八人，而廖鵬、王瓛、齊佐等與焉。給事中李復禮等言：「鵬等皆江彬、錢寧之黨，王法所必誅。」乃令禁之如故。後皆次第伏法。自杖諸爭大禮者，遂痛折廷臣。六年命張璁、桂萼、方獻夫攝三法司，〔七〕變李福達之獄，欲坐馬錄以姦黨律。楊一淸力爭，乃戍錄，而坐罪者四十餘人。璁等以爲己功，遂請帝編欽明大獄錄頒示天下。是獄所坐，大抵璁三人夙嫌者。以祖宗之法，供權臣排陷，而帝不悟也。八年，京師民張福殺母，訴爲張柱所殺，刑部郎中魏應召覆治得實。而帝以柱乃武宗后家僕，有意曲殺之，命侍郎許讚盡反讞詞，而下都御史熊浹及應召於獄。其後，猜忌日甚，冤濫者多，雖間命寬恤，而意主苛刻。嘗諭輔臣：「近連歲因災異免刑，今復當刑科三覆請旨。朕思死刑重事，欲將盜陵殿等物及毆罵父母大傷倫理者取決，餘令法司再理，與卿共論，愼之愼之。」時以爲得大體。越數年，大理寺奉詔讞奏獄囚應減死者。帝謂諸囚罪皆不赦，乃假借恩例縱姦壞法，黜降寺丞以下有差。自九年舉秋謝醮免決囚，自後或因祥瑞，或因郊祀大報，停刑之典每歲舉行。然屢譴怒執法官，以爲不時請旨，至上迫冬至，廢義而市恩也。遂削刑部尙書吳山職，降調刑科給事中劉三畏等。中年益肆誅戮，自宰輔夏言不免。至三十七年，乃出手諭，言：「司牧者未盡得人，任情作威。湖廣幼民吳一魁二命枉刑，母又就捕，情迫無控，萬里叩閽。以此推之，冤抑者不知其幾。爾等宜亟體朕心，加意矜恤。仍通行天下，咸使喻之。」是詔也，卹卹乎有哀痛之思焉。末年，主事海瑞上書觸忤，刑部當以死。帝持其章不下，瑞得長繫。穆宗立，徐階緣帝意爲遺詔，盡還諸逐臣，優恤死亡，縱釋幽繫。讀詔書者無不歎息。

萬曆初，冬月，詔停刑者三矣。五年九月，司禮太監孫得勝復傳旨：「奉聖母諭，大婚期近，命閣臣於三覆奏本，擬旨免刑。」張居正言：「祖宗舊制，凡犯死罪鞫問既明，依律棄市。嘉靖末年，世宗皇帝因齋醮，始有暫免不決之令，或間從御筆所勾，量行取決。此特近年姑息之弊，非舊制也。臣等詳閱諸囚罪狀，皆滅絕天理，敗傷彝倫，聖母獨見犯罪者身被誅戮之可憫，而不知彼所戕害者皆含冤蓄憤於幽冥之中，使不一雪其痛，怨恨之氣，上干天和，所傷必多。今不行刑，年復一年，充滿囹圄，既費關防，又乖國典，其於政體又大謬也。」給事中嚴用和等亦以爲言。詔許之。十二年，御史屠叔明請釋革除忠臣外親。命自齊、黃外，方孝孺等連及者俱勘豁。帝性仁柔，而獨惡言者。自十二年至三十四年，內外官杖戍爲民者至百四十人。後不復視朝，刑辟罕用，死囚屢停免云。天啓中，酷刑多，別見，不具論。

莊烈帝卽位，誅魏忠賢。崇禎二年欽定逆案凡六等，天下稱快。然是時承神宗廢弛、熹宗昏亂之後，銳意綜理，用刑頗急，大臣多下獄者矣。六年冬論囚，素服御建極殿，召閣臣商榷，而溫體仁無所平反。陝西華亭知縣徐兆麒抵任七日，城陷，坐死。帝心憫之，體仁不爲救。十一年，南通政徐石麒疏救鄭三俊，因言：「皇上御極以來，諸臣麗丹書者幾千，圜扉爲滿。使情法盡協，猶屬可憐，況怵惕於威嚴之下者。有將順而無挽回，有揣摩而無補救，株連蔓引，九死一生，豈聖人惟刑之恤之意哉。」帝不能納也。是年冬，以彗見，停刑。其事關封疆及錢糧剿寇者，詔刑部五日具獄。十二年，御史魏景琦論囚西市，御史高欽舜、工部郎中胡璉等十五人將斬，忽中官本淸銜命馳免，因釋十一人。明日，景琦回奏，被責下錦衣獄。蓋帝以囚有聲冤者，停刑請旨，而景琦倉卒不辨，故獲罪。十四年，大學士范復粹疏請清獄，言：「獄中文武纍臣至百四十有奇，大可痛。」不報。是時國事日棘，惟用重法以繩羣臣，救過不暇，而卒無救於亂亡也。

校勘記

〔一〕宣德三年奏重囚　三年，原作「二年」，據宣宗實錄卷四九宣德三年十二月乙未條改。

〔二〕訴枉者五十六人　五十六，原作「五六十」，據明史稿志七二刑法志、宣宗實錄卷四九宣德三年十二月乙未條改。

〔三〕凡決遣二千八百餘人　宣宗實錄卷二九宣德二年七月庚子條作「二千四百六十五人」。

〔四〕御文華殿與羣臣論古肉刑侍臣對　侍臣，原作「侍郎」，據明史稿志七二刑法志改。

〔五〕閱囚屢決遣有至三千人者　決遣，原作「放遣」。決遣指「應徒流笞杖者論輕重罰輸作」，「應贖者如律」，不是釋放。據宣宗實錄卷二九宣德二年七月庚子條改。三千，宣宗實錄作「二千四百六十五人」。

〔六〕後磔流賊趙鐩等於市　趙鐩，原作「趙璲」，據本書卷一七五仇鉞傳、卷一八七陸完傳改。

〔七〕六年命張璁桂蕚方獻夫攝三法司　六年，原作「五年」，據本書卷一七世宗紀、又卷一九六張璁傳，世宗實錄嘉靖六年八月庚戌條改。

明史卷九十五

志第七十一

刑法三

刑法有創之自明，不衷古制者，廷杖、東西廠、錦衣衞、鎭撫司獄是已。是數者，殺人至慘，而不麗於法。踵而行之，至末造而極。舉朝野命，一聽之武夫、宦豎之手，良可歎也。

太祖常與侍臣論待大臣禮。太史令劉基曰：「古者公卿有罪，盤水加劍，詣請室自裁，未嘗輕折辱之，所以存大臣之體。」侍讀學士詹同因取大戴禮及賈誼疏以進，且曰：「古者刑不上大夫，以勵廉恥也。必如是，君臣恩禮始兩盡。」帝深然之。

洪武六年，工部尚書王肅坐法當笞，太祖曰：「六卿貴重，不宜以細故辱。」命以俸贖罪。後羣臣罣誤，許以俸贖，始此。然永嘉侯朱亮祖父子皆鞭死，工部尚書薛祥斃杖下，〔一〕故上書者以大臣當誅，不宜加辱爲言。廷杖之刑，亦自太祖始矣。宣德三年怒御史嚴皚、方鼎、何傑等沈湎酒色，久不朝參，命枷以徇。自此言官有荷校者。至正統中，王振擅權，尚書劉中敷，侍郎吳璽、陳瑺，祭酒李時勉率受此辱，而殿陛行杖習爲故事矣。成化十五年，汪直誣陷侍郎馬文升、都御史牟俸等，詔責給事御史李俊、王濬輩五十六人容隱，〔二〕廷杖人二十。正德十四年，以諫止南巡，廷杖舒芬、黃鞏等百四十六人，死者十一人。嘉靖三年，羣臣爭大禮，廷杖豐熙等百三十四人，死者十六人。中年刑法益峻，雖大臣不免笞辱。宣大總督翟鵬、薊州巡撫朱方以撤防早，宣大總督郭宗皐、大同巡撫陳燿以寇入大同，刑部侍郎彭黯、左都御史屠僑、大理卿沈良才以議丁汝夔獄緩，戎政侍郎蔣應奎、左通政唐國相以子弟冒功，皆逮杖之。方、燿斃於杖下，而黯、僑、良才等杖畢，趣治事。公卿之辱，前此未有。又因正旦朝賀，怒六科給事中張思靜等，皆朝服予杖，天下莫不駭然。四十餘年間，杖殺朝士，倍蓰前代。萬曆五年，以爭張居正奪情，杖吳中行等五人。〔三〕其後盧洪春、孟養浩、王德完輩咸被杖，多者至一百。後帝益厭言者，疏多留中，廷杖寢不用。天啓時，太監王體乾奉敕大審，重笞戚畹李承恩，以悅魏忠賢。於是萬燝、吳裕中斃於杖下，臺省力爭不得。閣臣葉向高言：「數十年不行之敝政，三見於旬日，萬萬不可再行。」忠賢乃罷廷杖，而以所欲殺者悉下鎮撫司，士大夫益無噍類矣。

南京行杖，始於成化十八年。南御史李珊等以歲祲請振。帝摘其疏中訛字，令錦衣衞詣南京午門前，人杖二十，守備太監監之。至正德間，南御史李熙劾貪吏觸怒劉瑾，矯旨杖三十。時南京禁衞久不行刑，選卒習數日，乃杖之，幾斃。

東廠之設，始於成祖。錦衣衞之獄，太祖嘗用之，後已禁止，其復用亦自永樂時。廠與衞相倚，故言者並稱廠衞。初，成祖起北平，刺探宮中事，多以建文帝左右爲耳目。故即位後專倚宦官，立東廠於東安門北，令嬖暱者提督之，緝訪謀逆妖言大奸惡等，與錦衣衞均權勢，蓋遷都後事也。然衞指揮紀綱、門達等大幸，更迭用事，廠權不能如。至憲宗時，尚銘領東廠，又別設西廠刺事，以汪直督之，所領緹騎倍東廠。自京師及天下，旁午偵事，雖王府不免。直中廢復用，先後凡六年，冤死者相屬，勢遠出衞上。會直數出邊監軍，大學士萬安乃言：「太宗建北京，命錦衣官校緝訪，猶恐外官徇情，故設東廠，令內臣提督，行五六十年，事有定規。往者妖狐夜出，人心驚惶，感勞聖慮，添設西廠，特命直督緝，用戒不虞，所以權一時之宜，慰安人心也。向所紛擾，臣不贅言。今直鎭大同，京城衆口一辭，皆以革去西廠爲便。伏望聖恩特旨革罷，官校悉回原衞，宗社幸甚。」帝從之。尚銘專用事，未幾亦黜。弘治元年，員外郞張倫請廢東廠。不報。然孝宗仁厚，廠衞無敢橫，司廠者羅祥、楊鵬，奉職而已。

正德元年殺東廠太監王岳，命丘聚代之，又設西廠以命谷大用，皆劉瑾黨也。兩廠爭用事，遣邏卒刺事四方。南康吳登顯等戲競渡龍舟，身死家籍。遠州僻壤，見鮮衣怒馬作京師語者，轉相避匿。有司聞風，密行賄賂。於是無賴子乘機爲奸，天下皆重足立。而衞使石文義亦瑾私人，廠衞之勢合矣。瑾又改惜薪司外薪廠爲辦事廠，榮府舊倉地爲內辦事廠，自領之。京師謂之內行廠，雖東西廠皆在伺察中，加酷烈焉。且創例，罪無輕重皆決杖，永遠戍邊，或枷項發遣。枷重至百五十斤，不數日輒死。尙寶卿顧璿、〔四〕副使姚祥、工部郎張瑋、御史王時中輩並不免，瀕死而後謫戍。御史柴文顯、汪澄以微罪至凌遲。官吏軍民非法死者數千。瑾誅，西廠、內行廠俱革，獨東廠如故。張銳領之，與衞使錢寧並以緝事恣羅織。廠衞之稱由此著也。

嘉靖二年，東廠芮景賢任千戶陶淳，多所誣陷。給事中劉最執奏，謫判廣德州。御史黃德用使乘傳往。會有顏如環者同行，以黃袱裹裝。景賢卽奏，逮下獄，最等編戍有差。給事中劉濟言：「最罪不至戍。且緝執於宦寺之門，鍛鍊於武夫之手，裁決於內降之旨，何以示天下。」不報。是時，盡罷天下鎭守太監，而大臣狃故事，謂東廠祖宗所設，不可廢，不知非太祖制也。然世宗馭中官嚴，不敢恣，廠權不及衞使陸炳遠矣。

萬曆初，馮保以司禮兼廠事，建廠東上北門之北，曰內廠，而以初建者爲外廠。保與張居正興王大臣獄，欲族高拱，衞使朱希孝力持之，拱得無罪，衞猶不大附廠也。中年，礦稅使數出爲害，而東廠張誠、孫暹、陳矩皆恬靜。矩治妖書獄，無株濫，時頗稱之。會帝亦無意刻核，刑罰用稀，廠衞獄中至生青草。及天啓時，魏忠賢以秉筆領廠事，用衞使田爾耕、鎭撫許顯純之徒，專以酷虐鉗中外，而廠衞之毒極矣。

凡中官掌司禮監印者，其屬稱之曰宗主，而督東廠者曰督主。東廠之屬無專官，掌刑千戶一，理刑百戶一，亦謂之貼刑，皆衞官。其隸役悉取給於衞，最輕黠獧巧者乃撥充之。役長曰檔頭，帽上銳，衣青素襒褶，繫小絛，白皮靴，專主伺察。其下番子數人爲幹事。京師亡命，誆財挾讎，視幹事者爲窟穴。得一陰事，由之以密白於檔頭，檔頭視其事大小，先予之金。事曰起數，金曰買起數。既得事，帥番子至所犯家，左右坐曰打樁。番子卽突入執訊之，無有左證符牒，賄如數，徑去。少不如意，搒治之，名曰乾醡酒，亦曰搬罾兒，痛楚十倍官刑。且授意使牽有力者，有力者予多金，卽無事。或靳不予，予不足，立聞上，下鎭撫司獄，立死矣。每月旦，廠役數百人，掣簽庭中，分瞰官府。其視中府諸處會審大獄、北鎭撫司考訊重犯者曰聽記。他官府及各城門訪緝曰坐記。某官行某事，某城門得某奸，胥吏疏白坐記者上之廠曰打事件。至東華門，雖夤夜，投隙中以入，卽屏人達至尊。以故事無大小，天子皆得聞之。家人米鹽猥事，宮中或傳爲笑謔，上下惴惴無不畏打事件者。衞之法亦如廠。然須具疏，乃得上聞，以此其勢不及廠遠甚。有四人夜飮密室，一人酒酣，謾罵魏忠賢，其三人噤不敢出聲。罵未訖，番人攝四人至忠賢所，即磔罵者，而勞三人金。三人者魄喪不敢動。

莊烈帝卽位，忠賢伏誅，而王體乾、王永祚、鄭之惠、李承芳、曹化淳、王德化、王之心、王化民、齊本正等相繼領廠事，告密之風未嘗息也。之心、化淳敍緝奸功，廕弟姪錦衣衞百戶，而德化及東廠理刑吳道正等偵閣臣薛國觀陰事，國觀由此死。時衞使慴廠威已久，大抵俛首爲所用。崇禎十五年，御史楊仁愿言：「高皇帝設官，無所謂緝事衙門者。臣下不法，言官直糾之，無陰訐也。後以肅清輦轂，乃建東廠。臣待罪南城，所閱詞訟，多以假番故訴冤。夫假稱東廠，害猶如此，況其眞乎？此由積重之勢然也。所謂積重之勢者，功令比較事件，番役每懸價以買事件，受買者至誘人爲奸盜而賣之，番役不問其從來，誘者分利去矣。挾忿首告，誣以重法，挾者志無不逞矣。伏願寬東廠事件，而後東廠之比較可緩，東廠之比較緩，而後番役之買事件與賣事件者俱可息，積重之勢庶幾可稍輕。」後復切言緹騎不當遣。帝爲諭東廠，言所緝止謀逆亂倫，其作奸犯科，自有司存，不宜緝，幷戒錦衣校尉之橫索者。然帝倚廠衞益甚，至國亡乃已。

錦衣衞獄者，世所稱詔獄也。古者獄訟掌於司寇而已。漢武帝始置詔獄二十六所，歷代因革不常。五代唐明宗設侍衞親軍馬步軍都指揮使，乃天子自將之名。至漢有侍衞司獄，凡大事皆決焉。明錦衣衞獄近之，幽縶慘酷，害無甚於此者。

太祖時，天下重罪逮至京者，收繫獄中，數更大獄，多使斷治，所誅殺爲多。後悉焚衞刑具，以囚送刑部審理。二十六年申明其禁，詔內外獄毋得上錦衣衞，大小咸經法司。成祖幸紀綱，令治錦衣親兵，復典詔獄。綱遂用其黨莊敬、袁江、王謙、〔五〕李春等，緣借作奸數百千端。久之，族綱，而錦衣典詔獄如故，廢洪武詔不用矣。英宗初，理衞事者劉勉、徐恭皆謹飭。而王振用指揮馬順流毒天下，枷李時勉，殺劉球，皆順爲之。景帝初，有言官校緝事之弊者，帝切責其長，令所緝送法司，有誣罔者重罪。英宗復辟，召李賢，屏左右，問時政得失。賢因極論官校提人之害。帝然其言，陰察皆實，乃召其長，戒之。已緝弋陽王敗倫事虛，復申戒之。而是時指揮門達、鎮撫逯杲怙寵，賢亦爲羅織者數矣。達遣旗校四出，杲又立程督併，以獲多爲主。千戶黃麟之廣西，執御史吳禎至，索獄具二百餘副，天下朝覲官陷罪者甚衆。杲死，達兼治鎮撫司，搆指揮使袁彬，繫訊之，五毒更下，僅免。朝官楊瑄、李蕃、韓祺、李觀、包瑛、張祚、程萬鍾輩皆鋃鐺就逮，〔六〕冤號道路者不可勝記。蓋自紀綱誅，其徒稍戢。至正統時復張，天順之末禍益熾，朝野相顧不自保。李賢雖極言之，不能救也。

鎮撫司職理獄訟，初止立一司，與外衞等。洪武十五年添設北司，而以軍匠諸職掌屬之南鎮撫司，於是北司專理詔獄。然大獄經訊，即送法司擬罪，未嘗具獄詞。成化元年始令覆奏用參語，法司益掣肘。十四年增鑄北司印信，一切刑獄毋關白本衞。卽衞所行下者，亦徑自上請可否，衞使毋得與聞。故鎭撫職卑而其權日重。初，衞獄附衞治，至門達掌問刑，又於城西設獄舍，拘繫狼籍。達敗，用御史呂洪言，毀之。成化十年，都御史李賓言：「錦衣鎭撫司累獲妖書圖本，皆誕妄不經之言。小民無知，輒被幻惑。乞備錄其書名目，榜示天下，使知畏避，免陷刑辟。」報可。緝事者誣告猶不止。十三年，捕寧晉人王鳳等，誣與瞽者受妖書，署僞職，幷誣其鄉官知縣薛方、通判曹鼎與通謀，發卒圍其家，搒掠誣伏。方、鼎家人數聲冤，下法司驗得實，坐妄報妖言，當斬。帝戒以不得戕害無辜而已，不能罪也。是年，令錦衣衞副千戶吳綬於鎭撫司同問刑。綬性狡險，附汪直以進。後知公議不容，凡文臣非罪下獄者，不復加箠楚，忤直意，黜去。是時惟衞使朱驥持法平，治妖人獄無冤者。詔獄下所司，獨用小杖，嘗命中使詰責，不爲改。世以是稱之。弘治十三年詔法司：「凡廠衞所送囚犯，從公審究，有枉卽與辨理，勿拘成案。」正德時，衞使石文義與張綵表裏作威福，時稱爲劉瑾左右翼。然文義常侍瑾，不治事，治事者高得林。瑾誅，文義伏誅，得林亦罷。其後錢寧管事，復大恣，以叛誅。

世宗立，革錦衣傳奉官十六，汰旗校十五，復諭緝事官校，惟察不軌、妖言、人命、强盜重事，他詞訟及在外州縣事，毋得與。未幾，事多下鎭撫，鎭撫結內侍，多巧中。會太監崔文奸利事發，下刑部，尋以中旨送鎮撫司。尚書林俊言：「祖宗朝以刑獄付法司，事無大小，皆聽平鞫。自劉瑾、錢寧用事，專任鎮撫司，文致冤獄，法紀大壞。更化善治在今日，不宜復以小事撓法。」不聽。俊復言：「此途一開，恐後有重情，即夤緣內降以圖免，實長亂階。」御史曹懷亦諫曰：「朝廷專任一鎮撫，法司可以空曹，刑官爲冗員矣。」帝俱不聽。六年，侍郎張璁等言：「祖宗設三法司以糾官邪，平獄訟。設東廠、錦衣衞，以緝盜賊，詰奸宄。自今貪官冤獄仍責法司，其有徇情曲法，乃聽廠衞覺察。盜賊奸宄，仍責廠衞，亦必送法司擬罪。」詔如議行。然官校提人恣如故。給事中蔡經等論其害，願罷勿遣。尚書胡世寧請從其議。詹事霍韜亦言：「刑獄付三法司足矣，錦衣衞復横撓之。昔漢光武尚名節，宋太祖刑法不加衣冠，其後忠義之徒爭死效節。夫士大夫有罪下刑曹，辱矣。有重罪，廢之、誅之可也；乃使官校衆執之，脫冠裳，就桎梏，朝列清班，暮幽犴獄，剛心壯氣，銷折殆盡。及覆案非罪，即冠帶立朝班。武夫捍卒指目之曰：『某，吾辱之；某，吾繫執之。』小人無所忌憚，君子遂致易行。此豪傑所以興山林之思，而變故罕仗節之士也。願自今東廠勿與朝儀，錦衣衞勿典刑獄。士大夫罪譴廢誅，勿加笞杖鎖梏，以養廉恥，振人心，勵士節。」帝以韜出位妄言，不納。祖制，凡朝會，廠衞率屬及校尉五百名，列侍奉天門下糾儀。凡失儀者，即褫衣冠，執下鎮撫司獄，杖之乃免，故韜言及之。迨萬曆時，失儀者始不付獄，罰俸而已。世宗衞張鶴齡、延齡，奸人劉東山等乃誣二人毒魘呪詛。帝大怒，下詔獄，東山因株引素所不快者。衞使王佐探得其情，論以誣罔法反坐。佐乃枷東山等闕門外，不及旬悉死。人以佐比牟斌。牟斌者，弘治中指揮也。李夢陽論延齡兄弟不法事，下獄，斌傅輕比，得不死云。世宗中年，衞使陸炳爲伎，與嚴嵩比，而傾夏言。然帝數興大獄，而炳多保全之，故士大夫不疾炳。

萬曆中，建言及忤礦稅璫者，輒下詔獄。刑科給事中楊應文言：「監司守令及齊民被逮者百五十餘人，雖已打問，未送法司，獄禁森嚴，水火不入，疫癘之氣，充斥囹圄。」衞使駱思恭亦言：「熱審歲舉，俱在小滿前，今二年不行。鎭撫司監犯且二百，多拋瓦聲冤。」鎭撫司陸逵亦言：「獄囚怨恨，有持刀斷指者。」俱不報。然是時，告訐風衰，大臣被錄者寡。其末年，稍寬逮繫諸臣，而錦衣獄漸淸矣。

田爾耕、許顯純在熹宗時爲魏忠賢義子，其黨孫雲鶴、楊寰、崔應元佐之，拷楊漣、左光斗輩，坐贓比較，立限嚴督之。兩日爲一限，輸金不中程者，受全刑。全刑者曰械，曰鐐，曰棍，曰拶，曰夾棍。五毒備具，呼謈聲沸然，血肉潰爛，宛轉求死不得。顯純叱咤自若，然必伺忠賢旨，忠賢所遣聽記者未至，不敢訊也。一夕，令諸囚分舍宿。於是獄卒曰：「今夕有當壁挺者。」壁挺，獄中言死也。明日，漣死，光斗等次第皆鎖頭拉死。每一人死，停數日，葦蓆裹尸出牢戶，蟲蛆腐體。獄中事秘，其家人或不知死日。莊烈帝擒戮逆黨，冤死家子弟望獄門稽顙哀號，爲文以祭。帝聞之惻然。

自劉瑾創立枷，錦衣獄常用之。神宗時，御史朱應轂具言其慘，請除之。不聽。至忠賢益爲大枷，又設斷脊、墮指、刺心之刑。莊烈帝問左右：「立枷何爲？」王體乾對曰：「以罪巨奸大憝耳。」帝愀然曰：「雖如此，終可憫。」忠賢爲頸縮。東廠之禍，至忠賢而極。然廠衞未有不相結者，獄情輕重，廠能得於內。而外廷有扞格者，衞則東西兩司房訪緝之，北司拷問之，鍛鍊周內，始送法司。卽東廠所獲，亦必移鎭撫再鞫，而後刑部得擬其罪。故廠勢强，則衞附之，廠勢稍弱，則衞反氣淩其上。陸炳緝司禮李彬、東廠馬廣陰事，皆至死，以炳得內閣嵩意。及後中官愈重，閣勢日輕，閣臣反比廠爲之下，而衞使無不競趨廠門，甘爲役隸矣。

錦衣衞陞授勳衞、任子、科目、功升，凡四途。嘉靖以前，文臣子弟多不屑就。萬曆初，劉守有以名臣子掌衞，其後皆樂居之。士大夫與往還，獄急時，頗賴其力。守有子承禧及吳孟明其著者也。莊烈帝疑羣下，王德化掌東廠以慘刻輔之，孟明掌衞印，時有縱舍，然觀望廠意不敢違。而鎭撫梁清宏、喬可用朋比爲惡。凡縉紳之門，必有數人往來踪跡。故常晏起早闔，毋敢偶語。旗校過門如被大盜，官爲囊橐，均分其利。京城中奸細潛入，傭夫販子陰爲流賊所遣，無一舉發，而高門富豪跼蹐無寧居。其徒黠者恣行請託，稍拂其意，飛誣立搆，摘竿牘片字，株連至十數人。姜埰、熊開元下獄，帝諭掌衞駱養性潛殺之。養性泄上語，且言：「二臣當死，宜付所司，書其罪，使天下明知。若陰使臣殺之，天下後世謂陛下何如主？」會大臣多爲埰等言，遂得長繫。此養性之可稱者，然他事肆虐亦多矣。

錦衣舊例有功賞，惟緝不軌者當之。其後冒濫無紀，所報百無一實。吏民重困，而廠衞題請輒從。隆慶初，給事中歐陽一敬極言其弊，言：「緝事員役，其勢易逞，而又各類計所獲功次，以爲陞授。則憑可逞之勢，邀必獲之功，枉人利己，何所不至。有盜經出首倖免，故令多引平民以充數者；有括家囊爲盜贓，挾市豪以爲證者；有潛搆圖書，懷挾僞批，用妖言假印之律相誣陷者；或姓名相類，朦朧見收；父訴子孝，坐以忤逆。所以被訪之家，諺稱爲劉，毒害可知矣。乞自今定制，機密重情，事干憲典者，廠衞如故題請。其情罪不明，未經讞審，必待法司詳擬成獄之後，方與紀功。仍敕兵、刑二部勘問明白，請旨陞賞。或經緝拿未成獄者，不得虛冒比擬，及他詞訟不得概涉，以侵有司之事。如獄未成，而官校及鎭撫司拷打傷重，或至死者，許法司參治。法司容隱扶同，則聽科臣幷參。如此則功必覆實，訪必當事，而刑無冤濫。」時不能用也。

內官同法司錄囚，始於正統六年命何文淵、王文審行在疑獄，敕同內官興安。周忱、郭瑾往南京，敕亦如之。時雖未定五年大審之制，而南北內官得與三法司刑獄矣。景泰六年命太監王誠會三法司審錄在京刑獄，不及南京者，因災創舉也。成化八年命司禮太監王高、少監宋文毅兩京會審，而各省恤刑之差，亦以是歲而定。十七年辛卯命太監懷恩同法司錄囚。其後審錄必以丙辛之歲。弘治九年不遣內官。十三年以給事中丘俊言，復命會審。凡大審錄，齎敕張黃蓋於大理寺，爲三尺壇，中坐，三法司左右坐，御史、郎中以下捧牘立，唯諾趨走惟謹。三法司視成案，有所出入輕重，俱視中官意，不敢忤也。成化時，會審有弟助兄鬬，因毆殺人者，太監黃賜欲從末減。尙書陸瑜等持不可，賜曰：「同室鬬者，尙被髮纓冠救之，況其兄乎？」瑜等不敢難，卒爲屈法。萬曆三十四年大審，御史曹學程以建言久繫，羣臣請宥，皆不聽。刑部侍郎沈應文署尙書事，合院寺之長，以書抵太監陳矩，請寬學程罪。然後會審，獄具，署名同奏。矩復密啓，言學程母老可念。帝意解，釋之。其事甚美，而監權之重如此。錦衣衞使亦得與法司午門外鞫囚，及秋後承天門外會審，而大審不與也。每歲決囚後，圖諸囚罪狀於衞之外垣，令人觀省。內臣曾奉命審錄者，死則於墓寢畫壁，南面坐，旁列法司堂上官，及御史、刑部郎引囚鞠躬聽命狀，示後世爲榮觀焉。

成化二年命內官臨斬强盜宋全。嘉靖中，內臣犯法，詔免逮問，唯下司禮監治。刑部尙書林俊言：「宮府一體，內臣所犯，宜下法司，明正其罪，不當廢祖宗法。」不聽。按太祖之制，內官不得識字、預政，備掃除之役而已。末年焚錦衣刑具，蓋示永不復用。而成祖違之，卒貽子孫之患，君子惜焉。

校勘記

〔一〕工部尚書薛祥斃杖下　薛祥，原作「夏祥」，據本書卷一三八薛祥傳、卷一一〇七卿年表改。

〔二〕詔責給事御史李俊王濬輩五十六人容隱　五十六人，原作「五六人」，脫「十」字。憲宗實錄卷一九〇成化十五年五月：「於是給事中李俊等二十七人、御史王濬等二十九人合詞請罪，詔廷杖之二十。」二十七人加二十九人，正合五十六人。據補。

〔三〕萬曆五年以爭張居正奪情杖吳中行等五人　五年，原作「六年」，據本書卷二二九吳中行傳、卷二四三鄒元標傳，神宗實錄卷六八萬曆五年十月乙巳條改。

〔四〕尚寶卿顧璘　璘，原作「濬」，據本書卷三〇四劉瑾傳、弇山堂別集卷九四改。

〔五〕其黨莊敬袁江王謙　王謙，原作「王兼」，據本書卷三〇七紀綱傳、紀錄彙編卷一九五錦衣志改。

〔六〕朝官楊瑄李蕃韓祺李觀包瑛張祚程萬鍾輩皆鋃鐺就逮　張祚、程萬鍾，原作「張祚諫萬鍾」。本書卷三〇七門達傳作「雲南巡按張祚、清軍御史程萬鍾」，英宗實錄卷二八一天順元年八月甲辰條有「程萬鍾爲試監察御史」，又卷二七八天順元年五月己卯條有「巡按御史張祚」，明進士題名碑錄景泰甲戌科有程萬鍾，天順元年丁丑科有張祚。據改。

明史卷九十六

志第七十二

藝文一

明太祖定元都，大將軍收圖籍致之南京，復詔求四方遺書，設秘書監丞，尋改翰林典籍以掌之。永樂四年，帝御便殿閱書史，問文淵閣藏書。解縉對以尚多闕略。帝曰：「士庶家稍有餘資，尚欲積書，況朝廷乎？」遂命禮部尚書鄭賜遣使訪購，惟其所欲與之，勿較值。北京既建，詔修撰陳循取文淵閣書一部至百部，各擇其一，得百櫃，運致北京。宣宗嘗臨視文淵閣，親披閱經史，與少傅楊士奇等討論，因賜士奇等詩。是時，秘閣貯書約二萬餘部，近百萬卷，刻本十三，抄本十七。正統間，士奇等言：「文淵閣所貯書籍，有祖宗御製文集及古今經史子集之書，向貯左順門北廊，今移於文淵閣東閣，臣等逐一點勘，編成書目，請用寶鈐識，永久藏弆。」制曰「可」。正德十年，大學士梁儲等請檢內閣幷東閣藏書殘闕者，令原管主事李繼先等次第修補。先是，秘閣書籍皆宋、元所遺，無不精美，裝用倒摺，四周外向，蟲鼠不能損。迄流賊之亂，宋刻元鐫胥歸殘闕。至明御製詩文，內府鏤板，而儒臣奉敕修纂之書及象魏布告之訓，卷帙既夥，文藻復優，當時頒行天下。外此則名公卿之論撰，騷人墨客一家之言，其工者深醇大雅，卓卓可傳，即有怪奇駁雜出乎其間，亦足以考風氣之正變，辨古學之源流，識大識小，掌故備焉。挹其華實，無讓前徽，可不謂文運之盛歟。

四部之目，昉自荀勖，晉、宋以來因之。前史兼錄古今載籍，以爲皆其時柱下之所有也。明萬曆中，修撰焦竑修國史，輯經籍志，號稱詳博。然延閣廣內之藏，竑亦無從徧覽，則前代陳編，何憑記錄，區區掇拾遺聞，冀以上承隋志，而贋書錯列，徒滋譌舛。故今第就二百七十年各家著述，稍爲釐次，勒成一志。凡卷數莫考、疑信未定者，寧闕而不詳云。

經類十：一曰易類，二曰書類，三曰詩類，四曰禮類，五曰樂類，六曰春秋類，七曰孝經類，八曰諸經類，九曰四書類，十曰小學類。

朱升周易旁注前圖二卷、周易旁注十卷

趙汸大易文詮八卷

梁寅周易參義十二卷

鮑恂大易舉隅三卷又名大易鉤玄。

林大同易經奧義二卷

歐陽貞周易問辨三十卷

朱謐易學啓蒙述解二卷

張洪周易傳義會通十五卷

程汝器周易集傳十卷

永樂中敕修周易傳義大全二十四卷、義例一卷胡廣等纂。

楊士奇周易直指十卷

劉髦石潭易傳撮要一卷

林誌周易集說三卷

李賢讀易記一卷

劉定之周易圖釋三卷〔一〕

王恕玩易意見二卷

羅倫周易說旨四卷

談綱讀易愚慮二卷、易考圖義一卷、卜筮節要一卷、易義雜言一卷、易指考辨一卷

蔡清周易蒙引二十四卷

朱綬易經精蘊二十四卷

何孟春易疑初筮告蒙約十二卷

胡世寧讀易私記四卷

陳鳳梧集定古易十二卷

劉玉執齋易圖說一卷

許誥圖書管見一卷

周用讀易日記一卷

崔銑讀易餘言五卷、易大象說一卷

湛若水修復古易經傳訓測十卷

張邦奇易說一卷

鄭善夫易論一卷

呂柟周易說翼三卷

王崇慶周易議卦二卷

唐龍易經大旨四卷

韓邦奇易學啓蒙意見四卷一名易學疏原、易占經緯四卷

鍾芳學易疑義三卷

王道周易億四卷

梅鷟古易考原三卷

金賁亨學易記五卷

舒芬易箋問一卷

季本易學四同八卷、圖文餘辨一卷、蓍法別傳一卷、古易辨一卷

林希元易經存疑十二卷

陳琛易經通典六卷一名淺說。

方獻夫周易約說十二卷

余誠易圖說一卷

黃芹易圖識漏一卷

李舜臣易卦辱言一卷

葉良珮周易義叢十六卷

豐坊古易世學十五卷坊云家有古易，傳自遠祖豐稷。又有古書世學六卷，言得朝鮮、倭國二本，合於今文。古文石經、古本魯詩世學三十六卷，亦言豐稷所傳。錢謙益謂皆坊僞撰也。

唐樞易修墨守一卷

羅洪先易解一卷

楊爵周易辨錄四卷

薛甲易象大旨八卷

熊過周易象旨決錄七卷

胡經易演義十八卷

王畿大象義述一卷

盧翰古易中說四十四卷

陳言易疑四卷

陳士元易象鉤解四卷、易象彙解二卷

魯邦彥圖書就正錄一卷

李贄九正易因四卷贄自謂初著易因一書，改至八九次而後定，故有「九正」之名。

徐師曾今文周易演義十二卷

姜寶周易補疑十二卷

顧曾唯周易詳蘊十三卷

孫應鼇易談四卷

鄧元錫易經繹五卷

顏鯨易學義林十卷

陳錫易原一卷

王世懋易解一卷

徐元氣周易詳解十卷

萬廷言易說四卷、易原四卷

楊時喬周易古今文全書二十一卷

來知德周易集註十六卷

任惟賢周易義訓十卷

張獻翼讀易韻考七卷

曾士傳正易學啓蒙一卷

葉山八白易傳十六卷

金瑤六爻原意一卷

李逢期易經隨筆三卷

方社昌周易指要三卷

孫從龍周易參疑十卷

沈一貫易學十二卷

馮時可易說五卷

唐鶴徵周易象義四卷

黃正憲易象管窺十五卷

郭子章易解十五卷

吳中立易詮古本三卷

周坦易圖說一卷〔三〕
朱篁易郵七卷
朱謀㙔易象通八卷
陳第伏羲圖贊二卷
鄧伯羔古易詮二十九卷、今易詮二十四卷
傅文兆羲經十一翼五卷
林兆恩易外別傳一卷
王宇周易占林四卷
彭好古易鑰五卷
方時化易疑一卷、易引九卷、周易頌二卷、
學易述談四卷
章潢周易象義十卷
姚舜牧易經疑問十二卷
顏素易研六卷
曾朝節易測十卷
鄒元標易轂通一卷
徐三重易義一卷
蘇濬周易冥冥篇四卷、易經兒說四卷
沈孚聞周易日鈔十一卷
屠隆讀易便解四卷
楊啓新易林疑說二卷
鍾化民讀易鈔十四卷
李廷機易經纂注四卷、易答問四卷
鄒德溥易會八卷
錢一本像象管見七卷，易象鈔、續鈔共六
卷，四聖一心錄四卷
潘士藻洗心齋讀易述十七卷
岳元聲易說三卷
顧允成易圖說億言四卷
焦竑易筌六卷

高攀龍大易易簡說三卷、周易孔義一卷

郝敬周易正解二十卷、易領四卷、問易補七卷、學易枝言二卷

張納陛學易飮河八卷

吳炯周易繹旨八卷

萬尙烈易贊測一卷、易大象測一卷

吳默易說六卷

姚文蔚周易旁注會通十四卷

李本固古易彙編意辭集十七卷

楊廷筠易顯六卷

湯賓尹易經翼註四卷

孫愼行周易明洛義纂述六卷、不語易義二卷

曹學佺周易可說七卷

張汝霖周易因指八卷

崔師訓大成易旨二卷

劉宗周周易古文鈔三卷、讀易圖記一卷

薛三省易蠡二卷

程汝繼周易宗義十二卷

王三善周易象注九卷

魏濬周易古象通八卷

樊良樞易疑一卷、易象二卷

高捷易學象辭二集十二卷

陸振奇易芥十卷

楊瞿崍易林疑說十卷

王納諫周易翼註三卷

陸夢龍易略三卷

文翔鳳邵窩易詁一卷

卓爾康易學全書五十卷

繆昌期周易會通十二卷

羅喻義讀易內篇、問篇、外篇共七卷
程玉潤周易演旨六十五卷
錢士升易揆十二卷
錢繼登易簣三卷
吳極易學五卷
方孔炤周易時論十五卷
徐世淳易就六卷
汪邦柱周易會通十二卷
葉憲祖大易玉匙六卷
方鯤易盪二卷
鮑觀白易說二卷
張伯樞易象大旨三卷
吳桂森像象述五卷
鄭維嶽易經意言六卷
喻有功周易懸鏡七卷
潘士龍演易圖說一卷
洪守美易說醒四卷
余叔純周易讀五卷
陸起龍周易易簡編四卷
徐奇周易卦義二卷
洪化昭周易獨坐談五卷
沈瑞鍾周易廣筌二卷
林有桂易經觀理說四卷
陳履祥孔易彀一卷
許順義易經三注粹鈔四卷
王祚昌周易敝書五卷
容若春今易圖學心法釋義十卷
張次仲周易玩辭困學記十二卷
顧樞西疇易稿三卷
陳仁錫羲經易簡錄八卷

黃道周易象正十四卷、三易洞璣十六卷

倪元璐兒易內儀六卷、外儀十五卷

龍文光乾乾篇三卷

文安之易傭十四卷

林胤昌周易耨義六卷

張鏡心易經增註十二卷

李奇玉易義四卷

朱之俊周易纂六卷

何楷古周易訂詁十六卷

右易類，二百二十二部，一千五百七十卷。

明太祖注尚書洪範一卷帝嘗命儒臣書洪範，揭於御座之右，因自爲注。

仁宗體尚書二卷釋尚書中皋陶謨、甘誓、盤庚等十六篇，以講解更其原文。

侯峒曾易解三卷

黎遂球周易爻物當名二卷

鄭賡唐讀易蒐十二卷

陳際泰易經大意七卷、羣經輔易說一卷、周易翼簡捷解十六卷

秦鏞易序圖說二卷

金鉉易說一卷

黃端伯易疏五卷

來集之讀易偶通二卷

世宗書經三要三卷帝以太祖有注洪範一篇，因注無逸，再注伊訓，分三册，共爲一書。已乃製洪範序略一篇，復將皋陶謨、伊訓、無逸等篇通加注釋，名曰審經三要。

洪武中敕修書傳會選六卷太祖以蔡沈書傳有得有失，詔劉三吾等訂正之。又集諸家之說，足其未備。書成頒刻，然世竟鮮行。永樂中，修大全，一依蔡傳，取便於士子舉業，此外不復有所考究也。

朱升尚書旁注六卷、書傳補正輯注一卷

梁寅書纂義十卷

朱右書集傳發揮十卷、禹貢凡例一卷

徐蘭書經體要一卷

陳雅言尚書卓躍六卷

郭元亮尚書該義十二卷

永樂中敕修書傳大全十卷胡廣等纂。

張洪尚書補傳十二卷

彭勖書傳通釋六卷

徐善述尚書直指六卷

陳濟書傳補注一卷

徐驥洪範解訂正一卷

章陬書經提要四卷

費希冉尚書本旨七卷

楊守陳書私鈔一卷

黃瑜書經旁通十卷

李承恩書經拾蔡二卷

楊廉洪範纂要一卷

熊宗立洪範九疇數解八卷

張邦奇書說一卷

吳世忠洪範考疑一卷

鄭善夫洪範論一卷

劉天民洪範辨疑一卷

馬明衡尚書疑義一卷

呂柟尚書說疑五卷〔三〕

韓邦奇禹貢詳略二卷

王崇慶書經說略一卷

舒芬書論一卷

鄭曉尚書考二卷、禹貢圖說一卷

馬森書傳敷言十卷

張居正書經直解八卷

王樵尚書日記十六卷、書帷別記四卷

陳錫尚書經傳別解一卷

歸有光洪範傳一卷、考定武成一卷

程弘賓書經虹臺講義十二卷

屠本畯尚書別錄六卷

鄧元錫尚書繹二卷

章潢尚書圖說三卷

陳第尚書疏衍四卷

羅敦仁尚書是正二十卷

鍾庚陽尚書傳心錄七卷

王祖嫡書疏叢鈔一卷

瞿九思書經以俟錄六卷

姚舜牧書經疑問十二卷

劉應秋尚書旨十卷

郭正域東宮進講尚書義一卷

錢一本範衍十卷

袁宗道尚書纂注四卷

焦竑禹貢解一卷

吳炯書經質疑一卷

王肯堂尚書要旨三十一卷

郝敬尚書辨解十卷

盧廷選尚書雅言六卷

曹學佺書傳會衷十卷

謝廷讚書經翼注七卷

趙惟寰尚書蠡四卷

陸鍵尚書傳翼十卷

傅元初尚書撮義四卷

張爾嘉尚書貫言二卷

袁儼尚書百家彙解六卷

姜逢元禹貢詳節一卷

江旭奇尚書傳翼二卷

朱道行尚書集思通十二卷

朱朝瑛讀書略記二卷

史惟堡尚書晚訂十二卷

茅瑞徵虞書箋二卷、禹貢滙疏十二卷

湯肇芳尚書副墨六卷

王綱振禹貢逆志一卷

潘士遴尚書葦籥五十卷

張能恭禹貢訂傳一卷

徐大儀書經補注六卷

黃翼登禹貢注刪一卷

黃道周洪範明義四卷

夏允彝禹貢古今合注五卷

鄭鄤禹貢注一卷

羅喻義洪範直解一卷、讀範內篇一卷

艾南英禹貢圖注一卷

右書類，八十八部，四百九十七卷。

周是修詩小序集成三卷

朱升詩旁注八卷

梁寅詩演義八卷、詩考四卷

汪克寬詩集傳音義會通三十卷

曾堅詩疑大鳴錄一卷
朱善詩解頤四卷
高頤詩集傳解二十卷
張洪詩正義十五卷
楊禹錫詩義二卷
鄭旭詩經總旨一卷
永樂中敕修詩集傳大全二十卷胡廣等纂。
范理詩集解三十卷
王逢詩經講說二十卷
孫鼎詩義集說四卷
李賢讀詩紀一卷〔四〕
楊守陳詩私鈔四卷
易貴詩經直指十五卷
程楷詩經講說二十卷
陸深儼山詩微二卷
張邦奇詩說一卷
湛若水詩釐正二十卷
呂柟毛詩序說六卷
胡纘宗胡氏詩識三卷
王崇慶詩經衍義一卷
季本詩說解頤八卷、總論二卷
黃佐詩傳通解二十五卷
潘恩詩經輯說七卷
陸垹詩傳存疑一卷
薛應旂方山詩說八卷
陳錫詩辨疑一卷
勞堪詩林伐柯四卷
沈一貫詩經纂注四卷
馮時可詩億二卷
郭子章詩傳書例四卷

朱得之印古詩說一卷
袁仁毛詩或問二卷
鄧元錫詩繹三卷
陳第毛詩古音考四卷
朱謀㙔詩故十卷
凌濛初聖門傳詩嫡冢十六卷、詩逆四卷
陶其情詩經注疏大全纂十二卷
趙一元詩經理解十四卷
黃一正詩經埤傳八卷
馮復京六家詩名物疏五十五卷
吳雨毛詩鳥獸草木疏三十卷
唐汝諤毛詩微言二十卷
瞿九思詩經以俟錄六卷
姚舜牧詩經疑問十二卷
林兆珂毛詩多識篇七卷

汪應蛟學詩略一卷
徐常吉毛詩翼說五卷
吳烱詩經質疑一卷
郝敬毛詩原解三十六卷、序說八卷
張彩詩原三十卷
徐必達南州詩說六卷
劉憲寵詩經會說八卷
曹學佺詩經質疑六卷
沈萬鈳詩經類考三十卷
顧起元爾雅堂詩說四卷
蔡毅中詩經補傳四卷
沈守正詩經說通十四卷
樊良樞詩商五卷
徐光啓毛詩六帖六卷
趙琮葩經約說十卷

莊廷臣詩經逢源八卷
高承埏五十家詩義裁中十二卷
鄒忠胤詩傳闡二十四卷
朱朝瑛讀詩略記二卷
陸化熙詩通四卷
張星懋詩采八卷
胡胤嘉讀詩錄二卷
高鼎熺詩經存旨八卷
朱道行詩經集思通十二卷
韋調鼎詩經考定二十四卷
何楷毛詩世本古義二十八卷
趙起元詩權八卷
張次仲待軒詩記六卷
喬中和葩經旁意一卷
張睿卿詩疏一卷
胡紹曾詩經胡傳十二卷
唐達毛詩古音考辨一卷
范王孫詩志二十六卷
張溥詩經注疏大全合纂三十四卷

右詩類，八十七部，九百八卷。

方孝孺周禮考次目錄一卷
魏校周禮沿革傳六卷、官職會通二卷
何喬新周禮集注七卷、周禮明解十二卷
楊愼周官音詁一卷
陳鳳梧周禮合訓六卷
舒芬周禮定本十三卷

季本讀禮疑圖六卷

陳深周禮訓雋十卷、周禮訓注十八卷、考工記句詁一卷

唐樞周禮因論一卷

羅洪先周禮疑一卷

王圻續定周禮全經集注十四卷

李如玉周禮會注十五卷

柯尚遷周禮全經釋原十四卷

金瑤周禮述注六卷

王應電周禮傳十卷、周禮圖說二卷、學周禮法一卷、非周禮辨一卷

馮時行周禮別說一卷

施天麟周禮通義二卷

徐卽登周禮說十四卷〔五〕

焦竑考工記解二卷

陳與郊考工記輯注二卷

郝敬周禮完解十二卷

郭良翰周禮古本訂注六卷

孫攀古周禮釋評六卷

陳仁錫周禮句解六卷

張采周禮合解十八卷

林兆珂考工記述注二卷

徐昭慶考工記通二卷

王志長周禮注疏刪翼三十卷

郎兆玉注釋古周禮六卷

沈羽明周禮彙編六卷已上周禮。

汪克寬經禮補逸九卷

黃潤玉儀禮戴記附注五卷

何喬新儀禮敍錄十七卷

陳鳳梧射禮集要一卷

湛若水儀禮補逸經傳測一卷
徐駿五服集證一卷
王廷相昏禮圖一卷、鄉射禮圖注一卷、喪禮論一卷、喪禮備纂二卷
舒芬士相見禮儀一卷
聞人詮飲射圖解一卷
朱縉射禮集解一卷
胡纘宗儀禮鄭注附逸禮二十五卷
郝敬儀禮節解十七卷
王志長儀禮注疏删翼十七卷已上儀禮。
連伯聰禮記集傳十六卷
朱右深衣考一卷
黃潤玉考定深衣古制一卷
永樂中敕修禮記大全三十卷胡廣等纂。
鄭節禮傳八十卷
岳正深衣注疏一卷
楊廉深衣纂要一卷
夏時正深衣考一卷
王廷相夏小正集解一卷、深衣圖論一卷
夏言深衣考一卷
王崇慶禮記約蒙一卷
楊愼檀弓叢訓二卷一名附注、夏小正解一卷
張孚敬禮記章句八卷
戴冠禮記集說辨疑一卷
柯尙遷曲禮全經類釋十四卷
李孝先投壺譜一卷
黃乾行禮記日錄四十九卷
聞人德潤禮記要旨補十六卷
丘櫁禮記摘訓十卷

徐師曾禮記集註三十卷

戈九疇禮記要旨十六卷

陳與郊檀弓輯註二卷

姚舜牧禮記疑問十二卷

沈一中禮記述注十八卷

王荁禮記纂註四卷

郝敬禮記通解二十二卷

余心純禮經搜義二十八卷

劉宗周禮經考次正集十四卷、分集四卷

樊良樞禮測二卷

陳有元禮記約述八卷

朱泰禎禮記意評四卷

湯三才禮記新義三十卷

王翼明禮記補注三十卷

黃道周月令明義四卷、坊記集傳二卷、表記集傳二卷、緇衣集傳二卷〔六〕

陳際泰王制說一卷

張習孔檀弓問四卷

盧翰月令通考十六卷

楊鼎熙禮記敬業八卷

閻有章說禮三十一卷已上禮記。

夏時正三禮儀略舉要十卷

湛若水二禮經傳測六十八卷大略以曲禮、儀禮爲經，禮記爲傳。

吳嶽禮考一卷

劉績三禮圖二卷

貢汝成三禮纂注四十九卷

李黼二禮集解十二卷合周禮、儀禮爲一，集諸家之說以解之。

李經綸三禮類編三十卷

鄧元錫三禮編繹二十六卷

右禮類，一百七部，一千一百二十一卷。

韓邦奇律呂新書直解一卷、苑洛志樂二十卷

張敔雅樂發微八卷、樂書雜義七卷

湛若水古樂經傳全書二卷

周瑛律呂管鑰一卷

劉績六樂圖二卷

黃佐禮典四十卷、樂典三十六卷

何瑭樂律管見一卷一名律呂管見。

呂柟詩樂圖譜十八卷

季本樂律纂要一卷、律呂別書一卷

李文利大樂律呂元聲六卷、大樂律呂考證四卷

唐伯玉禮編二十八卷已上通禮。

張謂大成樂舞圖譜二卷、古雅心談一卷

李文察樂記補說二卷、四聖圖解二卷、律呂新書補注一卷、典樂要論三卷、古樂筌蹄九卷、青宮樂調三卷

劉濂樂經元義八卷、九代樂章二十三卷

鄧文憲律呂解注二卷

黃積慶樂律管見二卷正李文利之非。

唐順之樂論八卷

蔡宗堯律同二卷

楊繼盛擬補樂經一卷

潘巒文廟樂編二卷

李璧宴饗樂譜一卷

葛見堯含少論略一卷

呂懷律呂古義二卷、韻樂補遺二卷、律呂廣義三卷

孫應鼇律呂分解發明四卷

王邦直律呂正聲六十卷

朱載堉樂律全書四十卷

樂和聲大成樂舞圖說一卷

何棟如文廟雅樂考二卷

史記事大成禮樂集三卷

瞿九思孔廟禮樂考五卷

李之藻頖宮禮樂疏十卷

黃居中文廟禮樂志十卷

梅鼎祚古樂苑五十二卷、衍錄四卷、唐樂苑三十卷

黃汝良樂律志四卷

王朝璽律呂新書私解一卷

王思宗黃鍾元統圖說一卷、八音圖注一卷

葉廣禮樂合編三十卷

王正中律書詳註一卷

右樂類，五十四部，四百八十七卷。

春秋本末三十卷洪武中，懿文太子命宮臣傅藻等編。

趙汸春秋集傳十五卷、附錄二卷、〔七〕春秋屬辭十五卷、左傳補注十卷

梁寅春秋考義十卷

張以寧春秋尊王發微八卷、春秋春王正月

考一卷、辨疑一卷
汪克寬春秋胡傳附錄纂疏三十卷
徐尊生春秋論一卷
蔡深春秋纂十卷
李衡春秋釋例集說三卷
石光霽春秋書法鉤玄四卷
永樂中，敕修春秋集傳大全三十七卷胡廣等纂。
金幼孜春秋直指三十卷、春秋要旨三卷
張洪春秋說約十二卷
饒秉鑑春秋會傳十五卷、提要一卷
張復春秋中的一卷
童品春秋經傳辨疑一卷
余本春秋傳疑一卷
郭登春秋左傳直解十二卷
邵寶左觿一卷
楊循吉春秋經解摘錄一卷
湛若水春秋正傳三十七卷
金賢春秋紀愚十卷
劉節春秋列傳五卷
劉績春秋左傳類解二十卷
張邦奇春秋說一卷
席書元山春秋論一卷
江曉春秋補傳十五卷
魏校春秋經世書二卷
蔡芳春秋訓義十一卷
呂柟春秋說志五卷
許誥春秋意見一卷
胡世寧春秋志疑十八卷
鍾芳春秋集要二卷

楊慎春秋地名考一卷

湯𣸣春秋易簡發明二十卷

季本春秋私考三十卷

王崇慶春秋析義二卷

王道春秋億四卷

胡纘宗春秋本義十二卷

姜絅春秋曲言十卷

李濂夏周正辨疑會通四卷

陸粲左傳附注五卷、春秋左氏鐫二卷、胡傳辨疑二卷

任桂春秋質疑四卷

黃佐纘春秋明經十二卷〔八〕

石琚左傳章略三卷

唐順之春秋論一卷、左氏始末十二卷

趙恒春秋錄疑十七卷

魏謙吉春秋大旨十卷

詹萊春秋原經十七卷

林命春秋訂疑十二卷

姚咨春秋名臣傳十三卷

袁顥春秋傳三十卷

袁祥春秋或問八卷〔九〕

袁仁鍼胡篇一卷

邵弁春秋尊王發微十卷屬辭比事八卷、或問一卷、凡例輯略一卷。

傅遜春秋左傳屬事二十卷、春秋左傳注解辨誤二卷

嚴訥春秋國華十七卷

高拱春秋正旨一卷

姜寶春秋事義全考二十卷、春秋讀傳解略十二卷疏胡傳之義意，以便學者。

王樵春秋輯傳十五卷、凡例三卷

馬森春秋伸義辨類二十九卷

許孚遠左氏詳節八卷

顏鯨春秋貫玉四卷

李攀龍春秋孔義十二卷〔一〇〕

汪道昆春秋左傳節文十五卷

吳國倫春秋世譜十卷以春秋列國事實見於史記、他書者，分國爲諸侯世家。

徐學謨春秋億六卷

朱睦㮮春秋諸傳辨疑四卷

王錫爵左傳釋義評苑二十卷

鄧元錫春秋繹一卷

黃洪憲春秋左傳釋附二十七卷

黃正憲春秋翼附二十卷

馮時可左氏討二卷、左氏論二卷、左氏釋二卷

穆文熙國概六卷

余懋學春秋蠡測四卷

凌稚隆左傳測義七十卷

錢時俊春秋胡傳翼三十卷

冷逢震周正考一卷

徐卽登春秋說十一卷

鄒德溥春秋匡解八卷

姚舜牧春秋疑問十二卷

郝敬春秋直解十二卷

鄭良弼春秋或問十四卷、存疑一卷、續義二卷

張事心春秋左氏人物譜一卷

陸曾曄編春秋所見所聞所傳聞三卷

施仁左粹類纂十二卷

陳可言春秋左傳類事三十六卷

顧懋樊春秋義三十卷

曹宗儒春秋序事本末三十卷、逸傳三卷、左氏辨三卷

王震春秋左翼四十三卷

徐允祿春秋愚謂四卷

曹學佺春秋闡義十二卷、春秋義略三卷

馮夢龍春秋衡庫二十卷

錢世揚春秋說十卷

林嗣昌春秋易義十二卷

王衡春秋纂注四卷

張溥春秋三書三十一卷

魏靖國三傳異同三十卷

余颺春秋存俟十二卷

卓爾康春秋辨義四十卷

虞宗瑤春秋提要二卷

張國經春秋比事七卷

劉城春秋左傳地名錄二卷

錢應奎左記十一卷

孫范左傳紀事本末二十二卷

張銓春秋補傳十二卷

來集之春秋志在十二卷、四傳權衡一卷

馮伯禮春秋羅纂十二卷

賀仲軾春秋歸義三十二卷、便考十卷

耿汝忞春秋愍渡十五卷

右春秋類，一百三十一部，一千五百二十五卷。

宋濂孝經新說一卷
孫蕡孝經集善一卷
孫吾與孝經注解一卷
方孝孺孝經誡俗一卷
晏璧孝經刊誤一卷
曹端孝經述解一卷
劉實孝經集解一卷
薛瑄定次孝經今古文一卷
楊守陳孝經私鈔八卷
余本孝經集注三卷
王守仁孝經大義一卷
陳深孝經解詁一卷〔二〕
歸有光孝經敍錄一卷
李材孝經疏義一卷
楊起元孝經外傳一卷、孝經引證二卷
虞淳熙孝經邇言九卷、孝經集靈一卷
胡時化注解孝經一卷
吳搗謙重定孝經列傳七卷
朱鴻孝經質疑一卷、集解一卷
王元祚孝經彙注三卷
陳仁錫孝經小學詳解八卷
黃道周孝經集傳二卷
何楷孝經集傳二卷
張有譽孝經衍義六卷
江旭奇孝經疏義一卷
瞿罕孝經貫注二十卷、孝經存餘三卷、孝經考異一卷、孝經對問三卷
呂維祺孝經本義二卷、孝經大全二十八卷、或問三卷

右孝經類，三十五部，一百二十八卷。

蔣悌生五經蠡測六卷
董彝經疑十卷
黃潤玉經書補注四卷、經譜一卷
周洪謨經書辨疑錄三卷
王恕石渠意見二卷、拾遺一卷、補缺一卷
章懋諸經講義二卷
邵寶簡端錄十二卷
王崇慶五經心義五卷
王守仁五經臆說四十六卷
呂柟經說十卷
楊愼經說八卷
詹萊七經思問三卷
鄭世威經書答問十卷
薛治五經發揮七十卷
丁奉經傳臆言二十八卷
唐順之五經總論一卷
胡賓六經圖全集六卷
陳深十三經解詁六十卷
穆相五經集序二卷
王覺五經四書明音八卷
蔡汝楠說經劄記八卷
朱睦㮮授經圖二十卷、五經稽疑六卷、經序錄五卷
陳士元五經異文十一卷
王世懋經子臆解一卷
徐常吉遺經四解四卷、六經類雅五卷

周應賓九經考異十二卷、逸語一卷

陳仁錫六經圖考三十六卷

郝敬九部經解一百六十五卷

楊聯芳羣經類纂三十四卷

陳禹謨經言枝指十卷

楊維休五經宗義二十卷

蔡毅中六經注疏四十三卷

張瑄五經研朱集二十二卷

卜大有經學要義五卷

顧夢麟十一經通考二十卷

杜質明儒經翼七卷

右諸經類，四十三部，七百三十四卷。

陶宗儀四書備遺二卷

丁璣大學疑義一卷

劉醇四書解疑四卷

蔡清四書蒙引十五卷

周是修論語類編二卷

王守仁古本大學注一卷

永樂中敕修四書大全三十六卷胡廣等纂。

朱綬四書補注三卷

孔諤中庸補注一卷

夏良勝中庸衍義十七卷

黃潤玉學庸通旨一卷

湛若水中庸測一卷

周洪謨四書辨疑錄三卷

程嗣光四書講義十卷

呂柟四書因問六卷

魏校大學指歸一卷

王道大學億一卷

穆孔暉大學千慮一卷

季本四書私存三十七卷

薛甲四書正義十二卷

梁格集四書古義補十卷

金賁亨學庸義二卷

蘇濂四書通考補遺六卷

朱潤四書通解十卷

馬森學庸口義三卷

廖紀四書管窺四卷

陳士元論語類考二十卷、孟子雜記四卷

許孚遠論語學庸述四卷

謝東山中庸集說啓蒙一卷

唐樞四書問錄二卷

楊時喬四書古今文註發九卷

李材論語大意十二卷

顧憲成大學通考一卷、大學質言一卷

管志道論語訂釋十卷、中庸測義一卷、孟子訂釋七卷

鄒元標學庸商求二卷

鄭維嶽四書知新日錄三十七卷

王肯堂論語義府二十卷

史記事四書疑問五卷

郝敬四書攝提十卷

姚舜牧四書疑問十二卷

李槃中庸臆說一卷

吳應賓中庸釋論十二卷

顧起元中庸外傳三卷

林茂槐四書正體五卷

陳禹謨談經苑四十卷、漢詁纂二十卷、引經繹五卷、人物概十五卷、名物考二十卷

陶廷奎四書正學衍說八卷

右四書類五十九部，七百十二卷。

危素爾雅略義十九卷

朱睦㮮訓林十二卷

朱謀㙔駢雅七卷

李文成博雅志十三卷

張萱彙雅前編二十卷、後編二十卷

羅曰褧雅餘八卷

穆希文蟫史集十一卷

黃裳小學訓解十卷

朱升小四書五卷集宋元儒方逢辰名物蒙求、程若庸

劉元卿四書宗解八卷

陳仁錫四書語錄一百卷、四書析義十卷、四書備考八十卷

張溥四書纂注大全三十七卷

性理字訓、陳櫟歷代蒙求各一卷，黃繼善史學提要二卷。

何士信小學集成十卷、圖說一卷

趙古則學範六卷、童蒙習句一卷

方孝孺幼儀雜箴一卷

張洪小學翼贊詩六卷

鄭眞學範六卷

朱逢吉童子習一卷

吳訥小學集解十卷

劉實小學集注六卷

丘陵嬰教聲律二十卷

廖紀童訓一卷

陳選小學句讀六卷

王雲鳳小學章句四卷

湛若水古今小學六卷

鍾芳小學廣義一卷

黃佐小學古訓一卷

王崇文蒙訓一卷

王崇獻小學撮要六卷

朱載瑋困蒙錄一卷

耿定向小學衍義二卷

吳國倫訓初小鑑四卷

周憲王有燉家訓一卷

朱勤美諭家邇談二卷

鄭綺家範二卷

王士覺家則一卷

程達道家教輯錄一卷

周是修家訓十二卷

楊榮訓子編一卷

曹端家規輯略一卷

楊廉家規一卷

何瑭家訓一卷

程敏政貽範錄三十卷

周思兼家訓一卷

孫植家訓一卷

吳性宗約一卷、家訓一卷

楊繼盛家訓一卷

王祖嫡家庭庸言二卷已上小學。

女誡一卷洪武中，命儒臣編。

高皇后內訓一卷

文皇后勸善書二十卷

章聖太后女訓一卷獻宗爲序，世宗爲後序。

慈聖太后女鑑一卷、內則詩一卷嘉靖中，命方獻夫等撰。

黃佐姆訓一卷

王敬臣婦訓一卷

王直女教續編一卷已上女學。

洪武正韻十六卷

孫吾與韻會訂正四卷

謝林字學源委五卷〔一二〕

趙古則聲音文字通一百卷、六書本義十二卷

穆正文字譜系十二卷

蘭廷秀韻略易通二卷

章黼韻學集成十二卷、直音篇七卷

涂觀六書音義十八卷

黃諫從古正文六卷

顧充字類辨疑二卷

張穎古今韻釋五卷

梁倫稽古叶聲二卷

周瑛書纂五卷

音釋一卷〔一三〕

王應電同文備考九卷

楊愼轉注古音略五卷、古音叢目五卷、古音獵要五卷、古音附錄五卷、古音餘五卷、古音略例一卷、六書練證五卷、六書索隱五卷、古文韻語二卷、韻林原訓五卷、奇字韻五卷、韻藻四卷

方豪韻補五卷

龔時憲玉篇鑑磻四十卷

劉隅古篆分韻五卷

潘恩詩韻輯略五卷

張之象四聲韻補五卷

陳士元古俗字略七卷、韻苑考遺四卷

田藝蘅大明同文集五十卷

茅溱韻譜本義十六卷〔一四〕

焦竑俗書刊誤十二卷

方日升古今韻會小補三十卷

程元初五經詞賦叶韻統宗二十四卷

黃鍾音韻通括二卷

郝敬讀書通二十卷

林茂槐讀書字考略四卷

趙宧光說文長箋七十二卷、六書長箋十三卷

梅膺祚字彙十二卷

吳汝紀古今韻括五卷

吳繼仕音聲紀元六卷

呂維祺音韻日月燈六十卷

周宇字考啓蒙十六卷、認字測三卷

周伯殷字義切略二卷

楊昌文篆韻正義五卷

熊晦類聚音韻三十卷

楊廉綴算舉例一卷、數學圖訣發明一卷

顧應祥測圓算術四卷、弧矢算術二卷、釋測圓海鏡十卷

唐順之句股等六論一卷

朱載堉嘉量算經三卷

李瓚同文算指通編二卷、前編二卷

楊輝九章一卷已上書數。

右小學類，一百二十三部，一千六十四卷。

校勘記

〔一〕劉定之周易圖釋三卷　三卷，千頃堂書目卷一、稽璜續文獻通考卷一四三、四庫全書總目卷七都作「十二卷」。又，本志所列書目卷數往往與各家書目不同，以後不再出校。

〔二〕周坦易圖說一卷　周坦，原作「周垣」，據明史稿志七四藝文志、經義考卷五七改。明儒學案卷三〇粤閩王門學案有周坦傳。

〔三〕呂柟尙書說疑五卷　尙書說疑，千頃堂書目卷一、四庫全書總目卷一三都作「尙書說要」。

〔四〕李賢讀詩紀一卷　讀詩紀，明史稿卷七四藝文志、千頃堂書目卷一都作「讀詩記」。

〔五〕徐卽登周禮說十四卷　徐卽登，原作「周卽登」，據千頃堂書目卷二、稽璜續文獻通考卷一五一、四庫全書總目卷二三改。明進士題名碑錄萬曆癸未科有徐卽登。

〔六〕緇衣集傳二卷　緇衣集傳，原作「緇衣集解」，據千頃堂書目卷二、四庫全書總目卷二一、鍥黃先生進覽書四種、石齋先生經傳九種改。

〔七〕趙汸春秋集傳十五卷附錄二卷　附錄上脫「春秋師說三卷」，附錄是春秋師說的附錄。千頃堂書目卷二、四庫全書總目卷二八都稱春秋師說是趙汸輯其師黃澤春秋說，附錄是錄黃澤詩及行狀等。

〔八〕黃佐續春秋明經十二卷　續春秋明經，明史稿志七四藝文志、千頃堂書目卷二作「續春秋明經」。

〔九〕袁祥春秋或問八卷　袁祥，原作「袁詳」，據千頃堂書目卷二、經義考卷二〇一改。

〔一〇〕李攀龍春秋孔義十二卷　李攀龍，疑當作「高攀龍」。千頃堂書目卷二、四庫全書總目卷二八都作「高攀龍春秋孔義十二卷」。

〔一一〕陳深孝經解詁一卷　下文諸經類有陳深十三經解詁六十卷，此書卽包括在內，此處重出。

〔一二〕謝林字學源委五卷　字學源委，原作「字要源委」，據千頃堂書目卷三改。

〔一三〕音釋一卷　上有脫文。千頃堂書目卷三「周瑛書纂五卷，又字書啓鑰」作一行，下一行「魏校六書精蘊六卷，又音釋一卷」。四庫全書總目卷四三六書精蘊下謂「末附音釋一卷，乃其門人徐官所作，以釋註中奇字者」。是音釋附六書精蘊後，不能獨立。

〔一四〕茅溱韻譜本義十六卷　韻譜本義，原作「韻補本義」，據千頃堂書目卷三、嵇璜續文獻通考卷一六〇、四庫全書總目卷四四改。

明史卷九十七

志第七十三

藝文二

史類十：一曰正史類，編年在內，二曰雜史類，三曰史鈔類，四曰故事類，五曰職官類，六曰儀注類，七曰刑法類，八曰傳記類，九曰地理類，十曰譜牒類。

明太祖實錄二百五十七卷建文元年，董倫等修。永樂元年，解縉等重修。九年，胡廣等復修。起元至正辛卯，訖洪武三十一年戊寅，首尾四十八年。萬曆時，允科臣楊天民請，附建文帝元、二、三、四年事蹟於後。

日曆一百卷、洪武中，詹同等編，具載太祖征討平定之績，禮樂治道之詳。寶訓十五卷日曆既成，詹同等又請分類更輯聖政爲書，凡五卷。其後史官隨類增至十五卷。

成祖實錄一百三十卷、寶訓十五卷楊士奇等

修。

仁宗實錄十卷、寶訓六卷蹇義等修。

宣宗實錄一百十五卷、寶訓十二卷楊士奇等修。

英宗實錄三百六十一卷、成化元年，陳文等修，起宣德十年正月，訖天順八年正月，首尾三十年。附景泰帝事蹟於中，凡八十七卷。寶訓十二卷與實錄同修。

憲宗實錄二百九十三卷、寶訓十卷劉吉等修。

孝宗實錄二百二十四卷、正德元年，劉健、謝遷等修。未幾健、遷皆去位，焦芳等續修。寶訓十卷與實錄同修。

武宗實錄一百九十七卷、寶訓十卷費宏等修。

睿宗實錄五十卷、寶訓十卷嘉靖四年，大學士費宏言：「獻皇帝嘉言懿行，舊邸必有成書，宜取付史館纂修。」從之。

世宗實錄五百六十六卷、寶訓二十四卷隆慶中，徐階等修，未竣。萬曆五年，張居正等續修成之。

穆宗實錄七十卷、寶訓八卷張居正等修。

神宗實錄五百九十四卷、寶訓二十六卷溫體仁等修。

光宗實錄八卷天啓三年，葉向高等修成，有熹宗御製序。既而霍維華等改修，未及上，而熹宗崩。至崇禎元年，始進呈向高原本，并貯皇史宬。

熹宗實錄八十四卷溫體仁等修。

洪武聖政記二卷

永樂聖政記三卷

永樂年表四卷

洪熙年表二卷

宣德年表四卷

儲巏皇明政要二十卷

鄭曉吾學編六十九卷

雷禮大政記三十六卷

鄧元錫明書四十五卷

夏浚皇明大紀三十六卷

王世貞國朝紀要十卷、天言彙錄十卷

陳建皇明通紀二十七卷、續通紀十卷

薛應旂憲章錄四十六卷

沈越嘉隆聞見紀十二卷

唐志大高廟聖政記二十四卷

孫宜國朝事蹟一百二十卷

吳朴洪武大政記二十卷

吳瑞登明繩武編三十四卷、嘉隆憲章錄二十卷

黃翔鳳嘉靖大政編年紀一卷、嘉靖大政類編二卷

陳翼飛史待五十卷

何喬遠名山藏三十七卷〔一〕

朱國禎史概一百二十卷、輯皇明紀傳三十卷

支大倫永昭二陵編年信史六卷

尹守衡史竊一百七卷

朱睦㮮聖典三十四卷

茅維嘉靖大政記二卷

吳士奇皇明副書一百卷

譚希思皇明大紀纂要六十三卷

王大綱皇明朝野紀略一千二百卷

雷叔聞國史四十卷

周永春政紀纂要四卷

張銓國史紀聞十二卷

馮復京明右史略三十卷

陳仁錫皇明世法錄九十二卷

沈國元天啓從信錄三十五卷

江旭奇通紀集要六十卷

談遷國榷一百卷

已上明史。

元史二百十二卷洪武中，宋濂等修。

續宋元資治通鑑綱目二十七卷成化中，商輅等修。

歷代通鑑纂要九十二卷弘治中，李東陽等修。

周定王橚甲子編年十二卷

王禕大事記續編七十七卷

梁寅宋史略四卷、元史略四卷

朱右元史補遺十二卷

張九韶元史節要二卷

胡粹中元史續編七十七卷

丘濬世史正綱三十二卷

金濂諸史會編一百十二卷、南軒資治通鑑綱目前編二十五卷

柯維騏宋史新編二百卷

唐順之史纂左編一百四十二卷、右編四十卷

薛應旂宋元資治通鑑一百五十七卷、甲子會紀五卷

王宗沐宋元資治通鑑六十四卷

安都十九史節定一百七十卷

吳珫史類六百卷

鄧元錫函史上編九十五卷、下編二十卷

許誥綱目前編三卷

魏國顯史書大全五百十二卷

黃佐通曆三十六卷

姜寶稽古編大政記綱目八卷、資治上編大政記綱目四十卷、下編大政記綱目三十二卷

邵經邦學史會同三百卷、弘簡錄二百五十卷

楊寅冬歷代史彙二百四十卷

饒仲學海君道部二百三十四卷

徐師曾世統紀年六卷

右正史類一百十部，一萬二百三十二卷。

劉辰國初事蹟一卷〔二〕

兪本記事錄二卷

王禕造邦勳賢略一卷

劉基禮賢錄一卷、翊運錄二卷

吳繼安帝王曆祚考八卷

馮琦宋史紀事本末二十八卷

張溥宋史紀事本末一百九卷、元史紀事本末二十七卷

陳邦瞻元史紀事本末六卷

湯桂禎戰國紀年四十六卷

嚴衍資治通鑑補二百七十卷

已上通史。

楊儀壟起雜事一卷〔三〕紀張士誠、韓林兒、徐壽輝事。

楊學可明氏實錄一卷明玉珍事。

何榮祖家記一卷何眞子，紀眞事。

張紞雲南機務鈔黃一卷

夏原吉萬乘肇基錄一卷

卞瑞興濠開基錄一卷

陸深平元錄一卷

童承敍平漢錄一卷

黃標平夏錄一卷

姚淶驅除錄一卷

蔡于穀開國事略十卷

孫宜明初略二卷

邵相皇明啓運錄八卷

梁億洪武輯遺二卷

范守己造夏略二卷

戴重和陽開天記一卷

錢謙益開國羣雄事略十五卷、太祖實錄辨證三卷

已上皆紀洪武時事。

袁祥建文私記一卷

孫交國史補遺六卷

姜清祕史一卷

黃佐革除遺事六卷

張芹建文備遺錄二卷

何孟春續備遺錄一卷

馮汝弼補備遺錄一卷

許相卿革朝志十卷

朱睦㮮遜國記二卷

屠叔方建文朝野彙編二十卷

朱鷺建文書法儗四卷

陳仁錫壬午書二卷

曹參芳遜國正氣紀九卷

周遠令建文紀三卷

已上紀建文時事。

都穆壬午功臣爵賞錄一卷、別錄一卷

袁褧奉天刑賞錄一卷

郁袞順命錄一卷

楊榮北征記一卷

金幼孜北征前錄一卷、後錄一卷

黃福安南事宜一卷

丘濬平定交南錄一卷

楊士奇三朝聖諭錄三卷、西巡扈從紀行錄一卷

已上紀永樂、洪熙、宣德時事。

袁彬北征事蹟一卷

楊銘正統臨戎錄一卷、北狩事蹟一卷

李實使北錄一卷

劉定之否泰錄一卷

劉濟革書一卷塞外無楮，以羊皮書之，故名革書。

李賢天順日錄二卷

湯詔天順實錄辨證一卷

張楷監國曆略一卷

彭時可齋筆記二卷

已上紀正統、景泰、天順時事。

馬文升西征石城記一卷、興復哈密記一卷

宋端儀立齋閒錄四卷

梅純損齋備忘錄二卷

李東陽燕對錄二卷

劉大夏宣召錄一卷

陳洪謨治世餘聞四卷弘治、繼世紀聞四卷正德。

許進平番始末一卷

朱國祚孝宗大紀一卷

費宏武廟初所見事一卷

楊廷和視草餘錄二卷

王鏊震澤紀聞一卷、續紀聞一卷、震澤長語二卷、守溪筆記二卷

王瓊雙溪雜記二卷

楊一清西征日錄一卷、車駕幸第錄二卷

胡世寧桃源建昌征案、東鄉撫案共十卷

祝允明九朝野記四卷、江海殲渠記一卷紀劉六、劉七、趙風子事。

夏良勝東戍錄一卷

謝蕡後鑒錄三卷

已上紀成化、弘治、正德時事。

世宗大禮集議四卷、纂要二卷、明倫大典二十四卷、大狩龍飛錄二卷

王之垣承天大志紀錄事實三十卷

費宏宸章集錄一卷

張孚敬敕諭錄三卷、諭對錄三十四卷、大禮要略二卷、欽明大獄錄二卷

李時南城召對錄一卷、文華盛記一卷

夏言聖駕渡黃河記一卷、記召對廟廷事一卷、扈蹕錄一卷

嚴嵩嘉靖奏對錄十二卷

毛澄聖駕臨雍錄一卷

陸深聖駕南巡錄一卷、北還錄一卷

韓邦奇大同紀事一卷

孫允中雲中紀變一卷

蘇祐雲中事紀一卷

張岳交事紀聞一卷

翁萬達平交紀事十卷

江美中安南來威輯略三卷

談愷前後平粵錄四卷

王軾平蠻錄二卷

萬表前後海寇議三卷〔四〕

鄭茂靖海紀略一卷

徐宗魯松寇紀略一卷

李日華倭變志一卷

張鼐吳淞甲乙倭變志二卷

朱紈茂邊紀事一卷

趙汝謙平黔三記一卷

徐學謨世廟識餘錄二十六卷

高拱邊略五卷

劉應箕款塞始末一卷

方逢時平惠州事一卷

林庭機平會一本敍一卷

查志隆安慶兵變一卷

曹子登甘州紀變一卷

王尙文征南紀略一卷

張居正召對紀事一卷

申時行召見紀事一卷

王錫爵召見紀事一卷

趙志皐召見紀事一卷

方從哲乙卯召對錄三卷

董其昌萬曆事實纂要三百卷

顧憲成寤言寐言一卷

陳惟之乞停礦稅疏圖一卷

郭子章黔中止榷記一卷、西南三征記一卷、

　黔中平播始末三卷

王禹聲郢事紀略一卷紀楚中稅監激變事。

郭正域楚事妖書始末一卷。

朱賡勘楚始末一卷

蔡獻臣勘楚紀事一卷

瞿九思萬曆武功錄十四卷

諸葛元聲兩朝平攘錄五卷

茅瑞徵萬曆三大征考五卷哱氏、關白、楊應龍。

會偉芳寧夏紀事一卷

宋應昌朝鮮復國經略六卷

蕭應宮朝鮮征倭紀略一卷

王士琦封貢紀略一卷

李化龍平播全書十五卷

楊寅秋平播錄五卷

沈德符野獲編八卷

李維楨庚申紀事一卷〔五〕

張潑庚申紀事一卷

已上紀嘉靖、隆慶、萬曆時事。

三朝要典二十四卷天啓中，顧秉謙等修。崇禎初，詔毀之。

葉茂才三案記一卷

蔡士順傃菴野鈔十一卷

李槱全黔紀略一卷

張鍵平藺紀事一卷

李遜之三朝野記七卷

蔣德璟愨書十卷

李日宣枚卜始末一卷

楊士聰玉堂薈記四卷

孫承宗督師全書一百卷

楊嗣昌督師紀事五十卷

夏允彝幸存錄一卷

夏完淳續幸存錄一卷

吳偉業綏寇紀略十二卷

文秉先撥志始六卷、烈皇小識四卷

彭孫貽流寇志十四卷

李清南渡錄二卷

已上紀天啓、崇禎時事。

黃瑜雙槐歲鈔十卷起洪武訖成化中事。

倫以訓國朝彝憲二十卷

孫宜國朝事迹一百二十卷

高岱鴻猷錄十六卷

鄭曉今言四卷、徵吾錄二卷、吾學編餘一卷

潘恩美芹錄二卷

袁袠皇明獻實二十卷

孫繼芳磯園稗史二卷〔六〕

李先芳安攘新編三十卷

王世貞弇山堂別集一百卷、識小錄二十卷、少陽叢談二十卷、明野史彙一百卷萬曆中，董復表彙纂諸集爲弇州史料，凡一百卷。

鄧球泳化類編一百三十六卷、雜記二卷

高鳴鳳今獻彙言二十八卷

何棟如皇明四大法十二卷

王禪國朝史略四十五卷、別集二卷

于愼行穀山筆麈十八卷

黃汝良野紀矇搜十二卷起洪、永，訖嘉、隆。

曹育賢皇明類考二十二卷

鄒德泳聖朝泰交錄八卷

張萱西園聞見錄一百六卷

吳士奇徵信編五卷、考信編二卷

項鼎鉉名臣寧攘編三十卷

范景文昭代武功錄十卷

已上統紀明代事。

寧獻王權漢唐祕史二卷洪武中，奉敕編次。

吳源至正近記二卷

權衡庚申外史二卷

楊循吉遼金小史九卷

楊愼滇載記一卷

倪輅南詔野史一卷

包宗吉古史補二百卷

袁祥新舊唐書折衷二十四卷

程敏政宋紀受終考一卷

李維楨韓范經略西夏紀一卷

王士騏苻秦書十五卷

李廷機宋賢事彙二卷

姚士粦後梁春秋十卷

胡震亨靖康盜鑒錄一卷

陳霆唐餘紀傳二十一卷

錢謙益北盟會編鈔三卷

已上紀前代事。

右雜史類，二百十七部，二千二百四十四卷。〔七〕

楊維楨史義拾遺二卷

范理讀史備忘八卷

陳濟通鑑綱目集覽正誤五十九卷

趙弼雪航膚見十卷〔八〕

李裕分類史鈔二十二卷

呂柟史約三十七卷

許誥宋元史闡幽三卷

張寧讀史錄六卷

李浩通鑑斷義七十卷

邵寶學史十三卷

王峯通鑑綱目發微三十卷

張時泰續通鑑綱目廣義十七卷

卜大有史學要義四卷

周山師資論統一百卷

鄭曉刪改史論十卷

柯維騏史記考要十卷

王洙宋元史質一百卷

戴璟漢唐通鑑品藻三十卷

鍾芳續古今紀要十卷

歸有光讀史纂言十卷

李維楨南北史小識十卷

萬廷言經世要略二十卷

右史鈔類三十四部，一千四十三卷。

張之象太史史例一百卷

徐明勳史衡二十卷

于愼行讀史漫錄十四卷

李贄藏書六十八卷、續藏書二十七卷

馬惟銘史書纂略一百卷

趙惟寰讀史快編六十卷

謝肇淛史鐫二十一卷

吳無奇史裁二十六卷

張溥史論二編十卷

楊以任讀史四集四卷

馮尙賢史學彙編十二卷

太祖御製永鑑錄一卷訓親藩、紀非錄一卷訓周、齊、潭、魯諸王。

祖訓錄一卷洪武中編集，太祖製序，頒賜諸王。

祖訓條章一卷封建王國之制。

宗藩昭鑑錄五卷洪武中，陶凱等編集。

歷代公主錄一卷洪武中編集。

世臣總錄二卷

爲政要錄一卷

醒貪簡要錄二卷

武士訓戒錄一卷

臣戒錄一卷俱洪武中頒行。

存心錄十八卷吳沉等編集。

省躬錄十卷劉三吾等編集。

精誠錄三卷吳沉等編集。

國朝制作一卷王叔銘等編集。

宣宗御製歷代臣鑑三十七卷、外戚事鑑五卷

萬曆中重修大明會典二百二十八卷、條例全文三十卷、增修條例備考二十六卷

大明會要八十卷太祖開國時事，凡三十九則，不知撰人。

李賢鑑古錄一卷

夏寅政鑑三十卷

顧濳稽古政要十卷

王圻續文獻通考二百五十四卷

鄧球續泳化編十七卷

鄭泉古今經史格要二十八卷

黃光昇昭代典則二十八卷

周子義國朝故實二百卷一名國朝典故備遺。

張居正帝鑑圖說六卷

焦竑養正圖解二卷

勞堪皇明憲章類編四十二卷

徐學聚國朝典彙二百卷

唐瑤歷代志略四卷

張銓鑑古錄六卷

喬懋敬古今廉鑑八卷

馮應京皇明經世實用編二十八卷

鄧士龍國朝典故一百卷

黃溥皇明經濟錄十八卷

徐奮鵬古今治統二十卷

朱健古今治平略三十六卷

余繼登皇明典故紀聞十八卷

宗藩條例二卷李春芳等輯。

戚元佐宗藩議一卷

馮柯歷代宗藩訓典十二卷

張志淳謚法二卷

何三省帝后尊謚紀略一卷

鮑應鼇皇明臣謚彙考二卷

葉來敬皇明謚考三十八卷

郭良翰皇明謚紀彙編二十五卷

鄭汝璧功臣封考八卷

陸深科場條貫一卷

張朝瑞皇明貢舉考八卷、明歷科殿試錄七十卷、歷科會試錄七十卷

汪鯨大明會計類要十二卷

張學顏萬曆會計錄四十三卷

趙官後湖志十一卷、後湖黃志六卷

劉斯潔太倉考十卷

王儀吳中田賦錄五卷

徐民式三吳均役全書四卷

婁志德兩浙賦役全書十二卷

何士晉廠庫須知十二卷

邵寶漕政錄十八卷

席書漕船志一卷、漕運錄二卷

楊宏漕運志四卷

王在晉通漕類編九卷

陳仁錫漕政考二卷

崔旦海運編二卷

劉體仁海道漕運記一卷

王宗沐海運志二卷

梁夢龍海運新考三卷

史繼偕皇明兵志考三卷

侯繼高全浙兵志考四卷

王士琦三雲籌俎考四卷

何孟春軍務集錄六卷

閻世科計遼始末四卷

蔡鼎邊務要略十卷

周文郁邊事小紀六卷

王士騏馭倭錄八卷

方日乾屯田事宜五卷

楊守謙屯田議一卷

張抱赤屯田書一卷

沈啓南船記四卷〔九〕

倪涷船政新書四卷

朱廷立鹽政志十卷

史啓哲兩淮鹽法志十二卷

王圻兩浙鹽志二十四卷

冷宗元長蘆鹺志七卷

李開先山東鹽法志四卷

詹榮河東運司志十七卷

謝肇淛八閩鹺政志十六卷

李澐粵東鹽政考二卷

陳善黑白鹽井事宜二卷
傅浚鐵冶志二卷
胡彥茶馬類考六卷
陳講茶馬志四卷
徐彥登歷朝茶馬奏議四卷
王宗聖榷政記十卷

右故事類，一百六部，二千一百二十一卷。

諸司職掌十卷洪武中，翟善等編。
憲綱一卷洪武中，御史臺進。
官制大全十六卷
品級考五卷
宣宗御製官箴一卷
郭子章官釋十卷
李日華官制備考二卷
薛僑南關志六卷
許天贈北關志十二卷
林希元荒政叢言一卷〔一〇〕
賀燦然備荒議一卷
俞汝爲荒政要覽十卷
鄭曉直文淵閣表一卷、典銓表一卷
呂本館閣類錄二十二卷
雷禮列卿表一百三十九卷
王世貞公卿表二十四卷
李維楨進士列卿表二卷
徐鑑續列卿表十卷
許重熙殿閣部院大臣表十六卷

范景文大臣譜十六卷

黃尊素隆萬列卿記二卷

陳盟崇禎閣臣年表一卷、內閣行略一卷

廖道南殿閣詞林記二十二卷

黃佐翰林記二十卷

張位詞林典故一卷、史職議一卷

陳沂翰林志一卷

焦竑詞林歷官表三卷

董其昌南京翰林志十二卷

周應賓舊京詞林志六卷

劉昌南京詹事府志二十卷

李默吏部職掌四卷

張瀚吏部職掌八卷

鄭汝璧封司典故八卷

王士騏銓曹紀要十六卷

宋啓明吏部志四十卷

汪宗伊南京吏部志二十卷、留銓志餘一卷

徐大相銓曹儀注五卷

王崇慶南京戶部志二十卷

謝彬南京戶部志二十卷

宋端儀祠部典故四卷

李廷機春官要覽六卷

李化龍邦政條例十卷

譚綸軍政條例類考七卷

傅鶚軍政類編二卷

陳夢鶴武銓邦政二卷

李邦華南樞新志四卷

范景文南樞志一百七十卷

俞汝爲南京兵部車駕司職掌八卷

張可大南京錦衣衛志二十卷

應廷育刑部志八卷
龐嵩刑曹志四卷
劉文徵刑部事宜十卷
陳公相刑部文獻考八卷
來斯行刑部獄志四十卷
江山麗南京刑部志二十六卷
曾同亨工部條例十卷
周夢暘水部備考十卷
劉振工部志一百三十九卷
王廷相申明憲綱錄一卷
劉宗周憲綱規條一卷
傅漢風紀輯覽四卷
符驗西臺雜記八卷
何出光蘭臺法鑑錄二十三卷
徐必達南京都察院志四十卷
朱廷益通政司志六卷
夏時正太常志十卷
陳慶太常志十六卷
盧維禎太常志十六卷
呂鳴珂太常紀二十二卷
倪嵩太常典禮總覽六卷
屠本畯太常典錄六卷
沈若霖南京太常寺志四十卷
顧存仁太僕志十四卷
楊時喬馬政記十二卷
李日宣太僕志二十二卷
雷禮南京太僕寺志十六卷
徐必達光祿寺志二十卷
韓鼎尙寶司實錄一卷
潘煥宿南京尙寶司志二十卷

周崑六科仕籍六卷

王材南雍申教錄十五卷

蕭彥掖垣人鑑十七卷

崔銑國子監條例類編六卷

國子監規一卷錄洪武以來訓諭。

盧上銘辟雍紀事十五卷

邢讓國子監志二十二卷

汪俊四夷館則例二十卷、四夷館考二卷

謝鐸國子監續志十一卷

楊樞上林記八卷

吳節南雍舊志十八卷

王象雲上林彙考五卷

黃佐南雍志二十四卷

焦竑京學志八卷

右職官類九十三部，一千四百七十九卷。

集禮五十卷洪武中，梁寅等纂修。初係寫本，嘉靖中，詔禮部校刊。

禮制集要一卷官民服舍器用等式。

稽古定制一卷頒示功臣。

孝慈錄一卷宋濂等考定喪服古制爲是書，太祖有序。

禮儀定式一卷、教民榜文一卷、鄉飲酒禮圖式一卷俱洪武中頒行。

行移繁減體式一卷洪武中，以元季官府文移紛冗，詔廷臣減繁，著爲定式。

祭祀禮儀六卷、郊壇祭享儀注一卷皆明初定式。

稽制錄一卷編緝功臣服舍制度。

巡狩事宜一卷永樂中儀注。

瑞應圖說一卷永樂中編次。

憲宗幸學儀注一卷

世宗御製忌祭或問一卷、祀儀成典七十一卷嘉靖間更定儀文。

郊祀通典二十七卷夏言等編次。

乘輿冕服圖說一卷嘉靖間考古衣冠之制，張璁爲注說。

武弁服制圖說一卷親征冠服之制，張璁爲注說。

玄端冠服圖說一卷燕居冠服之制，張璁爲注說。

保和冠服圖說一卷宗室冠服之制，張璁爲注說。

圜丘方澤總圖二卷

圜丘方澤祭器樂器圖二卷

朝日夕月壇總圖二卷

朝日夕月壇祭器樂器圖二卷

神祇社稷雩壇總圖三卷

太廟總圖一卷

太廟供器祭器圖一卷

大享殿圖一卷

大享殿供器祭器圖一卷

天壽山諸陵總圖一卷

泰神殿圖一卷

帝王廟總圖二卷

皇史宬景神等殿圖二卷

圓明閣陽雷軒殿宇圖一卷

沙河行宮圖一卷

已上俱嘉靖間制式。

皇明典禮一卷萬曆中頒。

朝儀二卷、車駕巡幸禮儀一卷、親王昏禮儀注一卷、昏禮傳制遣官圖一卷、陵寢儀式

一卷、王國儀注一卷、儀注事例一卷、鴻臚儀注二卷、出使儀注二卷、射禮儀注一卷

已上俱萬曆間制式。

禮書四十一卷不知撰人，凡十七册。目錄一，吉禮五，軍禮、凶禮共一，喪禮三，制度一，考正一，官制二，公式二，雜禮一。

大明禮制二十五卷不知撰人。

右儀注類五十七部，四百二十四卷。

大明律三十卷洪武六年，命刑部尚書劉惟謙詳定。篇目皆準唐律，合六百有六條。九年復釐正十有三條，餘仍故。

更定大明律三十卷洪武二十八年，命詞臣同刑官參考比年律條，以類編附，凡四百六十條。

嘉靖祀典十七卷不知撰人。

朱國祚册立儀注一卷

皇甫濂藩府政令一卷

郭正域皇明典禮志二十卷

朱勤美王國典禮八卷

謝鐸祭禮儀注二卷

羅青霄儀注輯錄一卷郡邑慶賀祭祀諸儀。

俞汝楫禮儀志一百卷

太祖御製大誥一卷、大誥續編一卷、大誥三編一卷、大誥武臣一卷、武臣敕諭一卷、昭示姦黨錄一卷、第二錄一卷、第三錄三卷已上三錄皆胡黨獄詞。

逆臣錄五卷藍黨獄詞。

彰善癉惡錄三卷、癉惡續錄一卷、集犯諭一卷、戒敕功臣鐵榜一卷

已上皆洪武中頒。

何廣律解辯疑三十卷

鄭節續眞西山政經二卷

薛瑄從政錄一卷

盧雍祥刑集覽二卷

何文淵牧民備用一卷、司刑備用一卷

陳廷璉大明律分類條目四卷

顧應祥重修問刑條例七卷

劉惟謙唐律疏義十二卷

張楷大明律解十二卷

應櫝大明律釋義三十卷

高舉大明律集解附例三十卷

范永鑾大明律例三十卷

陳璋比部招擬二卷

段正柏臺公案八卷

應廷育讀律管窺十二卷

雷夢麟讀律瑣言三十卷

孫存大明律讀法書三十卷

王樵讀律私箋二十四卷

林兆珂註大明律例二十卷

王之垣律解附例八卷

舒化問刑條例七卷、刑書會據三十卷

王肯堂律例箋解三十卷

歐陽東鳳闡律一卷

熊鳴岐昭代王章十五卷

吳訥祥刑要覽二卷

鄒元標筮仕要訣一卷

蘇茂相臨民寶鏡十六卷

陳龍正政書二十卷

右刑法類，四十六部，五百九卷。

開國功臣錄三十一卷黄金編次，自徐達至指揮李觀，凡五百九十一人。

謝鐸名臣事略二十卷洪武至成化時人。

彭韶名臣錄贊二卷

楊廉名臣言行錄四卷、理學名臣言行錄二卷

徐紘名臣琬琰錄五十四卷

徐咸名臣言行錄前集十二卷、後集十二卷

王道名臣琬琰錄二卷、續錄二卷

張芹備遺錄一卷

何孟春續遺錄一卷〔一〕

曹璜治術綱目十卷

何喬新勳賢琬琰集二卷

唐龍康山羣忠錄一卷、二忠錄二卷紀王禕、吳雲事。

沈庭奎名臣言行錄新編三十四卷

楊豫孫補輯名臣琬琰錄一百十卷

雷禮閣臣行實八卷、列卿記一百六十五卷起洪武，訖嘉靖。禮子映補隆慶一朝。

王世貞嘉靖以來首輔傳八卷、名卿紀蹟六卷

吳伯與內閣名臣事略十六卷

薛應旂皇明人物考七卷鄭以偉註。

唐樞國琛集二卷

史繼偕越章六卷明代八閩人傳。

顧璘國寶新編一卷

項篤壽今獻備遺四十二卷

凌迪知名臣類苑四十六卷

錢薇名臣事實三十卷

耿定向先進遺風二卷

李廷機閣臣錄六卷

焦竑國史獻徵錄一百二十卷經籍志作三百六十卷、遜國忠節錄八卷

唐鶴徵輔世編六卷、續編五卷

徐卽登建文諸臣錄二卷

童時明昭代明良錄二十卷

劉夢雷名臣考四卷

林塾重輯名臣錄二卷

朱謀㙔藩獻記四卷

朱勤美公族傳略二卷

過庭訓直省分郡人物考一百十五卷

王兆雲詞林人物考十六卷

張壐明尙友集十六卷

江盈科明臣小傳十六卷

瞿汝說臣略纂聞十二卷

錢士升皇明表忠錄二卷

余翹池陽三忠傳一卷紀黃觀、金焦、陳敬宗事。

馮復京先賢事略十卷

李裁明臣論世四卷

林之盛應謚名臣傳十二卷

杜瓊紀善錄一卷

陳沂畜德錄一卷

蘇茂相名臣類編二卷

史旌賢維風編二卷

鄒期禎東林諸賢言行錄五卷

已上皆紀明代人物。

相鑒二十卷洪武十三年罷中書省，詔儒臣採歷代史所載相臣，賢者自蕭何至文天祥八十二人，爲傳十六卷；不肖者自田蚡至賈似道二十六人，爲傳四卷。太祖製序。

外戚傳三卷永樂中，編輯漢以後可爲法戒者。成祖製序。

古今列女傳三卷永樂中，解縉等編。

宋濂唐仲友補傳一卷、浦江人物記二卷

胡廣文丞相傳一卷

朱右李鄴侯傳二卷

方槐生莆陽人物志三卷

謝應芳懷古錄三卷、思賢錄六卷

劉徵金華名賢傳三卷

丁元吉陸丞相蹈海錄一卷

賈斌忠義集四卷

尹直南宋名臣言行錄十六卷

楊循吉吳中往哲記一卷

謝鐸尊鄉錄十卷

董遵金華淵源錄二卷

金江義烏人物志二卷

金賁亨台學源流二卷

王佐東嘉先哲錄二十卷

南逢吉越中述傳四卷

周璟昭忠錄五卷

程敏政宋遺民錄十五卷

方鵬崑山人物志八卷

姜絅漢名臣言行錄八卷

魏顯國歷代相臣傳一百六十八卷、守令傳

二十四卷、儒林傳二十卷

陳鎬金陵人物志六卷

王賓吳下名賢紀錄一卷

龔守愚臨江先哲言行錄二卷

劉元卿江右歷代名賢錄二卷

黃佐廣州人物志二十四卷

劉有光麻沙劉氏忠賢傳四卷

孫承恩歷代聖賢像贊六卷

楊時偉諸葛武侯全書十卷

王承裕李衛公通纂四卷

戴銑朱子實紀十二卷

祝允明蘇材小纂六卷

張昶吳中人物志十三卷

袁袠吳中先賢傳十卷

劉鳳續吳先賢贊十五卷

歐大任百粵先賢志四卷

耿定向二孝子傳一卷

楊俊民河南忠臣集八卷、烈女集五卷

桑喬節義林六卷

王蕡歷代忠義錄十八卷

鄒泉人物尙論編二十卷

鄭瑄唐忠臣睢陽錄二卷

黃省曾高士傳頌二卷

皇甫濂逸民傳二卷

皇甫涍續高士傳十卷

薛應旂隱逸傳二卷、高士傳四卷

黃姬水貧士傳二卷

錢一本遯世編十四卷

李默建寧人物志三卷

呂維祺節孝義忠集四卷

徐標忠孝廉節集四十卷
顧憲成桑梓錄十卷
李廷機漢唐宋名臣錄五卷
王鴻儒掾曹名臣錄一卷
丁明登古今長者錄八卷
朱睦㮮中州人物志十六卷
朱謀㙔豫章耆舊傳三卷
朱常淓古今宗藩懿行考十卷
郭良翰歷代忠義彙編二十六卷
屠隆義士傳二卷
沈堯中高士彙林二卷
顧樞古今隱居錄三十卷
陳懋仁壽者傳三卷
陳繼儒邵康節外紀四卷、逸民史二十二卷
璩之璞蘇長公外紀十二卷
徐𤊹蔡端明別紀十卷
范明泰米襄陽志林十三卷
徐學聚兩浙名賢錄五十四卷、外錄八卷
曹學佺蜀中人物記六卷
郭凝之孝友傳二十四卷
王道隆吳興名賢續錄六卷
陳克仕古今彤史八卷
曹思學內則類編四卷
顧昱至孝通神集三十卷
張采宋名臣言行錄十六卷
夏樹芳女鏡八卷
潘振古今孝史十二卷

已上皆紀歷代人物。

右傳記類，一百四十四部，一千九百九十七卷。

大明志書洪武三年詔儒士魏俊民等類編天下州郡地理形勢、降附顛末爲書。卷亡。

寰宇通志一百十九卷景泰中修。

一統志九十卷天順中，李賢等修。

承天大志四十卷嘉靖中，顧璘修興都志二十四卷。世宗以其載獻帝事實，於志體例不合，詔徐階等重修。

桂萼歷代地理指掌四卷、明輿地指掌圖一卷

羅洪先增補朱思本廣輿圖二卷

蔡汝楠輿地略十一卷

吳龍郡縣地理沿革十五卷

盧傳印職方考鏡六卷

張天復皇輿考十二卷

蔡文職方鈔十卷

曹嗣榮輿地一覽十五卷

郭子章郡縣釋名十六卷、古今郡國名類三卷

項篤壽考定輿地圖十卷

徐樞寰宇分合志八卷

曹學佺一統名勝志一百九十八卷

陸應陽廣輿記二十四卷

陳組綬職方地圖三卷

張元陽方隅武備十六卷一作方隅武事考。

龐迪我海外輿圖全說二卷

劉崧北平八府志三十卷、北平事蹟一卷

郭造卿燕史一百二十卷

劉侗帝京景物略八卷

孫國敉燕都游覽志四十卷〔一三〕

蔣一葵長安客話八卷[一三]

沈應文順天府志六卷

唐舜卿涿州志十二卷

汪浦薊州志九卷

張欽保定府志二十五卷

潘恩祁州志六卷

戴詵易州志三十卷

樊文深河間府志二十八卷

廖紀滄州志四卷

項喬董子故里志六卷

雷禮眞定府志三十二卷

倪璣定州志四卷

曹安冀州志四卷

陳棐廣平府志十六卷

宋訥東郡志十六卷

唐錦大名府志二十八卷

王崇慶開州志十卷

張廷綱永平府志十一卷

陳士元灤州志十一卷

胡文璧天津三衞志十卷

馬中錫宣府志十卷

畢恭遼東志九卷

李輔重修遼東志十二卷

洪武京城圖志一卷

陳沂南畿志六十四卷、金陵世紀四卷、金陵古今圖考一卷

顧起元客座贅語十卷

王兆雲烏衣佳話八卷

周暉金陵瑣事八卷、剩錄八卷

留都錄五卷見國子監書目，不著撰人。

程嗣功應天府志三十二卷

柳瑛中都志十卷

袁又新鳳陽新書八卷

汪應軫泗州志十二卷

王浩亳州志十卷

呂景蒙潁州志二十卷

潘鏜廬陽志三十卷

楊循吉廬陽客記一卷

潘塤淮郡文獻志二十六卷

陳文燭淮安府志十六卷

高宗本揚州府志十卷

沈明臣通州志八卷

張珩高郵州志三卷

陳奇泰州志八卷

盧熊吳邦廣記五十卷〔一四〕

劉昌蘇州續志一百卷

王鏊姑蘇志六十卷

劉鳳續吳錄二卷、吳郡考二卷

桑悅太倉州志十一卷

錢岡雲間通志十八卷

顧清松江府志三十二卷

陳繼儒松江府志九十四卷

謝應芳毘陵續志十卷

王俱毘陵志四十卷

張愷常州府志續集八卷

唐鶴徵常州府志二十卷

沈敕荆溪外紀二十五卷

王樵鎮江府志三十六卷

胡纘宗安慶府志三十一卷

鍾城太平府志二十卷

李默寧國府志十卷
王崇池州府志九卷
朱同新安志十卷
程敏政新安文獻志一百卷
何東序徽州府志二十二卷
程一枝鄣大事記二卷
李德陽廣德州志十卷
陳璉永陽志二十六卷
胡松滁州志四卷
周斯盛山西通志三十三卷
張欽大同府志十八卷
呂柟解州志四卷
孔天胤汾州府志八卷
栗應麟潞安府志十二卷
周弘禴代州志二卷

陸釴山東通志四十卷
黃瓚齊魯通志一百卷
彭勖山東郡邑勝覽九卷
李錦泰安州志十卷
邢侗武定州志十五卷
于愼行兗州府志五十二卷
莫驄濟寧州志十三卷
舒祥沂州志四卷
李珏東昌府志九卷
鄧韍濮州志十卷
周禧臨清州志十八卷
馮惟訥青州府志十八卷
李時颺少陽乘二十卷
鍾羽正青州風土記四卷
任順莒州志六卷

潘滋登州府志十卷

楊循吉寧海州志二卷

胡杞忠萊州府志八卷

郭維洲平度州志二卷

胡謐河南總志十九卷

鄒守愚河南通志四十五卷

李濂汴京遺迹志二十四卷、祥符文獻志十七卷

朱睦㮮中州文獻志四十卷、開封府志八卷

邵寶許州志三卷

馮相陳州志四卷

吳三樂鄭州志六卷

徐衍祥禹州志十卷萬曆中，鈞州改曰禹州。

李嵩歸德府志八卷

李孟暘睢州志一卷

程應登睢州志七卷

崔銑彰德府志八卷一名鄴乘。

郭朴續志三卷

劉浞磁州志四卷

李遇春衞輝府志七卷

何瑭懷慶府志十二卷

喬縉河南郡志四十二卷

程緒陝州志十卷

葉珠南陽府志十卷

張僊鄧州志六卷

牛孟耕裕州志六卷

陳鑾汝寧府志八卷

李本固汝南新志二十二卷

江貴信陽州志二卷

張輝光州志十卷

方應選汝州志四卷

伍福陝西通志三十五卷成化中修。

馬理陝西通志四十卷嘉靖中修。

何景明雍大記三十六卷

李應祥雍勝略二十四卷

南軒關中文獻志八十卷

宋廷佐乾州志二卷

喬世寧耀州志十一卷

任慶雲商州志八卷

周易鳳翔府志五卷

賈鳳翔鳳翔府歷代事蹟紀略二卷

范文光豳風考略三卷

趙時春平涼府志十三卷

胡纘宗漢中府志十卷、鞏郡記三十卷、秦州志三十卷

熊爵臨洮府志十卷

韓鼎慶陽府志十卷

胡汝礪寧夏新志八卷

鄭汝璧延綏鎮志八卷

楊寧固原州志二卷

李泰蘭州志十二卷

張最岷州衞志一卷

李璣洮州衞志五卷

郭伸甘州衞志十卷

朱捷河州志四卷

包節陝西行都司志十二卷

孟秋潼關衞志十卷

王崇古莊浪漫記八卷

薛應旂浙江通志七十二卷

夏時正杭州府志六十四卷成化中修。

陳善杭州府志一百卷、外志一卷、全郡山川原委。武林風俗略一卷

吳瓚武林紀事八卷

柳琰嘉興府志三十二卷

李日華檇李叢談四卷

江翁儀湖州府志二十四卷

徐獻忠吳興掌故集十七卷

江一麟安吉州志八卷

李德恢嚴州府志二十三卷

吳堂富春志六卷

徐與泰金華文獻志二十二卷

吾冔衢州府志十四卷

何鏜括蒼志五十五卷、括蒼彙紀十五卷

樓公璩括蒼志補遺四卷

司馬相越郡志略十卷

張元忭紹興府志六十卷

李堂四明文獻志十卷

張時徹寧波府志四十二卷

范理天台要略八卷

謝鐸赤城新志二十三卷

王啓赤城會通記二十卷

李漸三台文獻志二十三卷

王瓚溫州府志二十三卷

林庭㭿江西通志三十七卷

王宗沐江西大志八卷

趙秉忠江西輿地圖說一卷

王世懋饒南九三郡輿地圖說一卷

郭子章註豫章古今記一卷、豫章雜記八卷、廣豫章災祥記六卷

盧廷選南昌府志五十卷
江汝璧廣信府志二十卷
王時槐吉安府志二十六卷
郭子章吉志補二十卷
熊相瑞州府志十四卷
陳定袁州府志九卷
余文龍贛州府志二十卷
虞愚虔臺志十二卷
談愷虔臺續志五卷
魏裳湖廣通志九十八卷
廖道南楚紀六十卷
陳士元楚故略二十卷
郭正域武昌府志六卷
朱衣漢陽府志三卷
曹璘襄陽府志二十卷
謝澭均州志八卷
顏木隨州志二卷
舒旌黃州府志十卷
甘澤蘄州志九卷
王寵懷荊州府志十二卷
張春夷陵州志十卷
劉璣岳州府志十卷
張治長沙府志六卷
陸東寶慶府志五卷
楊佩衡州府志九卷
朱麟常德府志二卷
胡靖沅州志七卷
姚昺永州府志十卷
林球荊門州志十卷
童承敍沔陽州志十八卷

周紹稷鄖陽府志二十一卷

王心郴州志六卷

黃仲昭八閩通志八十七卷、邵武府志二十五卷

王應山閩大記五十五卷、閩都記三十二卷

何喬遠閩書一百五十四卷

王世懋閩部疏一卷

陳鳴鶴閩中考一卷、晉安逸志三卷

林爊福州府志三十六卷

林材福州府志七十六卷

周瑛興化府志五十四卷

鄭岳莆陽文獻志七十五卷

黃鳳翔泉州府志二十四卷

何炯清源文獻志八卷

陳懋仁泉南雜記二卷

徐鑾漳州府志三十八卷

劉璵建寧府志六十卷

游居敬延平府志三十四卷

張大光福寧州志十六卷

王元正四川總志八十卷

楊愼全蜀藝文志六十四卷

杜應芳補蜀藝文志五十四卷

郭棐四川通志三十六卷、夔州府志十二卷、夔記四卷

曹學佺蜀漢地理補二卷、蜀郡縣古今通釋四卷、蜀中風土記四卷、方物記十二卷

彭韶成都志二十五卷

周洪謨敍州府志十二卷

金光涪州志二卷

陳嘉言嘉州志十卷

余承勛西眉郡縣志十卷

戴璟廣東通志七十二卷

郭棐粵大記三十二卷、嶺南名勝志十六卷

謝肇淛百粵風土記一卷

張邦翼嶺南文獻志十二卷、補遺六卷

馬歘南粵概四卷

黃佐廣州府志二十二卷、香山志八卷

鄭敬甫惠大記六卷

郭春震潮州府志八卷〔一五〕

郭子章潮中雜記十二卷

符錫韶州府志十卷

葉春及肇慶府志二十卷

王佐瓊臺外紀五卷、珠崖錄五卷

顧玠海槎餘錄一卷

張詡厓門新志十八卷

周孟中廣西通志六十卷

魏濬西事珥八卷、嶠南瑣記二卷

陳璉桂林志三十卷

張鳴鳳桂故八卷、桂勝十四卷

謝少南全州志七卷

黨緒思恩府志四卷

田秋思南府志八卷

郭棐右江大志十二卷

雲南志書六十一卷洪武十四年既平雲南，詔儒臣考定爲書。

李元陽雲南通志十八卷、大理府志十卷

陳善滇南類編十卷

楊慎滇程記一卷

彭汝實六詔紀聞一卷

楊鼐南詔通記十卷

諸葛元聲滇史十四卷

吳懋葉榆檀林志八卷

楊士雲黑水集證一卷、郡大記一卷

趙瓚貴州新志十七卷

謝東山貴陽圖考二十六卷

郭子章黔記六十卷、黔小志一卷

祁順石阡府志十卷

袁表黎平府志九卷

周瑛興隆衞志二卷

許論九邊圖論三卷

魏煥九邊通考十卷

霍冀九邊圖說一卷

范守己籌邊圖記三卷

劉效祖四鎮三關志十二卷

蘇祐三關紀要三卷

劉昌兩鎮邊關圖說二卷

翁萬達宣大山西諸邊圖一卷

楊守謙大寧考一卷、紫荆考一卷、花馬池考一卷

楊一葵雲中邊略四卷

楊時寧大同鎮圖說三卷、大同分營地方圖一卷

張雨全陝邊政考十二卷

劉敏寬延鎮圖說二卷

楊錦朔方邊紀五卷

詹榮山海關志八卷

莫如善威茂邊政考五卷

方孔炤全邊略記十二卷

胡宗憲籌海圖編十三卷

黃光昇海塘記一卷

仇俊卿海塘錄十卷〔一六〕

鄭若曾萬里海防圖論二卷、江南經略八卷

王在晉海防纂要十三卷

謝廷傑兩浙海防類考十卷

范淶續編十卷

李如華溫處海防圖略二卷

安國賢南澳小記十二卷、南日寨小記十卷

吳時來江防考六卷

洪朝選江防信地二卷

吳道南國史河渠志二卷

劉隅治河通考十卷

劉天和問水集六卷

吳山治河通考十卷

潘季馴河防一覽十四卷、宸斷大工錄十卷

潘大復河防榷十二卷

張光孝西瀆大河志六卷

黃克纘疏治黃河全書二卷

徐標河患備考二卷、河防律令二卷

王恕漕河通志十四卷

王瓊漕河圖志八卷

車璽漕河總考四卷〔一七〕

顧寰漕河總錄二卷

高捷漕黃要覽二卷

黃承玄河漕通考四十五卷、安平鎮志十一卷、北河紀略十四卷

秦金通惠河志二卷

謝肇淛北河紀八卷、紀餘四卷

朱國盛南河志十四卷

陳夢鶴濟寧閘河類考六卷

徐源山東泉志六卷

王寵東泉志四卷、濟寧閘河志四卷

張純泉河紀略八卷

胡瓚泉河史十五卷

張橋泉河志六卷

馮世雍呂梁洪志一卷

陳穆徐州洪志十卷

袁黃皇都水利一卷

伍餘福三吳水利論一卷

歸有光三吳水利錄四卷

許應夔修舉三吳水利考四卷

王道行三吳水利考二卷

王圻東吳水利考十卷

沈啓吳江水利考四卷

賈應璧紹興水利圖說二卷

何鏜名山記十七卷

愼蒙名山一覽記十五卷

都穆遊名山記六卷

黃以陞遊名山記六卷

查志隆岱史十八卷

宋燾泰山紀事十二卷

燕汝靖嵩獄古今集錄二卷

李時芳華嶽全集十卷

婁虛心北嶽編五卷

王濬和恒嶽志二卷

彭簪衡岳志八卷

孫存岳麓書院圖志一卷

太岳太和山志十五卷洪熙中，道士任自垣編。

葛寅亮金陵梵剎志五十二卷

張萊京口三山志十卷

劉大彬茅山志十五卷〔一八〕

王鏊震澤編八卷

盧雍石湖志十卷

談修惠山古今考十卷

潘之恒新安山水志十卷、黃海二十九卷

方漢齊雲山志七卷

汪可立九華山志二卷

吳之鯨武林梵剎志十二卷

田汝成西湖遊覽志二十四卷〔一九〕

張元忭雲門志略五卷

周應賓普陀山志五卷

僧傳燈天台山志二十九卷

朱諫雁山志四卷

桑喬廬山紀事十二卷

劉俊白鹿洞書院志六卷

楊亘武夷山志六卷

黃天全九鯉湖志六卷

劉中藻洞山九潭志四卷

喬世寧五臺山志一卷

李應奇崆峒志二卷

僧德清曹溪志四卷

左宗郢麻姑山志十七卷

陳璉羅浮志十五卷

謝肇淛支提山志七卷、鼓山志十二卷〔二〇〕

楊士奇北京紀行錄二卷

劉定之代祀錄一卷

陸深停驂錄二卷

李東陽東祀錄三卷

張寧奉使錄二卷

李思聰百夷傳一卷〔二一〕洪武中，出使緬國所紀。

費信星槎勝覽集二卷、天心紀行錄一卷永樂

中，從鄭和使西洋所紀。

陳誠西域行程記二卷

馬歡瀛涯勝覽一卷

倪謙朝鮮紀事一卷、遼海編四卷

錢溥朝鮮雜志三卷、使交錄一卷

黃福安南水程日記二卷

龔用卿使朝鮮錄三卷

謝杰使琉球錄六卷

李文鳳粵嶠書二十卷紀安南事。

黃省曾西洋朝貢典錄二卷

張燮東西洋考十二卷

李言恭日本考五卷

侯繼高日本風土記四卷

卜大同備倭圖記四卷、征苗圖記一卷

田汝成炎徼紀聞四卷

寧獻王權異域志一卷

嚴從簡殊域周咨錄二十四卷

羅曰褧咸賓錄八卷

茅瑞徵象胥錄八卷

尹耕譯語一卷

艾儒略職方外紀五卷

右地理類，四百七十一部，七千四百九十八卷。

天潢玉牒一卷、宗支二卷男女各一册、宗譜一卷已上皆明初修。

主墡譜牒一卷

朱睦㮮帝系世表一卷、周國世系表一卷、周

乘一卷、鎮平世系錄二卷

周憲王年表二卷

周定王年表一卷

楚王宗支一卷

蜀府宗支圖譜一卷

朱宙枝統宗繩蟄錄十二卷

吳震元宋相譜二百卷

朱右郳子世家一卷

盧熊孔顏世系譜二卷

楊廉二程年譜一卷

李默朱子年譜四卷

徐渤蔡忠惠年譜一卷

郭勳三家世典一卷輯徐達、沐英、郭英三家世系勳伐本末。

中山徐氏世系錄一卷

李韓公家乘一卷

李臨淮遐思錄八卷

吳沈千家姓一卷

楊信民姓源珠璣六卷

邢參姓氏彙典二卷

楊愼希姓錄五卷

王文翰尙古類氏集十二卷

李日華姓氏譜纂七卷

曹宗儒郡望辨二卷

陳士元姓滙四卷、姓觿二卷、名疑四卷

凌迪知歷代帝王姓系統譜六卷、姓氏博考十四卷、萬姓統譜一百四十卷

余寅同姓名錄十二卷

鄧名世古今姓氏書辨證四十卷〔三〕

右譜牒類，三十八部，五百四卷。

校勘記

〔一〕何喬遠名山藏三十七卷　三十七卷，千頃堂書目作「一百卷，分三十七類」，此疑誤「類」爲「卷」。

〔二〕劉辰國初事蹟一卷　劉辰，原作「劉宸」，據稽璜續文獻通考卷一六三、國史經籍志卷一、四庫全書總目卷五三、借月山房彙鈔本和澤古齋重鈔本國初事蹟改，本書卷一五〇有劉辰傳。

〔三〕楊儀壟起雜事一卷　壟起雜事，原作「隴起雜事」，據明史稿志七五藝文志、千頃堂書目卷五改。

〔四〕萬表前後海寇議三卷　萬表，原作「范表」，據千頃堂書目卷五、稽璜續文獻通考卷一八三、國史經籍志補、四庫全書總目卷一〇〇、金聲玉振集本和借月山房彙鈔本海寇議改。

〔五〕李維楨庚申紀事一卷　李維楨，原作「李維禎」，據本書卷二八八李維楨傳、明史稿志七五藝文志、千頃堂書目卷五、四庫全書總目卷八八改。

〔六〕孫繼芳磯園稗史二卷　孫繼芳，原作「孫世芳」，據函芬樓祕笈本磯園稗史改。明詩綜卷三四有孫繼芳小傳。

〔七〕右雜史類二百十七部二千二百四十四卷　按本類錄自明史稿志七五藝文志，刪去李文鳳月山叢談四卷、焦竑玉堂叢語八卷，但此總部數及卷數照抄明史稿而未減，應減去二部十二卷。

〔八〕趙弼雪航膚見十卷　雪航膚見，原作「雪航睿見」，據千頃堂書目卷五、嵇璜續文獻通考卷一六七、四庫全書總目卷八九改。

〔九〕沈啓南船記四卷　沈啓，原作「沈岱」，據四庫全書總目卷八四改。沈啓有吳江水利考，見本卷地理類。沈啓，見明進士題名碑錄嘉靖戊戌科。

〔一〇〕林希元荒政叢言一卷　林希元，原作「林希」，據四庫全書總目卷八二，墨海金壺本、守山閣叢書本和瓶華書屋叢書本荒政叢書改。本書卷二八二有林希元傳。

〔一一〕何孟春續遺錄一卷　疑重出。本志雜史類已著錄張芹建文備遺錄二卷、何孟春續備遺錄一卷，此處又有張芹備遺錄一卷，何孟春續遺錄一卷。四庫全書總目卷六一稱備遺錄記建文殉節諸臣，疑原爲一卷，後又增爲二卷，故分爲二書。續遺錄只一卷，非二書，似不當重出。

〔一二〕孫國敉燕都游覽志四十卷　孫國敉，原作「孫國莊」，據千頃堂書目卷六、京師坊巷志改。

〔一三〕蔣一葵長安客話八卷　蔣一葵，原作「蔣一驄」，據千頃堂書目卷六、五朝小說本和皇明百家小說本長安客話改。

〔一四〕盧熊吳邦廣記五十卷　吳邦廣記，千頃堂書目卷六作「吳郡廣記」。

〔一五〕郭春震潮州府志八卷　郭春震，原作「郭春」，據千頃堂書目卷七補。

〔一六〕仇俊卿海塘錄十卷　海塘錄，原脫「塘」字，據明史稿志七五藝文志、千頃堂書目卷八、嵇璜續文獻通考卷一七〇補。

〔一七〕車璽漕河總考四卷　車璽，原作「車爾正」，據千頃堂書目卷八、嵇璜續文獻通考卷一七〇、四庫全書總目卷七五改。漕河總考，三書都作「治河總考」。

〔一八〕劉大彬茅山志十五卷　劉大彬，原作「劉大賓」，據千頃堂書目卷八、嵇璜續文獻通考卷一七一、文津閣四庫全書本茅山志改。

〔一九〕田汝成西湖遊覽志二十四卷　田汝成，原作「田藝蘅」，據本書卷二八七田汝成傳、嵇璜續文獻通考卷一七一、國史經籍志卷三、文津閣四庫全書本和武林掌故叢編本西湖遊覽志改。

〔二〇〕謝肇淛支提山志七卷鼓山志十二卷　鼓山志，原作「彭山志」，據千頃堂書目卷八改。按支提山和鼓山都在福建。

〔二一〕李思聰百夷傳一卷　李思聰，嵇璜續文獻通考卷一七一作「錢古訓」。四庫全書總目卷七八稱錢古訓和李思聰於洪武二十九年同使麓川，「今據（楊）砥序及夏原吉後序，則實古訓所作」。

〔二二〕鄧名世古今姓氏書辨證四十卷　此係宋人著作，誤入本志。李心傳建炎以來繫年要錄稱紹興四年三月乙亥上此書。

明史卷九十八

志第七十四

藝文三

子類十二：一曰儒家類，二曰雜家類，前代藝文志列名法諸家，然寥寥無幾，備數而已。今總附雜家。三曰農家類，四曰小說家類，五曰兵書類，六曰天文類，七曰曆數類，八曰五行類，九曰藝術類，醫書附。十曰類書類，十一曰道家類，十二曰釋家類。

聖學心法四卷永樂中編，爲類四：曰君道、臣道、父道、子道。成祖製序。

性理大全七十卷永樂中，既命胡廣等纂修經書大全，又以周、程、張、朱諸儒性理之書類聚成編。成祖製序。

傳心要語一卷、孝順事實十卷、爲善陰騭十卷皆永樂中編。

五倫書六十二卷宣宗采經傳子史嘉言善行爲是書。

正統中，英宗製序刊行。

憲宗文華大訓二十八卷綱四，目二十有四，成化中編。嘉靖中，世宗製序刊行。

世宗敬一箴一卷，注程子四箴、注范浚心箴共二卷

孫作東家子一卷

葉儀潛書一卷

留睿留子一卷〔一〕

葉子奇太玄本旨九卷

朱右性理本原三卷

張九韶理學類編八卷

謝應芳辯惑編四卷

周是修綱常彝範十二卷

曹端理學要覽二卷、夜行燭一卷、月川語錄一卷

尤文語錄二卷

鮑寧天原發微辨正五卷

金潤心學探微十二卷

吳與弼康齋日錄一卷

薛瑄讀書錄十卷、續錄十卷

周洪謨南皋子雜言二卷、箐齋讀書錄二卷

胡居仁居業錄八卷

謝鐸伊洛淵源續錄六卷

程敏政道一編五卷

蔡清性理要解二卷

楊廉伊洛淵源錄類增十四卷、畏軒劄記三卷

張吉陸學訂疑二卷

章懋楓山語錄二卷

周木延平問答續錄一卷

楊守阯困學寡聞錄十卷
韓邦奇性理三解八卷
王鴻漸讀書記二卷
王蕡大儒心學錄二十七卷
徐問讀書劄記八卷、續記八卷
方鵬觀感錄十二卷
魏校莊渠全書十卷
陳獻章言行錄十卷、附錄二卷
趙鶴金華正學編十卷
王守仁傳習錄四卷、陽明則言二卷
羅欽順困知記六卷、附錄二卷
陳建學蔀通辨十二卷
許讚性學編一卷、道統泝流錄一卷
湛若水甘泉明論十卷、遵道錄十卷、問辨錄六卷
黃佐泰泉庸言十二卷
呂柟涇野子內篇三十三卷、語錄二十卷
鄒守益道南三書三卷、明道錄四卷
何瑭柏齋三書四卷
薛蕙日錄五卷
顧應祥惜陰錄十二卷
沈霽語錄四卷
邵經邦弘道錄五十七卷
唐順之儒編六十卷
薛應旂考亭淵源錄二十四卷、薛子庸語十二卷
王艮心齋語錄二卷
周思兼學道記言六卷
胡直胡子衡齊八卷
陸樹聲汲古叢語一卷

金賁亨道南錄五卷、台學源流集七卷
尤時熙擬學小記八卷
劉元卿諸儒學案八卷
周琦東溪日談十八卷
羅汝芳明道錄八卷、近溪集語十二卷
耿定向庸言二卷、雅言一卷、新語一卷、教學商求一卷
李渭先行錄十卷
王樵劄記一卷、筆記一卷
許孚遠語要二卷
朱衡道南源委錄十二卷
孫應鰲論學彙編八卷
梁斗輝聖學正宗二十卷
管志道問辨牘八卷、理學酬咨錄八卷
王敬臣俟後編四卷

呂坤呻吟語四卷
鄒德溥畏聖錄二卷
鄧球理學宗旨二卷
李材教學錄十二卷、南中問辨錄十卷
曾朝節臆言八卷
鄒元標仁文會語四卷、日新編二卷
楊起元證學編二卷、識仁編二卷
徐即登儒學明宗錄二十五卷
黃時燿知非錄六卷
錢一本黽記四卷
顧憲成劄記十八卷、東林商語二卷、證性編八卷、當下繹一卷、涇陽遺書二十卷
李多見學原前後編八卷
涂宗濬證學記三卷
周子義日錄見聞十卷

吳仕期大儒敷言三十三卷
徐三重信古餘論八卷
來知德日錄十二卷
方學漸心學宗四卷
姚舜牧性理指歸二十八卷
馮從吾元儒考略四卷、語錄六卷
唐鶴徵憲世編六卷
曾鳳儀明儒見道編二卷
周汝登聖學宗傳十八卷
右儒家類，一百四十部，一千二百三十卷。
太祖資治通訓一卷、凡十四章，首君道，次臣道，又次民用、士用、工用、商用，皆著勸導之意。公子書一卷、訓世臣。務農技藝商賈書一卷訓庶民子弟。
高攀龍就正錄二卷、高子遺書十二卷
孫慎行困思抄四卷
劉宗周理學宗要一卷、證人要旨一卷、劉子遺書四卷
葉秉敬讀書錄鈔八卷
黃道周榕壇問業十八卷
章世純留書十卷
黃淳耀吾師錄一卷、語錄一卷、劄記二卷
成祖務本之訓一卷采太祖創業事迹及往古興亡得失爲書，以訓太孫。
仁孝皇后勸善書二十卷
宋濂燕書一卷

王廉迂論十卷

葉子奇草木子八卷

王達筆疇二卷

曹安讕言長語二卷

趙弼事物紀原刪定二十卷

解延年物類集說三十四卷

羅頎梅山叢書二百卷、物原二卷

謝理東岑子四卷

潘府南山素言一卷

何孟春餘冬序錄六十五卷、閒日分義一百卷

戴鱀經濟考略二十卷

戴璟博物策會十七卷

陸深同異錄一卷、傳疑錄二卷

孫宜遯言二卷

祝允明前聞記一卷、讀書筆記一卷

蔡羽太藪外史五卷

劉繪劉子通論十卷

高岱楚漢餘談一卷

羅虞臣原子八卷

王杰經濟總論十卷

汪坦日知錄五卷

劉鳳劉子雜組十卷

王世貞劄記二卷、宛委餘編十九卷

王可大國憲家猷五十六卷萬曆中，御史言內閣絲綸簿猝無可考，惟是書載之。遂取以進。

沈津百家類纂四十卷

陳耀文學圃萱蘇六卷、學林就正四卷

陳絳金罍子四十四卷

方弘靜千一錄二十六卷

勞堪史編始事二卷

陳其力芸心識餘八卷

周祈名義考十二卷

詹景鳳詹氏小辨六十四卷

穆希文說原十六卷、動植記原四卷

王三聘事物考八卷

徐常吉諸家要旨二卷

徐伯齡蟫精雋二十卷

趙士登省身至言十卷

劉仕義知新錄二十四卷

屠隆冥寥子二卷、鴻苞四十八卷

閔文振異物類苑五卷

右雜家類，六十七部，二千二百八十四卷。

劉基多能鄙事十二卷

朱謀㙔玄覽八卷

趙樞生含玄子十六卷、別編十卷

吳安國纍瓦編三十二卷

馮應京經世實用編二十八卷

柯壽愷語叢三十八卷

徐三重鴻洲雜著十八卷

王納諫會心言四卷

沈節甫紀錄彙編二百十六卷

祁承㸁國朝徵信錄二百十二卷、淡生堂餘苑六百四卷

董斯張廣博物志五十卷

鄭瑄昨非菴日纂六十卷

周定王救荒本草四卷

寧獻王臞仙神隱書四卷　李德紹樹藝考二卷

楊溥水雲錄二卷　袁黃寶坻勸農書二卷

周履靖茹草編四卷　陳鳴鶴田家月令一卷

鄺璠便民圖纂十六卷　宋公望四時種植書一卷

顧清田家月令一卷　馮應京月令廣義二十四卷

施大經閱古農書六卷　王象晉羣芳譜二十八卷

俞貞木種樹書三卷　徐光啓農政全書六十卷、農遺雜疏五卷

溫純齊民要書一卷　張國維農政全書八卷

王世懋學圃雜疏三卷　吳嘉言四季須知二卷

黃省曾稻品一卷、蠶經一卷

右農家類，二十三部，一百九十一卷。

宋濂蘿山雜言一卷

葉子奇草木子餘錄三卷　劉績霏雪錄二卷

陶宗儀輟耕錄三十卷、說郛一百二十卷又有續說郛四十六卷，明季人陶珽纂輯。　陶輔桑榆漫筆一卷

瞿佑香臺集三卷

張綸林泉隨筆一卷

李賢古穰雜錄二卷

岳正類博雜言二卷

葉盛水東日記三十八卷

單宇菊坡叢話二十六卷

陸容菽園雜記十五卷

姚福青谿暇筆二十卷

張志淳南園漫錄十卷、續錄十卷

梅純續百川學海一百卷

王錡寓圃雜記十卷

羅鳳漫錄三十卷

李詡漫筆八卷

徐泰玉池談屑四卷

羅欽德閒中瑣錄二卷

王渙墨池瑣錄三卷

沈周客坐新聞二十二卷

都邛三餘贅筆二卷

都穆奚囊續要二十卷

徐禎卿異林一卷

唐錦龍江夢餘錄四卷

戴冠筆記十卷

侯甸西樵野記十卷

陸粲庚巳編十卷

陸深儼山外集四十卷

馬攀龍株守談略四卷

陸采天池聲雋四十卷

胡侍野談六卷

楊慎丹鉛總錄二十七卷、續錄十二卷、餘錄十七卷、新錄七卷、閏錄九卷、卮言四卷

談苑醍醐九卷、藝林伐山二十卷、墐戶錄一卷、淸暑錄二卷

陸楫古今說海一百四十二卷

陳霆兩山墨談十八卷

司馬泰廣說郛八十卷、古今彙說六十卷、再續百川學海八十卷、三續三十卷、史流十品一百卷

王文祿明世學山五十卷

尤鏜紅箱集五十卷

朱應辰漫鈔十卷

李文鳳月山叢談十卷

何良俊語林三十卷、叢說三十八卷

沈儀塵談錄十卷

萬表灼艾集十卷

高鶴見聞搜玉八卷

項喬甌東私錄六卷

張時徹說林二十四卷

袁褧前後四十家小說八十卷、廣四十家小說四十卷

陸樹聲淸暑筆談一卷、長水日鈔一卷、耄餘雜識一卷

徐伯相晝暇叢記二十卷

姚弘謨錦囊瑣綴八卷

陳師筆談十五卷

石磐菊徑漫談十四卷

郎瑛七修類稿五十一卷

朱國禎湧幢小品二十四卷

李豫亨自樂編十六卷

徐渭路史二卷

汪雲程逸史搜奇十卷

孫能傳剡溪漫筆六卷
王應山風雅叢談六十卷
陳禹謨說麈八卷
田藝蘅留青日札三十九卷、西湖志餘二十六卷
胡應麟少室山房筆叢三十二卷、續十六卷
林茂槐說類六十二卷
焦竑筆乘二十卷、玉堂叢語八卷、明世說八卷
黃汝良筆談十二卷
朱謀㙔異林十六卷
湯顯祖續虞初志八卷
張鼎思瑯琊代醉編四十卷
屠本畯山林經濟籍二十四卷
顧起元說略六十卷
王肯堂鬱岡齋筆麈四卷
董其昌畫禪室隨筆二卷
商濬稗海三百六十八卷
謝肇淛五雜組十六卷、麈餘四卷、文海披沙八卷
徐𤊹徐氏筆精八卷
王兆雲驚座新書八卷、王氏青箱餘十二卷
張所望閱耕餘錄六卷
郭良翰問奇類林三十六卷
陳繼儒祕笈一百三十卷
潘之恆亘史鈔九十一卷
王學海筠齋漫錄十卷
李日華六研齋筆記十二卷、日記二十卷
包衡清賞錄十二卷
張重華娛耳集十二卷

馬應龍藝林鉤微錄二十四卷　閔元京湘烟錄十六卷

李绍文明世說新語八卷　茅元儀雜記三十二卷

張大復筆談十四卷　華繼善咫聞錄五卷

徐應秋談薈三十六卷　王所日格類鈔三十卷

楊崇吾檢蠹隨筆三十卷　王勣纂言鉤玄十六卷

來斯行槎菴小乘四十六卷　楊德周隨筆十二卷

沈弘正蟲天志十卷　吳之俊獅山掌錄二十八卷

胡震亨讀書雜錄三卷

右小說家類，一百二十七部，三千三百七卷。〔二〕

劉寅七書直解二十六卷、集古兵法一卷　何喬新續百將傳四卷五代訖宋、元。

寧獻王權注素書一卷　何瑭兵論一卷

徐昌會握機橐鑰六卷　王芑綱目兵法六卷

陳元素古今名將傳十七卷　穆伯寅兵鑑撮要七卷

劉畿諸史將略十六卷　劉濂兵說十二卷

吳從周兵法彙編十二卷

唐順之武編十二卷、兵垣四編五卷

何東序益智兵書一百卷、武庫益智錄六卷

陳禹謨左氏兵法略三十二卷

李材將將紀二十四卷、兵政紀略五十卷、經武淵源十五卷

顧其言新續百將傳四卷一名明百將傳。

馮孜古今將略四卷

尹商閫外春秋三十二卷

戚繼光紀效新書十四卷、練兵實紀九卷、雜集六卷、將臣寶鑑一卷

趙本學韜鈐內篇一卷

俞大猷韜鈐續篇一卷、劍經一卷

葉夢熊運籌綱目十卷

王鳴鶴登壇必究四十卷

何僎讀史機略十卷

鄭璧古今兵鑑三十二卷、經世宏籌三十六卷

王有麟古今戰守攻圍兵法六十卷

姚文蔚省括編二十二卷

趙大綱方略摘要十卷

高折枝將略類編二十四卷

施浚明古今紆籌十二卷

楊惟休武略十卷

孫承宗車營百八扣一卷

徐常陣法舉要一卷

龍正八陣圖演注一卷

瞿汝稷兵略纂聞十二卷

茅元儀武備志二百四十卷

孫元化經武全編十卷

顏季亨明武功紀勝通考八卷

王應遴備書二十卷

徐標兵機纂要四卷

冒起宗守筌五卷

范景文師律十六卷

講武全書兵覽三十二卷、兵律三十八卷、兵占二十四卷

谷中虛水陸兵律令操法四卷

張燾西洋火攻圖說一卷

兵機備纂十三卷已上四部，不知撰人。

右兵書類，五十八部，一千一百二十一卷。

清類天文分野書二十四卷洪武中編，以十二分野星次分配天下郡縣，又於郡縣之下詳載古今沿革之由。

王應電天文會通一卷

周述學天文圖學一卷

吳珫天文要義二卷

天元玉曆祥異賦七卷仁宗製序。

范守己天官舉正六卷

葉子奇元理一卷

陸侹天文地理星度分野集要四卷

劉基天文祕略一卷

王臣夔測候圖說一卷

觀象玩占十卷不知撰人，或云劉基輯。

黃履康管窺略三卷

楊廉星略一卷

黃鍾和天文星象考一卷

楊惟休天文書四卷
潘元和古今災異類考五卷
趙宦光九圜史一卷
余文龍祥異圖說七卷、史異編十七卷
李之藻渾蓋通憲圖說二卷
利瑪竇幾何原本六卷、勾股義一卷、表度說一卷、圜容較義一卷、測量法義一卷、天問略一卷、泰西水法六卷
熊三拔簡平儀說一卷、測量異同一卷
李天經渾天儀說五卷
王應遴乾象圖說一卷、中星圖一卷
陳胤昌天文地理圖說二卷
李元庚乾象圖說一卷
陳藎謨象林一卷
馬承勳風纂十二卷

魏濬緯談一卷
吳雲天文志雜占一卷
艾儒略幾何要法四卷
圖注天文祥異賦十卷
天文玉曆璇璣經五卷
天文鬼料竅一卷
天文玉曆森羅記十二卷
經史言天錄二十六卷
嘉隆天象錄四十五卷
雷占三卷
風雲寶鑑一卷
天文占驗二卷
物象通占十卷
白猿經一卷已上十一部，皆不知撰人。

右天文類，五十部，二百六十三卷。

劉信曆法通徑四卷

馬沙亦黑回回曆法三卷

左贊曆解易覽一卷

呂柟寒暑經圖解一卷

顧應祥授時曆法二卷

曾俊曆法統宗二卷、曆臺撮要二卷

周述學曆宗通議一卷、中經測一卷、曆草一卷

貝琳百中經十卷起成化甲午訖嘉靖癸巳，凡六十年。後人又續至壬戌止。

戴廷槐革節卮言五卷

袁黃曆法新書五卷

何註曆理管窺一卷

郭子章枝幹釋五卷

朱載堉律曆融通四卷、音義一卷、萬年曆一卷、萬年曆備考二卷、曆學新說二卷萬曆二十三年編進。

蕭懋恩監曆便覽二卷

邢雲路古今律曆考七十二卷

徐光啓崇禎曆書一百二十六卷曆書總目一卷、日躔曆指四卷、日躔表二卷、恆星曆指三卷、恆星圖一卷、恆星圖系一卷、恆星曆表四卷、恆星經緯表二卷、恆星出沒表二卷、月離曆指四卷、月離表六卷、交食曆指七卷、交食表七卷、五緯曆指九卷、五緯表十卷、測天約說二卷、大測二卷、割圓八線表六卷、黃道升度表七卷、黃赤道距度表一卷、通率表二卷、元史揆日訂訛

一卷、通率立成表一卷、散表一卷、測圓八線立成長表四卷、黃道升度立成中表四卷、曆指一卷、測量全義十卷、比例規解一卷、南北高弧表十二卷、諸方半晝分表一卷、諸方晨昏分表一卷、曆學小辯一卷、曆學日辯五卷。崇禎二年敕光啓與李之藻、王應遴及西洋人羅雅谷等陸續成書。

羅雅谷籌算一卷

王英明曆體略三卷

何三省曆法同異考四卷

賈信臺曆百中經一卷

曆法統宗十二卷

曆法集成四卷

經緯曆書八卷

七政全書四卷已上四部，皆不知撰人。

右曆數類，三十一部，二百九十一卷。

劉基玉洞金書一卷〔三〕、注靈棋經二卷、解皇極經世稽覽圖十八卷

選擇曆書五卷洪武中，欽天監奉敕撰定。

馬貴周易雜占一卷

胡宏周易黃金尺一卷

盧翰中菴籤易一卷

季本蓍法別傳二卷

周瑞文公斷易奇書三卷

蔡元谷神易數一卷

張其堤易卦類選大成四卷

王宇周易占林四卷

錢春五行類應八卷

劉均卜筮全書八卷

趙際隆卜筮全書十四卷

張濡先天易數二卷

周視考陰陽定論三卷

楊向春皇極心易發微六卷

蔡士順皇極祕數占驗一卷

吳琉皇極經世鈐解二卷、太乙統宗寶鑑二十卷、太乙淘金歌一卷、六壬金鑰匙二卷

馮柯三極通二卷

張幹山古今應驗異夢全書四卷

陳士元夢占逸旨八卷

張鳳翼夢占類考十二卷

池本理禽遁大全四卷、禽星易見四卷

鮑世彥奇門微義四卷、奇門陽遁一卷、陰遁一卷

劉翔奇門遁甲兵機書二十卷

徐之鏌選擇禽奇盤例定局五卷

胡獻忠八門神書一卷

葉容太乙三辰顯異經十卷

李元澧太乙九旗曆三卷

邢雲路太乙書十卷

李克家戎事類占二十一卷

楊瓚六壬直指捷要二卷

蔣日新開雲觀月歌一卷

黃公達鳳髓靈文一卷

袁祥六壬大全三十三卷

徐常吉六壬釋義一卷

黃賓廷六壬集應鈐六十卷

寧獻王權肘後神樞二卷、運化玄樞一卷

曆法通書三十卷金谿何士泰景祥曆法，臨江宋魯珍

輝山通書合編。

熊宗立金精鼇極六卷、通書大全三十卷

王天利三元節要三卷

徐瓘陰陽捷徑一卷

劉最選擇類編八卷

萬邦孚彙選筮吉指南十一卷、日家指掌二卷、通書纂要六卷

何瑭陰陽管窺一卷

劉黃裳元圖符藏二卷

已上卜筮陰陽。

劉基三命奇談、滴天髓一卷

吳天洪造命宗鏡集十二卷

洪理曆府大成二十二卷

歐陽忠星命祕訣望斗眞經三卷

楊源星學源流二十卷

雷鳴夏子平管見二卷

李欽淵海子平大全六卷

萬民英三命會通十二卷、〔四〕星學大成十八卷〔五〕

陸位星學綱目正傳二十卷

張果星宗命格十卷、文武星案六卷

西窗老人蘭臺妙選三卷

袁忠徹古今識鑑八卷

鮑栗之麻衣相法七卷

李廷湘人相編十二卷

已上星相。

周繼陽宅眞訣二卷

王君榮陽宅十書四卷

陳夢和陽宅集成九卷

李邦祥陽宅眞傳二卷

周經陽宅新編二卷

陽宅大全十卷不知撰人。

劉基金彈子三卷、披肝露膽一卷、一粒粟一卷、地理漫興三卷

趙汸葬說一卷

瞿佑葬說一卷

謝昌地理四書四卷

謝廷柱堪輿管見二卷〔六〕

周孟中地理眞機十五卷

徐善繼人子須知三十五卷

董章堪輿祕旨六卷

徐國柱地理正宗八卷

趙祐地理紫囊八卷

右五行類，一百四部，八百六十一卷。

郭子章校定天玉經七注七卷

陳時暘堪輿眞諦三卷

王崇德地理見知四卷

李廸人天眼目九卷

徐之鏌羅經簡易圖解一卷、地理琢玉斧十三卷

地理全書五十一卷不知撰人。

地理天機會元三十五卷不知撰人。

李國本理氣祕旨七卷、地理形勢眞訣三十卷

徐㷆堪輿辨惑一卷

已上堪輿。

格古要論十四卷洪武中，曹昭撰。〔七〕天順間，王均增輯。
沈津欣賞編十卷
茅一相續欣賞編十卷
吳繼墨蛾小錄四卷
周履靖藝苑一百卷、繪林十六卷、畫藪九卷
朱存理鐵網珊瑚二十卷
朱凱圖畫要略一卷
都穆金薤琳瑯二十卷、寓意編一卷
唐寅畫譜三卷
韓昂明畫譜一卷
楊慎墨池瑣錄一卷、書品一卷、斷碑集四卷
徐獻忠金石文一卷
周英書纂五卷
程士莊博古圖錄三十卷
朱觀熰畫法權輿二卷
劉璋明書畫史三卷
羅周旦古今畫鑑五卷
李開先中麓畫品一卷
王勣畫史二十卷
王世貞畫苑十卷、補遺二卷
莫是龍畫說一卷
劉世儒梅譜四卷
王穉登吳郡丹青志一卷
徐𤊹閩畫記一卷
曹學佺蜀畫苑四卷
李日華畫媵二卷、書畫想像錄四十卷
張丑清河書畫舫十二卷
寧獻王權爛柯經一卷、琴阮啓蒙一卷、神奇祕譜三卷

袁均哲太古遺音二卷

嚴澂琴譜十卷

楊表正琴譜六卷

林應龍適情錄二十卷、棋史二卷

葉良貴歙硯志四卷

方于魯墨譜六卷

程君房墨苑十卷

周應愿印說一卷

鄭履祥印林二卷

臧懋循六博碎金八卷

文震亨長物志十二卷

已上雜藝。

孝宗類證本草三十一卷

世宗易簡方一卷

趙簡王補刊素問遺篇一卷世傳素問王砅注本，中有缺篇，簡王得全本，補之。

寧獻王權乾坤生意四卷、壽域神方四卷

周定王普濟方六十八卷

李詷集解脈訣十二卷

劉純玉機微義五十卷、醫經小學六卷

楊文德太素脈訣一卷

李恆袖珍方四卷

周禮醫學碎金四卷

俞子容續醫說十卷

徐子宇致和樞要九卷

劉均美拔萃類方二十卷一作四十卷。

胡濙衞生易簡方四卷永樂中，濙爲禮部侍郎，出使四方，輯所得醫方進於朝。一作十二卷。

陶華傷寒六書六卷、傷寒九種書九卷、傷寒全書五卷

鄭達遵生錄十卷〔八〕

楊愼素問糾略三卷

陰秉暘內經類考十卷

孫兆素問注釋考誤十二卷

張介賓張氏類經四十二卷

張世賢圖注難經八卷

吳球諸證辨疑四卷、用藥玄機二卷

方賢奇效良方六十九卷

錢原濬集善方三十六卷

鄒福經驗良方十卷

丁毅醫方集宜十卷

王鏊本草單方八卷

錢寶運氣說二卷

李言聞四診發明八卷

李時珍瀕湖脈學一卷、奇經八脈考一卷時珍本草綱目一書，用力深久，詳方伎傳。

虞摶醫學正傳八卷、方脈發蒙六卷

樓英醫學綱目四十卷

陳諫藎齋醫要十五卷

徐春甫古今醫統一百卷

方廣丹溪心法附餘二十四卷

傅滋醫學集成十二卷

薛己家居醫錄十六卷、外科心法七卷

王璽醫林集要八十八卷

錢萼醫林會海四十卷

方穀脈經直指七卷、本草集要十二卷

王肯堂醫論四卷肯堂著證治準繩全書，博通醫學，見王樵傳。

黃承昊折肱漫錄六卷

萬全保命活訣三十五卷

李中梓頤生微論十卷

李濂醫史十卷

楊珣針灸詳說二卷

徐鳳針灸大全七卷

徐彪本草證治辨明十卷

繆希雍本草經疏二十卷、方藥宜忌考十二卷

熊宗立傷寒運氣全書十卷、傷寒活人指掌圖論十卷

趙原陽外科序論一卷

汪機外科理例八卷

吳倫養生類要二卷

王鑾幼科類萃二十八卷

薛鎧保嬰撮要二十卷

周子蕃小兒推拿祕訣一卷

吳洪痘疹會編十卷已上醫術。

右藝術類，一百十六部，一千五百六十四卷。

永樂大典二萬二千九百卷永樂初，解縉等奉敕編文獻大成既竣，帝以爲未備，復敕姚廣孝等重修，四歷寒暑而成，更定是名。成祖製序。後以卷帙太繁，不及刊布，嘉靖中，復加繕寫。

張九韶羣書備數十二卷

袁均哲羣書纂數十二卷、類林雜說十五卷楊士奇文籍志云明初人所編。

沈易博文編四卷

吳相滄海遺珠十卷

楊循吉奚囊手鏡二十卷

羣書集事淵海四十七卷百川書志云弘治時人編。

楊愼升菴外集一百卷焦竑編次。

王圻三才圖說一百六卷〔九〕

司馬泰文獻彙編一百卷

凌瀚羣書類考二十二卷

浦南金修辭指南二十卷

顧充古雋考略十卷

吳琉經史文編三十卷、三才廣志三百卷

唐順之稗編一百二十卷

李先芳雜纂四十卷

鄭若庸類雋三十卷

王世貞類苑詳注三十六卷

陳耀文天中記六十卷

凌廸知文林綺繡七十卷、文選錦字二十一卷、左國腴詞八卷、太史華句八卷〔一〇〕

徐璉羣書纂要一百九十六卷

曹大同藝林華燭一百六十卷

陳禹謨駢志二十卷、補注北堂書鈔一百六十卷

茅絢學海一百六十四卷

徐常吉事詞類奇三十卷

徐元泰喻林一百二十卷

馮琦經濟類編一百卷

章潢圖書編一百二十七卷

何三畏類鎔二十卷

彭大翼山堂肆考二百四十卷

卓明卿藻林八卷

郭子章黔類十八卷

詹景鳳六緯擷華十卷

焦竑類林八卷

彭好古類編雜說六卷

王家佐古今元屑八卷

況叔祺考古詞宗二十卷〔一一〕

朱謀㙔金海一百二十卷

林濂詞叢類採八卷、續八卷

俞安期唐類函二百卷

宋應奎翼學編十三卷

陳世寶古今類腴十八卷

陳懋學事文類纂十六卷

袁黄羣書備考二十卷

徐鑒諸書考略四卷

凌以楝五車韻瑞一百六十卷〔一二〕

劉仲達鴻書一百八卷

劉胤昌類山十卷〔一三〕

黄一正事物紺珠四十六卷

汪宗姬儒函數類六十二卷〔一四〕

劉國翰記事珠十卷

吴楚材强識略二十四卷

彭儼五侯鯖十二卷

商濬博聞類纂二十卷

范泓典籍便覽八卷

楊淙事文玉屑二十四卷

徐袍事典考略六卷

朱東光玉林摘粹八卷

王光裕客窗餘錄二十二卷

劉業古今事類通考十卷

夏樹芳詞林海錯十六卷

王路清珠淵十卷

唐希言事言要玄集二十二卷

錢應充史學璧珠十八卷

胡尙洪子史類語二十四卷

程良孺茹古略八十卷

沈夢熊三才雜組五卷

雷金科文林廣記三十一卷

屠隆漢魏叢書六十卷

徐應秋駢字憑霄二十卷

陳仁錫潛確居類書一百二十卷、經濟八編類纂二百五十五卷

枳記二十八卷

胡震亨祕册彙函二十卷

林琦倫史鴻文二十四卷

毛晉津逮祕書十五集

右類書類，八十三部，二萬七千一百八十六卷。

道藏目錄四卷

張三丰金丹直指一卷、金丹祕旨一卷

道經五百十二函

劉太初金丹正惑一卷

太祖注道德經二卷、周顛仙傳一卷太祖製。

黃潤玉道德經注解二卷

楊愼莊子闕誤一卷

神仙傳一卷成祖製。

王道老子億二卷

寧獻王權庚辛玉册八卷、造化鉗鎚一卷

朱得之老子通義二卷、莊子通義十卷、列子通義八卷

陶宗儀金丹密語一卷

薛蕙老子集解二卷

商廷試訂注參同契經傳三卷

徐渭分釋古注參同契三卷

皇甫濂道德經輯解三卷

孫應鼇莊義要删十卷

王宗沐南華經別編二卷

田藝蘅老子指玄二卷

焦竑老子翼二卷、考異一卷、莊子翼八卷、南華經餘事雜錄二卷、拾遺一卷

龔錫爵老子疏略一卷

陶望齡老子解二卷、莊子解五卷

郭良翰南華經薈解三十三卷

羅勉道南華循本三十卷

陸長庚老子玄覽二卷、南華副墨八卷、陰符經測疏一卷、周易參同契測疏一卷、金丹就正篇一卷、張紫陽金丹四百字測疏一卷、方壺外史八卷

李先芳陰符經解一卷、蓬玄雜錄十卷

沈宗霈陰符釋義三卷

尹眞人性命圭旨四卷

桑喬大道眞詮四卷

孫希化眞武全傳八卷

池顯方國朝仙傳二卷

靳昂龍砂一脈一卷

朱多黨龍砂八百純一玄藻二卷

朱載瑋葆眞通十卷

顧起元紫府奇玄十一卷〔一五〕

曹學佺蜀中神仙記十卷

傅兆際寰有詮六卷

楊守業洞天玄語五卷

徐成名保合編十二卷

右道家類，五十六部，二百六十七卷。

釋藏目錄四卷

佛經六百七十八函

太祖集注金剛經一卷成祖製序。

成祖御製諸佛名稱歌一卷、普法界之曲四卷、神僧傳九卷

仁孝皇后夢感佛說大功德經一卷、佛說大因緣經三卷

宋濂心經文句一卷

姚廣孝佛法不可滅論一卷、道餘錄一卷

克菴禪師語錄一卷

一如三藏法數十八卷

陳實大藏一覽十卷

大祐淨土指歸二卷

元瀞三會語錄二卷

溥洽雨軒語錄五卷

法聚玉芝語錄六卷、內語二卷

宗泐心經注一卷、金剛經注一卷

洪恩金剛經解義一卷、心經說一卷

楊慎禪藻集六卷、禪林鉤玄九卷

弘道注解楞伽經四卷

梵琦楚石禪師語錄二十卷

汪道昆楞嚴纂注十卷

交光法師楞嚴正脈十卷

陸樹聲禪林餘藻一卷

管志道龍華懺法一卷

王應乾楞嚴圓通品四卷

方允文楞嚴經解十二卷

曾鳳儀金剛般若宗通二卷、心經釋一卷、楞嚴宗通十卷、楞伽宗通八卷、圓覺宗通四卷

沈士榮續原教論二卷

楊時芳心經集解一卷

何湛之金剛經偈論疏注二卷

戚繼光禪家六籍十六卷

如愚金剛筏喻二卷

張有譽金剛經義趣廣演三卷

李通華嚴疏鈔四十卷

方澤華嚴要略二卷

劉璉無隱集偈頌三卷

古音禪源諸詮一卷

景隆大藏要略五卷

劉鳳釋教編六卷

陳士元象教皮編六卷、釋氏源流二卷

方晟宗門崇行錄四卷

一元歸元直指四卷

陶望齡宗鏡廣刪十卷

沈泰鴻慈向集十三卷

陸長庚楞嚴述旨十卷

王肯堂參禪要訣一卷

楊惟休佛宗一卷

張明弼兔角詮十卷

徐可求禪燕二十卷

瞿汝稷指月錄三十二卷

袁宏道宗鏡攝錄十二卷

姚希孟佛法金湯文錄十二卷
袁中道禪宗正統一卷
袾宏彌陀經疏四卷〔一六〕、正訛集一卷、禪關策進一卷、竹窗三筆三卷、自知錄二卷
眞可紫柏語錄一卷
德清華嚴法界境一卷、楞嚴通義十卷、法華通義七卷、觀楞伽記四卷、肇論略注三卷、長松茹退二卷、憨山緒言一卷
李樹乾竺乾宗解四卷
蕭士瑋起信論解一卷
曹胤儒華嚴指南四卷
俞王言金剛標指一卷、心經標指一卷、楞嚴標指十二卷、圓覺標指一卷
鎭澄楞嚴正觀疏十卷、般若照眞論一卷
傳燈楞嚴玄義四卷、天台山方外志三十卷
通潤楞嚴合轍十卷、楞伽合轍四卷、法華大窾七卷
石顯西方合論十卷
智順善才五十三參論一卷
仁潮法界安立圖六卷
如巹禪宗正脈十卷
章有成金華分燈錄十卷
鍾惺楞嚴如說十卷
沈宗霈楞嚴約指十二卷、徵心百問一卷
王正位赤水玄珠一卷、栴檀林一卷
曾大奇通翼四卷
曹學佺蜀中高僧記十卷
王應遴慈無量集四卷
林應起全閩祖師語錄三卷
夏樹芳棲眞志四卷

祖心冥樞會要四卷

淨喜禪林寶訓四卷

大艤禪警語一卷、宗教答響一卷、歸正錄一卷、博山語錄二十二卷

元賢弘釋錄三卷

宗林寒燈衍義二卷

右釋家類，一百十五部，六百四十五卷。

校勘記

〔一〕留睿留子一卷　留睿，原作「劉睿」，據千頃堂書目卷一一改。列朝詩集甲集前編有留睿小傳。

〔二〕右小說家類一百二十七部三千三百七卷　按本類錄自明史稿志七六藝文志，增李文鳳月山叢談十卷，但此總部數及卷數照抄明史稿而未增，應增一部十卷。

〔三〕劉基玉洞金書一卷　一卷，原作「一部」，據明史稿志七六藝文志、千頃堂書目卷一三改。

〔四〕萬民英三命會通十二卷　萬民英，原作「萬民育」，據嵇璜續文獻通考卷一八二、國史經籍志補、四庫全書總目卷一〇九改。千頃堂書目卷一三作「萬育吾」。四庫全書總目稱萬民英號育吾山人。三命會通，嵇璜續文獻通考和四庫全書總目都作「三命通會」。

〔五〕星學大成十八卷　原作陸位著，而置於下行「星學綱目正傳二十卷」之後，今據嵇璜續文獻通考卷一八二、文津閣本四庫全書改正。陸位著，而置於下行「星學綱目正傳二十卷」之後，今據

稽璜續文獻通考卷一八二、文津閣本四庫全書改正。

〔六〕謝廷杜堪輿管見二卷　謝廷杜，原作「謝廷桂」，據千頃堂書目卷一三改。千頃堂書目注，謝廷杜，字邦用，弘治己未進士，與明進士題名碑錄合。明詩綜卷二七下有謝廷杜小傳。

〔七〕洪武中曹昭撰　曹昭，原作「曹照」，據明史稿志七六藝文志、千頃堂書目卷一五、稽璜續文獻通考卷一七七、文津閣本四庫全書格古要論改。

〔八〕鄭達遵生錄十卷　遵生錄，明史稿志七六藝文志、千頃堂書目卷一四都作「尊生錄」。

〔九〕王圻三才圖說一百六卷　三才圖說，千頃堂書目卷一五、四庫全書總目卷一三八都作「三才圖會」。

〔一〇〕凌廸知文林綺繡七十卷文選錦字二十一卷左國腴詞八卷太史華句八卷　疑文林綺繡爲叢書總名，文選錦字三種爲它的子目，當作小注。稽璜續文獻通考卷一六七有凌廸知左國腴詞八卷、太史華句八卷、兩漢雋言十六卷，又卷一八七有凌廸知文選錦字二十一卷，而無文林綺繡，錄子目名卽不重出叢書總名。國史經籍志卷五有文林綺繡五十九卷，錄叢書總名卽不重出子目名。中國叢書綜錄的文林綺繡子目，尚有楚騷綺語六卷。疑凌廸知文林綺繡當有子目五種，正合五十九卷。原作文選錦字三種，疑脫去兩漢雋言、楚騷綺語兩種。

〔一一〕況叔祺考古詞宗二十卷　況叔祺，原作「祝叔祺」，據千頃堂書目卷一五、稽璜續文獻通考卷

一八六、四庫全書總目卷一三七改。況叔祺，見明進士題名碑錄嘉靖庚戌科。

〔一二〕凌以棟五車韻瑞一百六十卷　以棟，當作「稚隆」，見四庫全書總目卷一三八。又卷三〇春秋左傳評注測義作「凌稚隆，字以棟」。本志總集類有凌稺隆名公翰藻五十二卷。

〔一三〕劉胤昌類山十卷　胤，原作「嗣」，據千頃堂書目卷一五改。又下文曹胤儒華嚴指南四卷，胤，原亦作「嗣」，據千頃堂書目卷一六改。

〔一四〕汪宗姬儒函數類六十二卷　儒函數類，原作「儒數類函」，據嵇璜續文獻通考卷一八七、四庫全書總目卷一三八改。四庫全書總目稱此書取名「儒函」，用數字統計，從一到萬。

〔一五〕顧起元紫府奇玄十一卷　顧起元，原作「顧元」，據千頃堂書目卷一六補。本志經類有顧起元爾雅堂詩說、中庸外傳。歸鴻館雜著有顧起元壺天吷語，與紫府奇玄是同類書。

〔一六〕袾宏彌陀經疏四卷　袾宏，原作「株宏」，據千頃堂書目卷一六改。德清憨山集卷二七有袾宏塔銘。

明史卷九十九

志第七十五

藝文四

集類三：一曰別集類，二曰總集類，三曰文史類。

明太祖文集五十卷、詩集五卷

仁宗文集二十卷、詩集二卷

宣宗文集四十四卷、詩集六卷、樂府一卷

憲宗詩集四卷

孝宗詩集五卷

世宗翊學詩一卷、宸翰錄一卷、咏和錄一卷、咏春同德錄一卷、白鵲贊和集一卷

神宗勸學詩一卷各藩及宗室自著詩文集，已見本傳，不載。

宋濂潛溪文集三十卷皆元時作。潛溪文粹十卷劉基選。續文粹十卷方孝孺鄭濟同選。宋學士文集七十五卷鑾坡前集十卷、後集十卷、續集

十卷、別集十卷，芝園前集十卷、後集十卷、別集十卷，朝天集五卷。詩集五卷

劉基覆瓿集二十四卷、拾遺二卷、皆元時作。犁眉公集四卷、文成集二十卷、彙編諸集及郁離子、春秋明經諸書。詞四卷

危素學士集五十卷

葉儀南陽山房稿二十卷

王冕竹齋詩集三卷

范祖幹柏軒集四卷

戴良九靈山房集三十卷

王逢梧溪詩集七卷

梁寅石門集四卷

楊維楨東維子集三十卷、鐵崖文集五卷、古樂府十六卷、詩集六卷

陶宗儀南村詩集四卷

貢性之南湖集二卷

謝應芳龜巢集二十卷

張昱詩集二卷

楊芾鶴崖集二十卷

李祁雲陽先生集十卷裔孫李東陽傳其集。

涂幾涂子類稿十卷

張憲玉笥集十卷

吳復雲槎集十卷

華幼武黃楊集四卷

陶振賦一卷洪武初，振獻紫金山、金水河及飛龍在天三賦。

陶安文集二十卷

李習橄欖集五卷

汪廣洋鳳池吟稿十卷

孫炎左司集四卷

劉炳春雨軒集十卷、詞一卷
劉迪簡文集五卷
郭奎望雲集五卷
王禕忠文集二十四卷
張以寧翠屏集五卷
詹同文集三卷
劉崧文集十八卷、詩八卷
魏觀蒲山集四卷
朱善一齋集十卷、遼海集五卷
顧輝守齋類稿三十卷
朱升楓林集十二卷
趙汸東山集十五卷
汪克寬環谷集八卷
唐桂芳白雲集略四十卷
李勝原盤谷遺稿五卷

胡翰文集十卷
蘇伯衡蘇平仲集十六卷〔一〕
朱廉文集十七卷
陳謨海桑集十卷
周霆震石初集十卷
高啓槎軒集十卷、大全集十八卷、詞一卷
楊基眉菴集十二卷、詞一卷
徐賁北郭集六卷
張羽靜居集六卷
陳基夷白齋集二十卷
王彝嬀蜼子集四卷
王行半軒集十二卷
袁凱海叟詩集四卷
孫作滄螺集六卷
朱右白雲稿十二卷

徐尊生制誥二卷、懷歸稿十卷、還鄉稿十卷

貝瓊清江文集三十卷、詩十卷

顧祿經進集二十卷

答祿與權文集十卷

杜斅拙菴集十卷

吳源託素齋集八卷

劉駟文集十卷

宋訥西隱集十卷

劉三吾坦齋集二卷一作坦翁集十二卷。

張孟兼名丁，以字行。文集六卷

王翰敝帚集五卷、梁園寓稿九卷

方克勤愚菴集二十卷

吳伯宗集二十四卷南宮、使交、成均、玉堂凡四種。

杜隰雙清集十卷

鄭眞滎陽外史集一百卷

吳玉林松蘿吟稿二十卷

方幼學翬山集十二卷

唐肅丹崖集八卷

謝肅密菴集十卷

謝徽蘭庭集六卷

邵亨貞蛾術文集十六卷〔二〕

烏斯道春草齋集十卷〔三〕

貝翺舒菴集十卷

葉顒樵雲集六卷

沈夢麟花溪集三卷

劉廌盤谷集十卷

宋禧文集三十卷、詩十卷

鄭淵遂初齋稿十卷

林靜愚齋集二十卷

劉永之山陰集五卷

龔斅鵝湖集六卷

王沂徵士集八卷

王祐長江稿五卷

解開文集四十卷

林鴻鳴盛集四卷鴻與唐泰、黃玄、周玄、鄭定、高棅、王偁、王褒、王恭、陳亮另有閩中十才子詩十卷。

孫蕡西菴集九卷蕡與王佐、黃哲、趙介、李德另有廣中五先生詩四卷。

藍仁詩集六卷

藍智詩集六卷

張適樂圃集六卷

浦源舍人集十卷

林弼登州集六卷

陸中蒲棲集二十卷

林大同文集九卷

丁鶴年海巢集三卷本西域人，後家武昌，永樂中始卒。楚憲王爲刻其集。

方孝孺遜志齋集三十卷、拾遺十卷黃孔昭、謝鐸同輯。

卓敬卓氏遺書五十卷

練子寧金川玉屑集五卷

茅大芳集五卷

程本立巽隱集四卷

王艮吉水人，王充耘孫。翰林集十卷

王叔英靜學集二卷

周是修芻蕘集六卷

鄭居貞集五卷

程通遺稿十卷

梅殷都尉集三卷

任亨泰遺稿二卷

王紳文集三十卷

王稌青巖類稿十卷

林右集二卷

王賓詩集二卷

張紞鸝菴集一卷

樓璉居夷集五卷

龔詡野古集二卷

高遜志嗇齋集二卷

解縉學士集三十卷、春雨集十卷、似羅隱集二卷

已上洪武、建文時。

姚廣孝逃虛子集十卷、外集一卷

黃淮省愆集二卷、詞一卷

胡廣集十九卷

楊榮兩京類稿三十卷、玉堂遺稿十二卷

楊士奇東里集二十五卷、詩三卷

胡儼頤菴集三十卷

金幼孜集十二卷

夏原吉集六卷

王鈍野莊集六卷

鄭賜聞一齋集四卷

趙羾集三卷

茹瑺詩一卷

黃福家集三十卷、使交文集十七卷

鄒濟頤菴集九卷

王達天游集二十二卷

曾棨集十八卷

林環文集十卷、詩三卷

林誌蔀齋集十五卷〔四〕

王汝玉詩集八卷
張洪集二卷
王紱詩集五卷
梁潛泊菴集十二卷
劉髦石潭集五卷
鄒緝素菴集十卷
王偁虛舟集五卷
王褒養靜齋集十卷
王恭詩集七卷
高棅嘯臺集二十卷、木天淸氣集十四卷
黃壽生文集十卷
楊慈文集五卷
蘇伯厚履素集十卷
鄭棠道山集二十卷
劉均拙菴集八卷
徐永達文集二十卷、詩十卷
王洪毅齋集八卷
黃裳集十卷
袁忠徹符臺外集五卷
陸顒頤光集二十卷
瞿佑存齋樂全集三卷、詞三卷
曾鶴齡松朧集三卷
陳叔剛絅齋集十卷
柯暹東岡集十二卷
羅亨信集十二卷
劉鉉詩集六卷
金實文集二十八卷
王暹奏議二十卷、文集四十卷
蘇鉦竹坡吟稿二十卷
周鳴退齋稿六十卷

方勉怡菴集十五卷

周敍石溪集十八卷

楊溥文集十二卷、詩四卷

胡濙澹菴集五卷〔五〕

已上永樂時。

熊槪芝山集四十卷、公餘集三十卷

吳訥文集二十卷、詩八卷

秦樸抱拙集六卷

陳繼怡菴集二十卷

黃澤詩集十四卷

羅紘蘭坡集十二卷

馬愉淡軒文集八卷

陳循芳洲集十六卷

高穀集十卷

廖莊漁梁集二卷

林文澹軒稿十二卷

龔錡蒙齋集十卷

王訓文集三十卷

梁蕚集二十卷

姜洪松岡集十一卷

楊復土苴集五十卷

劉廣衡雲菴集三十卷

陳泰拙菴集二十五卷

李奎九川集六卷

徐琦文集六卷

已上洪熙、宣德時。

孫原貞奏議八卷、歲寒集二卷

王直抑菴集四十二卷

王英文集六卷、詩五卷

錢習禮文集十四卷、應制集一卷

陳鎰文集六卷

魏驥摘稿十卷

周忱雙崖集八卷

陳璉琴軒稿三十卷

周旋文集十卷

劉球兩谿集二十四卷

張楷和唐音二十八卷、和李杜詩十二卷

李時勉文集十一卷、詩一卷

陳敬宗澹然集十八卷

張倬毅齋集二十卷

鄭鯨雲遨摘稿八卷

彭時奏疏一卷、文集四卷

商輅奏議一卷、文集三十二卷

蕭鎡文集二十卷、詩十卷

于謙奏議十卷、文集二十卷

郭登聯珠集二十二卷景泰初，登封定襄伯，有詩名。是集以其父玹兄武之作，與登詩合編。

何文淵奏議一卷、文稿四卷

章瑄竹莊集四十卷

吳宣野菴集十六卷

鄭文康平橋集十八卷

劉溥草窗集二卷溥與蔣主忠、王貞慶、晏鐸、蘇平、蘇正、湯胤勣、王淮、沈愚、鄒亮等稱景泰十才子，當時各有專稿。

桑琳鶴溪集二十卷

錢洪詩集四卷

劉英詩集六卷

徐有貞武功集八卷

許彬文集十卷、詩四卷

薛瑄敬軒集四十卷、詩八卷

李賢古穰集三十卷、續集二十卷

呂原介軒集十二卷

岳正類博稿十卷

劉儼文集三十二卷

吳與弼康齋文集十二卷

王宇厚齋集三卷

張穆勿齋集二十卷

劉昌五臺集二十二卷胥臺、鳳臺、金臺、嵩臺、越臺諸稿彙編。

蕭儼竹軒集二十卷

周瑩郡齋稿十卷

羅周梅隱稿十八卷

姚綬雲東集十卷

湯胤勣東谷集十卷

易貴文集十五卷

已上正統、景泰、天順時。

劉定之存稿二十一卷、續稿五卷

劉珝文集十六卷

軒輗奏議四卷

彭華文集十卷

尹直澄江集二十五卷

姚夔奏議三十卷、文集十卷

李裕奏議七卷、文集四卷

楊鼎奏議五卷、文稿二十卷

倪謙玉堂、南宮、上谷、歸田四稿共一百七十卷

余子俊奏議六卷

周洪謨箐齋集五十卷、南皋集二十卷

林聰奏議八卷、文集十四卷

張瑄奏議八卷、觀菴集十五卷、關洛紀巡錄

十七卷

謝一夔文集六卷

韓雍奏議一卷、文集十五卷

柯潛竹巖集八卷

陸釴春雨堂稿三十卷

葉盛奏草三十卷、文稿二卷、詩一卷

楊守陳全集三十卷

范理丹臺稿十卷

林鶚文稿十卷

羅倫一峯集十卷

莊昶定山集十卷

黃仲昭未軒集十三卷

陳獻章白沙子八卷、文集二十二卷、遺編六卷

楊起元文編六卷

張弼文集五卷、詩四卷

胡居仁敬齋集三卷

陳眞晟布衣存稿九卷

夏寅文集四十卷、備遺錄二十三卷

張寧文集三十二卷

夏時正留餘稿三十五卷

陸容式齋集三十八卷

龍瑄鴻泥集二十卷

周瑛翠渠摘稿七卷

段正介菴集三十卷

蔣琬文集十卷

朱翰石田稿十四卷

張胄西溪集十五卷

丁元吉文集六十四卷

劉敔鳳巢稿六卷

桑悅兩都賦二卷、古賦三卷、文集十六卷
祁順巽川集二十卷
徐溥文集七卷
丘濬瓊臺類稿五十二卷、詩十二卷
李東陽懷麓堂前後集九十卷、續稿二十卷
謝遷歸田稿十卷
陸簡龍皐稿十九卷
程敏政篁墩全集一百二十卷
吳寬匏菴集七十八卷
張元禎文集二十四卷
王恕奏稿十五卷、文集九卷
韓雍奏議一卷〔六〕
倪岳青溪漫稿二十四卷
馬文升奏議十六卷、文集一卷
王偁思軒集十二卷

楊守阯碧川文鈔二十九卷、詩二十卷
張昇文集二十二卷
童軒枕肱集二十卷
杭淮雙溪詩集八卷
黎淳龍峯集十三卷
劉大夏奏議一卷、詩二卷
張悅集五卷
何喬新文集三十二卷
彭韶奏議五卷、文集十二卷
王珣奏稿十卷、詩二卷
閔珪文集十卷
徐貫餘力集十二卷
董越文集四十二卷
謝鐸奏議四卷、文稿四十五卷、詩三十六卷

陳音愧齋集十二卷

張詡東所集十卷

鄒智立齋遺文四卷

李承箕大崖集二十卷

錢福文集六卷

楊循吉遺集五卷

邵珪半江集六卷

趙寬半江集六卷

杭濟詩集六卷

吳元應詩集十五卷

顧潛靜觀堂集十四卷

文林溫州集十二卷

呂㦂九柏集六卷

沈周石田詩鈔十卷

史鑑西村集八卷

祝允明祝氏集略三十卷、懷里堂集三十卷、小集七卷

唐寅集四卷

顧磐海涯集十卷〔七〕

王鏊文集三十卷

楊廷和奏議一卷、石齋集八卷

梁儲鬱洲集九卷

費宏文集二十四卷

靳貴戒菴集二十卷

楊一清奏議三十卷、石淙類稿四十五卷、詩二十卷

蔣冕湘皋集三十三卷

毛紀鼇峯類稿二十六卷

韓文質菴集四卷

吳文度交石集十卷

林瀚集二十五卷
屠勳東湖稿十二卷
羅玘奏議一卷、文集十八卷、續集十四卷
儲巏文集十五卷
王鴻儒凝齋集九卷
邵寶容春堂全集六十一卷
章懋文集九卷
楊廉奏議四卷、文集六十二卷
喬宇白巖集二十卷
黃瓚文集十二卷
蔡清虛齋文集五卷
魯鐸文集十卷
王雲鳳虎谷集二十一卷
毛澄類稿十八卷

王瓊奏議四卷
彭澤幸菴行稿十二卷
林俊文集四十卷、詩十四卷
李夢陽空同全集六十六卷
康海對山集十九卷、樂府二卷
王九思渼陂集十九卷、樂府四卷
何景明大復集六十四卷
鄭善夫奏議一卷、少谷全集二十五卷
徐禎卿廸功集十一卷
朱應登凌溪集十九卷
王廷陳夢澤集三十八卷
景暘前谿集十四卷
陳沂文集十二卷、詩五卷
田汝耔奏議五卷、水南集十八卷
倫文敍迂岡集十卷、白沙集十二卷

顏木爐餘稿四卷
盧雍古園集十二卷
陳霆水南集十七卷
王守仁陽明全書三十八卷
陸完水村集二十卷
唐錦龍江集十四卷
穆孔暉文集三卷
史學埭谿集二十卷
許莊康衢集一百卷
汪循仁峯文集二十五卷
錢仁夫水部詩曆十二卷
徐璉玉峯集十五卷、五言詩五卷
黃省曾五岳山人集三十八卷
孫一元太白山人稿五卷
謝承舉一名璿詩集十五卷
王寵雅宜山人集十卷
傅汝舟丁戊集十二卷
高瀔石門集二卷
蕭雍酌齋遺稿四卷

已上成化、弘治、正德時。

廖道南文集五十卷、詩六卷
羅欽順整菴稿三十三卷
何孟春疏議十卷、文集十八卷
顧清文集四十二卷
劉瑞五清集十八卷
呂柟涇野集五十卷
何瑭文集十一卷
魏校莊渠文錄十六卷、詩四卷
陳察虞山集十三卷
楊愼文集八十一卷、南中集七卷、詩五卷、

詞四卷

胡世寧奏議十卷

鄭岳山齋稿二十四卷

陳洪謨文稿二卷

王時中奏議十卷

董玘文集六卷

秦金詩集十卷

潘希曾奏議四卷、竹澗集八卷

劉龍文集四十八卷

劉夔奏議十卷

陸深全集一百卷、續集十卷

張邦奇全集五十卷

馬中錫奏疏三卷、東田集六卷

劉玉執齋集二十卷

周倫貞翁稿十二卷

劉節梅國集四十二卷

章拯文集八卷

邊貢華泉集四卷、詩八卷

王廷相奏議十卷、家藏集五十四卷

顧璘息園文稿九卷、詩十四卷

劉麟文集十二卷

崔銑洹詞十二卷

王縝南渠稿十六卷

陳鳳梧奏議十卷、修辭錄六卷

張翀文集二十卷

夏良勝東洲稿十二卷、詩八卷

姚鏌文集八卷

王道文集十二卷

徐問文集二十四卷

萬鏜治齋文集四卷

湛若水甘泉前後集一百卷
韓邦奇苑洛集二十二卷
劉訒春岡集六卷
黃衷矩齋集二十卷
顧應祥文集十四卷、樂府一卷
欒護木亭稿三十六卷
石珤熊峯集四卷
賈詠南隝集十卷
崔桐東洲集四十卷
毛伯溫奏議二十卷、東塘集十卷
王以旂奏議十卷、石岡集四卷
林廷棉集十卷
孫承恩集三卷
黃佐兩都賦二卷、泰泉集六十卷
童承敍內方集十卷
貢汝成三大禮賦一卷嘉靖中獻。
林大輅愧瘖集十六卷
許宗魯全集五十二卷
胡纘宗鳥鼠山人集十八卷、擬古樂府四卷、詩七卷
方鵬文集十八卷、詩八卷
王同祖太史集六十卷
鄒守益東郭集十二卷、遺稿十三卷
顧鼎臣文集二十四卷
張璧陽峯集二十六卷
張治文集十四卷
許讚松皐集二十六卷
王崇慶端溪集八卷
王邦瑞文集二十卷
聶豹雙江集十八卷

薛蕙考功集十卷

汪必東南雋集二十卷

孫存豐山集四十卷

蕭鳴鳳文集十五卷

周佐北澗集十卷

金賁亨文集四卷

蔣山卿南泠集十二卷

李濂嵩渚集一百卷

林士元文集十卷

林春澤人瑞翁集十二卷

汪應軫文集十四卷

陳琛文集十二卷

王漸逵青蘿集十六卷

戴鱀文集八卷

廖世昭明一統賦三卷

許相卿全集二十六卷

陸釴少石子集十三卷

邵經邦弘藝錄三十二卷

陳講中川集十三卷

丘養浩集齋類稿十八卷

王用賓文集十六卷

倫以訓白山集十卷

倫以諒石溪集十卷

倫以詵穗石集十卷

顧瑮寒松齋稿四卷

黃綰石龍集二十八卷

費寀集四卷

席書元山文選五卷

方獻夫西樵稿五卷

霍韜集十五卷

舒芬內外集十八卷
汪佃東麓稿十卷
戴冠邃谷集十二卷、詩二卷
唐龍漁石集四卷
歐陽鐸集二十二卷
夏言桂洲集二十卷
嚴嵩鈐山堂集二十六卷
張孚敬詩集三卷
歐陽德南野集三十卷
許誥奏議二卷
許論默齋集四卷
張時徹芝園全集八十五卷
呂柟涇松稿四卷
鄭曉奏疏十四卷、文集十二卷
潘恩笠江集二十四卷

陳儒芹山集四十卷
王艮心齋文集二十卷
王畿龍谿文集二十卷
錢德洪緒山集二十四卷
孫宜洞庭山人集五十三卷
高叔嗣蘇門集八卷
呂本期齋集十六卷
徐階世經堂全集五十卷
鄒守愚俟知堂集十三卷
胡松奏疏五卷、文集十卷
袁煒詩集八卷
嚴訥表奏二卷、文集十二卷
李春芳詒安堂稿十卷
郭朴文集五卷
林庭機文集十二卷

茅瓚文集十五卷

董份泌園全集三十七卷

孫陞文集二十卷

李璣西野集十三卷

尹臺洞麓堂集三十八卷

范欽天一閣集十九卷

陳堯梧岡文集五卷、詩三卷

雷禮鐔墟堂稿二十卷

蔡汝楠自知堂集二十四卷

張岳淨峯稿四十六卷

蘇濂伯子集十三卷

蘇澹仲子集七卷

陸垹文集十二卷

謝東山文集四十卷

李舜臣愚谷集十卷

龔用卿雲岡集二十卷

王維楨全集四十二卷

王材文集六十五卷

呂懷類稿三十三卷

趙時春浚谷集十七卷

王愼中遵巖文集四十一卷

唐順之荊川集二十六卷

陳束文集二卷

熊過南沙集八卷

任瀚逸稿六卷

呂高江峯稿十二卷

李默羣玉樓稿七卷

馮恩奏疏一卷、芻蕘錄四卷

馬一龍游藝集十九卷

陸粲貞山集十二卷

康太和嶓峯集二十四卷

余光兩京賦二卷

楊爵斛山稿六卷

馮汝弼祐山集十六卷

包節侍御集六卷

錢薇海石集二十八卷

周怡訥溪集二十七卷

羅洪先全集二十五卷

唐樞木鐘臺集三十二卷

林春東城集二卷

柯維騏藝餘集十四卷

盧襄五隖草堂集十卷

薛甲藝文類稿十四卷

薛應旂方山集六十八卷

唐音文集二十卷

劉繪奏議二卷、嵩陽集十五卷

喬世寧丘隅集十九卷

孔汝錫文集十六卷、詩十四卷

袁袠胥臺集二十卷

袁尊尼魯望集十二卷

文徵明甫田集三十五卷

文彭博士集三卷

文嘉和州集一卷

蔡羽林屋集二十卷、南館集十三卷

陳淳白陽詩集八卷

湯珍小隱堂詩集八卷

彭年隆池山樵集三卷

田汝成叔禾集十二卷

屠應埈蘭暉堂集八卷

范言菁陽集五卷

楊本仁少室山人集二十四卷

沈愷環溪集二十六卷

李開先中麓集十二卷

皇甫沖子浚集六十卷

皇甫涍少玄集三十六卷

皇甫汸司勳集六十卷

皇甫濂水部集二十卷

周詩虛巖山人集六卷

黄姬水淳父集二十四卷

駱文盛存稿十五卷

崔廷槐樓溪集三十六卷

栗應宏太行集十六卷、詩六卷

莫如忠崇蘭館集二十卷

陳昌積文集三十四卷

何良俊柘湖集二十八卷

何良傅禮部集十卷

許穀省中、二臺、武林、歸田四稿共十七卷

華鑰水西居士集十二卷

張之象剪綃集二卷

徐獻忠長谷集十五卷

鄔紳中憲集六卷

陳暹文集四卷

瞿景淳內制集一卷、文集十六卷

王問仲山詩選八卷

侯一元少谷集十六卷

俞憲詩集二十四卷

南逢吉姜泉集十四卷

錢芹永州集五卷

姚淶文集八卷

華察巖居稿八卷

沈東屛南集十卷
茅坤文集三十六卷
吳維嶽天目山齋稿二十八卷
李嵩存笥稿十卷
馮惟健陂門集八卷
馮惟訥光祿集十卷
桑介白匡詩選十卷
李應元蔡蒙山房稿四卷
陳鳳清華堂稿六卷
吳琉環山樓集六卷
沈鍊鳴劍集十二卷、青霞山人集五卷
金大車子有集二卷
金大輿子坤集二卷
楊繼盛忠愍集四卷
呂時中潭西文集十七卷

林懋和雙臺詩選九卷
王交綠槐堂稿二十二卷
向洪邁詩文集十卷
盧岐嶷吹劍集三十五卷
周思兼文集八卷
詹萊招搖池館集三十卷
謝江岷陽集八卷
傅夏器錦泉集六卷
朱曰藩山帶閣集三十三卷
岳岱山居稿三十卷
高岱西曹集九卷
陸楫蒹葭堂集七卷
李先芳東岱山房稿三十卷
陳宗虞臥雲樓稿十四卷
黃伯善文稿六卷、詩十五卷

胡瀚今山文集一百卷

蔡宗堯龜陵集二十卷

孫樓百川集十二卷

張世美西谷集十六卷

邵圭潔北虞集六卷

李攀龍滄溟集三十二卷、白雪樓詩集十卷

王世貞弇州四部稿一百七十四卷、四部者，一賦、二詩、三文、四說，以擬域中之四部州。汪道昆序之。續稿二百十八卷

王世懋奉常集五十四卷、詩十五卷

梁有譽比部集八卷

徐中行天目山人集二十一卷、詩六卷

宗臣詩文集十五卷

吳國倫甔甀洞稿五十四卷、續稿二十七卷、詩十五卷

謝榛四溟山人集二十卷、詩四卷

盧柟賦五卷、蠛蠓集五卷

劉鳳文集三十二卷

陸弼詩集二十六卷

汪道昆太函集一百二十卷、南溟副墨二十四卷

許邦才梁園集四卷

魏學禮集二十四卷

魏裳雲山堂集六卷

張佳胤奏議七卷、崌崍文集六十五卷

張九一綠波樓集十卷

黎民表文集十六卷

歐大任虞部集二十二卷

俞允文詩文集二十四卷

余曰德詩集十四卷

萬表玩鹿亭稿八卷
高拱獻忱集五卷、詩文集四十四卷
趙貞吉文集二十三卷、詩五卷
高儀奏議十卷
楊巍夢山存稿四卷
殷士儋金輿山房稿十四卷
諸大綬文集八卷
楊博獻納稿十卷、奏議七十卷、詩文集十二卷
張瀚詩文集四十卷
董傳策奏議一卷、采薇集十四卷
馬森文集二十卷
洪朝選靜菴稿十五卷
朱衡文集二十卷
陳紹儒司空集二十卷
何維柏天山堂集二十卷
周詩與鹿集十二卷
郭汝霖石泉山房集十二卷
王時槐存稿十四卷
曹大章含齋稿二十卷
林大春井丹集十五卷
王叔果半山藏稿二十卷
王叔杲玉介園稿二十卷
徐師曾湖上集十四卷
張祥鳶華陽洞稿二十二卷
陳善黔南類稿八卷
穆文熙逍遙園集十卷
胡直衡廬稿三十卷
王格少泉集十卷
姚汝循詩文集二十四卷

張元忭不二齋稿十二卷
歸有光震川集三十卷、外集十卷錢謙益訂正。
劉效祖詩稿六卷
王叔承吳越游七卷
沈明臣詩集四十二卷
陳鶴詩集二十一卷
馮遷長鋏齋稿七卷
朱邦憲詩文集十五卷
徐渭詩文全集二十九卷
王寅詩文集八卷
郭造卿海岳山房集二十卷
俞汝爲缶音集四卷
謝汝韶天池稿十六卷
謝肇淛文集二十八卷、詩三十卷
駱問禮萬一樓集六十一卷、外集十卷

王可大三山彙稿八卷
沈桐觀頤集二十卷
王養端遂昌三賦一卷
黃謙詩文稿十六卷
戴廷槐錦雲集十六卷
已上嘉靖、隆慶時。
張居正奏對稿十卷、詩文集四十七卷
張四維條麓堂集三十四卷
馬自强文集二十卷
陸樹聲詩文集二十六卷
林燫文集十六卷、詩六卷
汪鏜餘淸堂定稿三十二卷
徐學謨文集四十三卷、詩二十二卷
潘季馴奏疏二十卷、文集五卷
吳桂芳奏議十六卷、文集十六卷

譚綸奏議十卷

俞大猷正氣堂集十六卷

戚繼光横槊稿三卷

海瑞文集七卷

吳時來悟齋稿十五卷

趙用賢奏議一卷、文集三十卷、詩六卷

吳中行賜餘堂集十四卷

艾穆熙亭集十卷

鄒元標奏疏五卷、文集七卷、續集十二卷

沈思孝陸沈漫稿六卷

蔡文範文集十八卷

范槲明蜀都賦一卷

王宗沐奏疏四卷、文集三十卷

王崇古奏議五卷、山堂彙稿十七卷

王士性五岳遊草十二卷

陳士元歸雲集七十五卷

鄧元錫潛學稿十七卷

林偕春雲山居士集八卷

申時行綸扉奏草十卷、賜閒堂集四十卷

余有丁詩文集十五卷

許國文集六卷

王錫爵詩文集三十二卷

王家屏文集二十卷

趙志皐奏議十六卷、文集四卷、詩五卷

耿定向文集二十卷

姜寶文集三十八卷、詩十卷

孫應鼇彙稿十六卷

魏學曾文集十卷

沈節甫文集十五卷

王樵方麓居士集十四卷

宋儀望文集十二卷、詩十四卷

魏允貞文集四卷

魏允中文集八卷

顧憲成文集二十卷

孟化鯉文集八卷

葉春及絅齋集六卷

王穉登詩集十二卷

盛時泰城山堂集六十八卷

張鳳翼處實堂前後集五十三卷

張獻翼文起堂集十六卷

莫是龍石秀齋集十卷

曹子念詩集十卷

顧大典清音閣集十卷

鄔佐卿芳潤齋集九卷

茅溱四友齋集十卷

莫叔明詩三卷

田藝蘅詩文集二十卷

胡應麟少室山房類稿一百二十卷

陳文燭文集十四卷、詩十二卷

李維楨大泌山房全集一百三十四卷

屠隆由拳集二十三卷、白楡集二十卷、棲眞館集三十卷

屠本畯詩草六卷

馮時可元成選集八十三卷

沈鯉亦玉堂稿十八卷

于愼行文集四十二卷、詩二十卷

李廷機文集十八卷

曾同亨泉湖山房稿三十卷

王圻鴻洲類稿十卷

謝杰天靈山人集二十卷

馮琦宗伯集八十一卷

曾朝節紫園草二十二卷

郭子章粵草、蜀草、楚草、閩草、浙草、晉草、留草共五十五卷

許孚遠致和堂集八卷

田一儁鍾台遺稿十二卷

林景暘玉恩堂集十卷

鄧以讚定宇集四卷

黃洪憲碧山學士集二十一卷

王祖嫡文集三十七卷

劉日升愼修堂集二十三卷

郭正域黃離草十卷

唐文獻占星堂集十六卷

鄒德溥全集五十卷

沈懋學郊居稿六卷

馮夢禎快雪堂集六十四卷

邢侗來禽館集二十八卷

余寅農丈人集二十卷、詩八卷

虞淳熙德園全集六十卷

湯顯祖玉茗堂文集十五卷、詩十六卷

謝廷諒薄遊草二十四卷

謝廷讚綠屋遊草十五卷

陳第寄心集六卷

羅大紘文集十二卷

來知德瞿塘日錄三十卷

徐即登正學堂稿二十六卷

蘇濬紫溪集三十四卷

羅汝芳近溪集十二卷、詩二卷

潘士藻闇然堂集六卷

焦竑澹園集四十九卷、續集三十五卷

袁宗道白蘇齋類稿二十四卷

袁宏道詩文集五十卷

袁中道珂雪齋集二十四卷

陶望齡歇菴集十六卷

瞿九思文集七十五卷

馮大受詩集十卷

何三畏漱六齋集四十八卷

瞿汝稷同鄉集十四卷

郝敬小山草十卷

許樂善適志齋稿十卷

王納諫初日齋集七卷

姚舜牧文集十六卷

葉向高綸扉奏草三十卷、文集二十卷、詩八卷

丁賓文集八卷

區大相詩集二十七卷

顧起元文集三十卷、詩二十卷

湯賓尹睡菴初集六卷

王衡緱山集二十七卷

公鼐問次齋集三十卷

丘禾實文集八卷、詩四卷

南師仲玄麓堂集五十卷

張以誠酌春堂集十卷

何喬遠集八十卷

張燮羣玉樓集八十四卷

張萱西園全集三十卷

李光縉景璧集十九卷

曹學佺石倉詩文集一百卷

徐熥幔亭集二十卷

徐𤊹鼇峯集二十六卷

黃汝亨寓林集三十二卷

趙宧光寒山漫草八卷

俞安期翏翏集二十八卷

歸子慕陶菴集四卷

趙南星文集二十四卷

楊漣文集三卷

左光斗奏疏三卷、文集五卷

魏大中藏密齋集二十五卷

魏學洢茅簷集八卷

繆昌期從野堂存稿八卷

李應昇落落齋遺稿十卷

周宗建奏議四卷

黃尊素文集六卷

馮從吾疏草一卷、少墟文集二十二卷

孫愼行奏議二卷、玄晏齋集十卷

曹于汴抑節堂集十四卷

陳于廷定軒存稿三卷

張鼐寶日堂集六卷

楊守勤寧澹齋集十卷

婁堅學古緒言二十六卷

唐時升三易集二十卷

李流芳檀園集十二卷

程嘉燧松圓浪淘集十八卷

朱國祚介石齋集二十卷

鍾惺隱秀堂集八卷

譚元春嶽歸堂集十卷

蔡復一遯菴集十七卷

王思任文集三十卷

董其昌容臺集十四卷、別集六卷

陳繼儒晚香堂集三十卷

王廷宰緯蕭齋集六卷
李日華恬致堂集四十卷
方應祥青來閣集三十五卷
姚希孟文集二十八卷
陳仁錫無夢園集四十卷
蕭士瑋春浮園集十卷
鄭懷魁葵圃集三十卷
謝兆申詩文稿二十四卷
顧正誼詩史十五卷
張采知畏堂文存十一卷、詩存四卷
張溥七錄齋集十二卷、詩三卷
唐汝詢編篷集十卷
曾異撰紡授堂集二十七卷
孫承宗奏議三十卷、文集十八卷
賀逢聖文類五卷

蔣德璟敬日草九卷
黃景昉甌安館集三十卷
倪元璐奏牘三卷、詩文集十七卷
李邦華奏議六卷、文集八卷
王家彥奏議五卷、文集五卷
凌義渠文集六卷
馬世奇文集六卷、詩三卷
劉理順文集十二卷
金鉉文集六卷
鹿善繼文稿四卷
孫元化文集一百卷
熊人霖華川集二十四卷
陳山毓靖質居士集六卷
陳龍正幾亭集六十四卷
陳際泰太乙山房集十四卷

吳應箕文集二十八卷

呂維祺詩文集二十卷

徐石麒可經堂集十二卷

黃道周石齋集十二卷

張肯堂莞爾集二十卷

袁繼咸六柳堂集三卷

黃端伯瑤光閣集八卷

金聲文集九卷

陳函輝寒山集十卷

艾南英天慵子集六卷

黎遂球文集二十一卷、詩十卷

李日宣奏議十六卷、敬修堂集三十卷

黃淳耀陶菴集七卷

侯峒曾文集四十卷

侯岐曾文集三十卷

已上萬曆、天啓、崇禎時。

宗泐全室外集十卷、西游集一卷洪武中，宗泐為右善世，奉使西域求遺經，往返道中之作。

來復蒲菴集十卷

法住幻住詩一卷

清濋蘭江望雲集二卷

廷俊泊川文集五卷

克新雪廬稿一卷

守仁夢觀集六卷

如蘭支離集七卷

德祥桐嶼詩一卷

子楩水雲堂稿二卷

宗衍碧山堂集三卷

妙聲東皐錄七卷

元極圓菴集十卷

溥洽雨軒外集八卷
善啓江行倡和詩一卷
大同竺菴集二卷
覺澄雨華詩集二卷
明秀雪江集三卷
普泰野菴詩集三卷
宗林香山夢寐集一卷
方澤冬谿內外集八卷
眞可紫柏老人集十五卷
德清憨山夢游集四十卷
弘恩雪浪齋詩集二卷
寬悅堯山藏草五卷
法杲雪山詩集八卷
一元山居百咏一卷
如愚空華集二卷、飲河集二卷、四悉稿四卷

智舷黃山老人詩六卷
慧秀秀道人集十三卷
傳慧浮幻齋詩三卷、流雲集二卷
圓復三支集二卷、一葦集二卷
元賢禪餘集四卷
張宇初峴泉文集二十卷
鄧羽觀物吟一卷
張友霖鐵鑛集二卷
邵元節集四卷
汪麗陽野懷散稿一卷
張崟崟適適吟一卷
顏復膺潛菴咏物詩六卷

已上方外。

安福郡主桂華詩集一卷
周憲王宮人夏雲英端清閣詩一卷

陳德懿詩四卷

楊夫人詞曲五卷

孟淑卿荆山居士詩一卷

朱靜菴詩集十卷

鄒賽貞詩四卷

楊文儷詩一卷

金文貞蘭莊詩一卷

馬閒卿芷居集一卷

端淑卿綠窗詩稿四卷

王鳳嫻焚餘草五卷

張引元、張引慶雙燕遺音一卷

董少玉詩一卷

周玉如雲巢詩一卷

邢慈靜非非草一卷

沈天孫留香草四卷

屠瑤瑟留香草一卷

袁九淑伽音集一卷

姚青蛾玉鴛閣詩二卷

王虞鳳罷繡吟一卷

劉苑華詩一卷

陸卿子考槃集六卷、雲臥閣稿四卷、玄芝集四卷

徐媛絡緯吟十二卷

沈紉蘭效顰集一卷

項蘭貞裁雲草一卷、月露吟一卷

薄少君蟄泣集一卷

方孟式紉蘭閣集八卷

方維儀清芬閣集七卷

黃幼藻柳絮編一卷

桑貞白香匳稿二卷

已上閨秀。

右別集類，一千一百八十八部，一萬九千八百九十六卷。〔八〕

歷代名臣奏議三百五十卷永樂中，黃淮等奉敕纂輯。

王恕歷代諫議錄一百卷

謝鐸赤城論諫錄十卷鐸與黃孔昭同輯天台人文之有關治道者，宋十人，明六人。

張瀚明疏議輯略三十七卷

張國綱明代名臣奏疏二十卷

張鹵嘉隆疏鈔二十卷

吳亮萬曆疏鈔五十卷

孫甸明疏議七十卷

朱吾弼明留臺奏議二十卷〔九〕

慶靖王栴文章類選四十卷

鄭淵續文類五十卷

鄭柏續文章正宗四十卷

王稌國朝文纂四十卷

趙友同古文正原十五卷

吳訥文章辨體五十卷、外集五卷

李伯璵文翰類選大成一百六十二卷

張洪古今箴銘集十四卷

程敏政明文衡九十八卷

楊循吉明文寶八十卷

姚福明文苑通編十卷

賀泰唐文鑑二十一卷

李夢陽古文選增定二十二卷〔一〇〕

劉節廣文選八十二卷

李堂正學類編十五卷

謝朝宣古文會選三十卷

楊愼古雋八卷

林希元古文類鈔二十卷

唐順之文編六十四卷、明文選二十卷

張時徹明文範六十八卷

汪宗元明文選二十卷

張士瀹明文纂五十卷

愼蒙明文則二十二卷

薛甲大家文選二十二卷

王逢年文統一百卷

茅坤唐宋八大家文鈔一百四十四卷

徐師曾文體明辨八十四卷正錄六十卷、附錄二十四卷。

褚鈇滙古菁華二十四卷

姚翼歷代文選五十卷

陳第屈宋古音義三卷

郭棐名公玉屑錄二十卷

胡時化名世文宗三十卷

查鐸西漢菁華十四卷

申用懋西漢文苑十二卷

湯紹祖續文選二十七卷

孫鑛今文選十二卷

馬繼銘廣文選二十五卷

劉世教賦紀一百卷

潘士達古文世編一百卷

陳翼飛文儷六十卷

何喬遠明文徵七十四卷

汪瑗楚辭集解十五卷

陳仁錫古文奇賞二十二卷、續二十四卷、三續二十六卷、四續五十三卷、明文奇賞四十卷

王志堅古文瀾編二十卷、續編三十卷、四六法海十二卷

楊瞿崍明文翼統四十卷

張燦擬離騷二十卷

黃道周續離騷二卷

胡震亨續文選十四卷

方岳貢古文國瑋集五十二卷

俞王言辭賦標義十八卷

陳山毓賦略五十卷

陳子龍明代經世文編五百八卷

張溥古文五刪五十二卷、漢魏百三名家集〔二〕

陳經邦明館課五十一卷

張陽新安文粹十五卷

趙鶴金華文統十三卷

阮元聲金華文徵二十卷

張應麟海虞文苑二十四卷

錢穀續吳都文粹六百卷

董斯張吳興藝文補七十卷

楊愼尺牘清裁十一卷、古今翰苑瓊琚十二卷

王世貞增集尺牘清裁二十八卷

梅鼎祚書記洞詮一百二十卷

俞安期啓雋類函一百卷

凌稚隆名公翰藻五十二卷

宋公傳元詩體要十四卷南海鄧林序稱其嘗同修東觀書，蓋永樂初纂修大典者。

高棅唐詩品彙九十卷、拾遺十卷、唐詩正聲二十二卷
周敍唐詩類編十卷
蕭儼明代風雅廣選三十七卷
楊愼風雅逸編十卷、選詩外編九卷、五言律祖六卷、近體始音五卷、詩林振秀十一卷、明詩鈔七卷
何景明校漢魏詩十四卷
黃佐明音類選十八卷
徐泰明代風雅四十卷
程敏政詠史詩選十五卷
徐獻忠六朝聲偶集七卷、百家唐詩一百卷
黃德水初唐詩紀三十卷
李于鱗古今詩删三十四卷、唐詩選七卷
何喬新唐律羣玉十六卷

鄒守愚全唐詩選十八卷
謝東山明近體詩鈔二十九卷
馮惟訥詩紀一百五十六卷、風雅廣逸七卷
王宗聖增補六朝詩彙一百十四卷
張之象古詩類苑一百二十卷、唐詩類苑二百卷、唐雅二十六卷
卓明卿唐詩類苑一百卷
潘是仁宋元名家詩選一百卷
毛應宗唐雅同聲五十卷
俞安期詩雋類函一百五十卷
許學彝詩源辨體十六卷
俞憲盛明百家詩一百卷
盧純學明詩正聲六十卷
符觀唐詩正體七卷、宋詩正體四卷、元詩正

體四卷、明詩正體五卷

鍾惺古唐詩歸四十七卷

臧懋循古詩所五十二卷、唐詩所四十七卷

李騰鵬詩統四十二卷

張可仕補訂明布衣詩一百卷

沈子來唐詩三集合編七十八卷

陳子龍明詩選十三卷

胡震亨唐音統籤一千二十四卷甲籤、帝王詩七卷，乙籤、初唐詩七十九卷，丙籤、盛唐詩一百二十五卷，丁籤、中唐詩三百四十一卷，戊籤、晚唐詩二百一卷，又餘閏六十四卷，己籤、五唐雜詩四十六卷，庚籤、僧詩三十八卷，道士詩六卷，宮閨詩九卷，外國詩一卷，辛籤、樂章十卷，雜曲五卷，塡詞十卷，歌一卷，謠一卷，諧謔四卷，諺一卷，語一卷，酒令一卷，題語判語一卷，讖記一卷，占辭一卷，蒙求一卷，章咒一卷，偈頌二十四卷，壬籤、仙詩三卷，神詩一卷，鬼詩二卷，夢詩一卷，物怪詩一卷，癸籤、體凡，發微，評彙，樂通，詁箋，談叢，集錄，凡三十六卷。

曹學佺石倉十二代詩選八百八十八卷古詩十三卷，唐詩一百十卷，宋詩一百七卷，元詩五十卷，明詩一集八十六卷，二集一百四十卷，三集一百卷，四集一百三十二卷，五集五十卷，六集一百卷。

徐獻忠樂府原十五卷

胡瀚古樂府類編四卷

陳耀文花草粹編十二卷

錢允治國朝詩餘五卷

沈際飛草堂詩餘十二卷

卓人月古今詞統十六卷

毛晉宋六十家詞六十卷

程明善嘯餘譜十卷

黎淳國朝試錄六百四十卷輯明成化已前試士之文。丘濬爲序。

汪克寬春秋作義要訣一卷

楊慎經義模範一卷

梁寅策要六卷

劉定之十科策略八卷

張和篠菴論鈔一卷

黃佐論原十卷、論式三卷

右總集類，一百六十二部，九千八百一十卷。

詩學梯航一卷宣德中，周敍等奉敕編。

寧獻王朱權臞仙文譜八卷、詩譜一卷、詩格一卷、西江詩法一卷

寧靖王奠培詩評一卷

戴鱀策學會元四十卷

唐順之策海正傳十二卷

茅維論衡六卷、表衡六卷、策衡二十二卷

陳禹謨類字判草二卷

明狀元策十二卷坊刻本。

四書程文二十九卷、五經程文三十二卷、論程文十卷、詔誥表程文五卷、策程文二十卷已上五種，見葉盛菉竹堂書目，皆明初舉業程式。

宋元禧文章緒論一卷

唐之淳文斷四卷

溫景明藝學淵源四卷

閔文振蘭莊文話一卷、詩話一卷

張大猷文章源委一卷
王弘誨文字談苑四卷〔一三〕
朱荃宰文通二十卷
瞿佑吟堂詩話三卷
懷悅詩家一指一卷
葉盛秋臺詩話一卷
游潛夢蕉詩話二卷
李東陽懷麓堂詩話一卷
徐禎卿談藝錄一卷
都穆詩話二卷
强晟汝南詩話四卷
沈麟唐詩世紀五卷
楊慎升菴詩話四卷
程啓充南谿詩話三卷
安磐頤山詩話二卷
黄卿編茗詩話八卷
宋孟清詩學體要類編三卷
朱承爵詩話一卷
顧元慶夷白齋詩話一卷
陳霆渚山堂詩話三卷
皇甫循解頤新語八卷
黄省曾詩法八卷
梁格氷川詩式四卷
邵經邦律詩指南四卷
謝東山詩話四卷
王世懋藝圃擷餘一卷
謝榛詩家直說四卷
俞允文名賢詩評二十卷
胡應麟詩藪二十卷
凌雲續全唐詩話十卷

郭子章豫章詩話六卷、續十二卷

曹學佺蜀中詩話四卷

謝肇淛小草齋詩話四卷

程元初名賢詩指十五卷

趙宧光彈雅集十卷

王昌會詩話彙編三十二卷

右文史類，四十八部，二百六十卷。

校勘記

〔一〕蘇伯衡蘇平仲集十六卷　蘇伯衡，原作「蘇衡」，據千頃堂書目卷一七、嵇璜續文獻通考卷一九一、文津閣本四庫全書蘇平仲集補。本書卷二八五有蘇伯衡傳。

〔二〕邵亨貞蛾術文集十六卷　邵亨貞，原作「邵享貞」，據千頃堂書目卷一七改。王圻續文獻通考卷一八二作邵亨貞邵復孺集，四庫全書總目卷一六七作邵亨貞野處集四卷。

〔三〕烏斯道春草齋集十卷　春草齋集，原作「春草集」，據千頃堂書目卷一七、嵇璜續文獻通考卷一九一、文津閣本四庫全書春草齋集補。

〔四〕林誌蔀齋集十五卷　蔀齋集，原作「節齋集」，據千頃堂書目卷一八改。林誌號蔀齋。明詩綜卷一八下、明詩紀事乙籤卷一〇有林誌小傳。

〔五〕胡濙澹菴集五卷　澹菴集，千頃堂書目卷一八作「芝軒集」。國朝獻徵錄卷三三李賢胡濙神道碑稱淡別號潔菴，著有芝軒集。

〔六〕韓雍奏議一卷　上文已有韓雍奏議一卷，此處重出。

〔七〕顧磐海涯集十卷　顧磐，原作「顧盤」，據明史稿志七七藝文志、千頃堂書目卷二一、稽璜續文獻通考卷一九二、四庫全書總目卷一七六改。四庫全書總目稱顧磐字子安。

〔八〕右別集類一千一百八十八部一萬九千八百九十六卷　按本類錄自明史稿卷七七藝文志，增譚綸奏議一部十卷，但此總部數卷數照抄明史稿而未增，應增一部十卷。

〔九〕朱吾弼明留臺奏議二十卷　朱吾弼，原作「朱王弼」，據千頃堂書目卷三〇、稽璜續文獻通考卷一六二、四庫全書總目卷五七改。本書卷二四二有朱吾弼傳。

〔一〇〕李夢陽古文選增定二十二卷　古文選增定，明史稿志七七藝文志、國史經籍志卷五作「文選增定」。

〔一一〕漢魏百三名家集　原脫「三」字，據千頃堂書目卷三一補，文津閣本四庫全書作「漢魏六朝一百三家集一百十八卷」。

〔一二〕王弘誨文字談苑四卷　王弘誨，原作「汪弘誨」，據千頃堂書目卷三二、國史經籍志卷五改。稽璜續文獻通考卷一九三有王弘誨天池草二十六卷。